1921-2011

纪念建党90周年

人力资源和社会保障书系

和谐之基

——中国劳动者权益保障之路

杨志明 主编

中国人力资源和社会保障出版集团
中国人事出版社 中国劳动社会保障出版社

图书在版编目（CIP）数据

和谐之基——中国劳动者权益保障之路/杨志明主编．—北京：中国劳动社会保障出版社，2011

ISBN 978-7-5045-9383-2

Ⅰ．①和…　Ⅱ．①杨…　Ⅲ．①劳动法-法制史-中国-1921—2011　Ⅳ．①D922.502

中国版本图书馆 CIP 数据核字（2011）第 204348 号

中国劳动社会保障出版社出版发行

（北京市惠新东街 1 号　邮政编码：100029）

出 版 人：张梦欣

*

新华书店经销

中国铁道出版社印刷厂印刷装订

787 毫米×1092 毫米　16 开本　20.5 印张　268 千字

2011 年 7 月第 1 版　2011 年 7 月第 1 次印刷

定价：52.00 元

读者服务部电话：010-64929211/64921644/84643933

发行部电话：010-64961894

出版社网址：http://www.class.com.cn

纪念建党 90 周年人力资源和社会保障书系
编委会组成人员

在人力资源和社会保障部庆祝中国共产党成立 90 周年座谈会上的讲话（节选）

（代　序）

尹蔚民

今天，我们在这里召开座谈会，隆重庆祝中国共产党成立 90 周年，回顾党的光辉历程和丰功伟绩，展望党和国家发展的光明前景，畅谈爱党爱国的真情实感，对于进一步激励和动员广大党员干部职工牢记党的宗旨，继承和发扬党的优良传统，大力推进人力资源社会保障事业科学发展具有十分重要的意义。

1921 年 7 月，中国共产党的成立，掀开了中国历史的崭新篇章。90 年来，在以毛泽东、邓小平、江泽民同志为核心的三代领导集体和以胡锦涛同志为总书记的党中央坚强领导下，我们党带领全国各族人民，建立了人民当家做主的新中国，开创了中国特色社会主义道路，并正在昂首阔步前进。我们伟大的祖国已经彻底改变了从前积贫积弱的形象，正在以雄厚的国力、崭新的风貌屹立于世界民族之林。可以说，我们党的历史，是中国共产党人为中华民族伟大复兴而不断探索、开拓创新的历史，是为全中国最广大人民群众的根本利益前赴后继、英勇奋斗的历史，是把马克思主义基本原理同中国具体实际相结合的历史。90 年的历史雄辩地向世人昭示这样一个真理：没有共产党，就没有新中国；没有共产党的领导，就没有我们今天的辉煌与成就。

中国革命、建设和改革的实践一次又一次证明，我们的党不愧是伟大、光荣、正确的党。

人力资源社会保障事业是党和国家事业的重要组成部分。在党的领导下，人力资源社会保障事业同样走过了不平凡的历程，同样取得了辉煌成就，为党和国家事业的发展增添了光彩。

在中国共产党的坚强领导下，人力资源社会保障事业取得了光辉成就

党和国家一直把人力资源社会保障工作放在重要的位置。早在1931年11月，我们党在江西瑞金宣告成立中华苏维埃共和国临时中央政府时就组建了劳动部，并颁布了《中华苏维埃共和国劳动法》等重要法规文件。新中国建立时，中央人民政府人事部、劳动部相继成立，开启了新中国人事、劳动工作的新篇章。建国初期，为了适应地方政权建设需要，我们党从部队调集9万多名干部充实地方干部队伍；面对百业待兴的局面，新成立的人民政府把就业作为工作重点，采取了一系列有效措施，妥善解决了几百万工人和其他人员的就业问题；在恢复社会秩序、恢复经济工作千头万绪的情况下，1953年政务院颁布出台了《中华人民共和国劳动保险条例（修正)》。第一个五年计划实施，我国进入了大规模经济建设阶段，人事、劳动管理制度建设步伐相应加快。1956年工资制度改革及一系列干部人事管理规定的出台为干部人事管理工作奠定了基础；劳动力的招收、调配、培训等制度的建立，确保了大量劳动者进入156个国家重点项目和其他经济建设项目。随着我国社会主义建设事业的发展，各项人事、劳动政策法规相继出台，人事、劳动管理制度逐步成熟，较好地适应了这一时期我国经济社会发展的需要。

党的十一届三中全会以来，人力资源社会保障事业进入全面改革发展的新时期。在人事工作方面：随着干部人事制度改革逐步深化，1987年党的十三大提出建立公务员制度，干部人事制度分类改革进入新阶段，此后《国家公务员暂行条例》正式颁布，中国特色公务员制度初步建立。2005年《公务

员法》颁布，在我国干部人事制度改革发展史上具有里程碑意义。围绕公务员法的贯彻实施，制定出台了一系列配套规章，标志着公务员管理走上了科学化、民主化和制度化的轨道，分类管理、竞争择优、激励保障、监督约束等公务员管理机制逐步建立和完善，凡进必考、竞争上岗、公开选拔、任前公示等制度深入人心。事业单位人事制度改革不断深化，推行聘用制度和岗位管理制度，逐步实现由固定用人向合同用人、由身份管理向岗位管理的转变。与国有企业改革相配套，取消了企业领导人员和管理人员的行政级别，现代企业人事制度已经建立。以双向选择为主要特征的人才流动逐渐兴起，市场配置人才的作用日益显现，逐步形成了由区域性人才市场、专业性人才市场构成的人才市场体系。军转干部安置制度实现了计划安置和自主择业相结合，保证了中央两次裁军和军队体制编制调整改革战略的顺利实施，有力地促进了军队和国防现代化建设。经过 1985 年、1993 年和 2006 年三次大的工资制度改革，机关事业单位工资制度进一步趋向科学合理。随着我国社会经济发展及国际竞争加剧，人才队伍建设的战略意义进一步凸显，2002 年党中央、国务院提出了实施人才强国战略并先后两次召开全国人才工作会议，提出了党管人才的原则，制定了人才发展规划，出台了一系列政策措施，人才管理体制和人才队伍建设都发生了显著变化。在劳动保障工作方面：为解决好城镇就业特别是大批知青返城就业问题，1980 年，党中央明确提出“三结合”就业方针，迈出了改革统包统配的劳动就业制度的关键一步。1986 年国务院出台的劳动制度改革的四项规定，打破了“铁饭碗”“终身制”，拉开了劳动保障制度配套改革的序幕。从 1997 年开始，根据党的十五大提出的“实行鼓励兼并、规范破产、下岗分流、减员增效和再就业工程”的要求，配合国有企业改革进程实施再就业工程，较好地解决了结构调整中企业 3 000 万下岗失业职工基本生活保障和分流安置问题。2002 年以后，中央进一步提出就业是民生之本、是安国之策，提出实施积极的就业政策，提出实施就业优先战略，将就业作为经济社会发展的优先目标，逐步形成了一整套中国特色就业政策体系。在推进统筹城乡就业，解决高校毕业生、农民工、困难群体等重点人群就业问题，特别是在妥善应对国际金融危机对就业工作的冲击过程中，实施了一系列积极的就业政策和措施，取得了举世瞩目的成效，保持了就业局势的稳定。为建立完善社会保障体系，大力推进从单位保障到社会保障的转变，20 世纪 90 年代，中央提出了“广覆盖、保基本、多层次、可持续”的方针，我们着力解决“制度从无到有、覆盖面从少到多、待遇水平从低到高”以及“公平性、流动性和可持续性”的问题，我国社会保障体系建设取得重大突破，制度、政策进一步完备，一批历史遗留问题得到解决，覆盖人群迅速扩大，待遇水平大幅度提高，管理服务不断规范，同经济发展水平相适应、覆盖城乡居民的社会保障体系框架基本形成。为建立适应社会主义市场经济体制需求的劳动用工制度，大力推进从计划经济体制下的固定工制度到全面建立劳动合同制度的转变，确立劳动关系双方的主体地位，用人单位与劳动者双向自主选择、政府依法调整的劳动关系格局已经形成，劳动监察和调解仲裁制度不断完善，多部门联动的农民工工作机制有效运行，促进了劳动关系的和谐发展和社会稳定。根据依法治国的总体要求和实际工作的需要，我国第一部《劳动法》于 1994 年正式出台，随后《劳动合同法》《就业促进法》《劳动争议调解仲裁法》和《社会保险法》等多部法律相继出台，经过多年努力，以《劳动法》《社会保险法》为骨干、以相关法规规章为配套的劳动保障法律体系基本形成。在党中央、国务院的正确领导下，人力资源社会保障工作逐步实现了从计划经济的人事、劳动管理体制到与社会主义市场经济相适应的人力资源社会保障管理体制的重大转变，基本适应了经济社会发展和改革开放的需要。

经过多年坚持不懈地努力，人力资源社会保障事业得到了长足发展，取得了显著成绩，面向城乡全体劳动者的职业培训制度和人力资源市场体系初步建立，积极就业政策体系更加完善，累计城乡就业总量已达 7.9 亿人，就业结构发生深刻变化；覆盖城乡居民的社会保障体系框架初步形成，社会保障制度建设实现新突破，目前基本养老保险参保人数达 2.57 亿人，基本医疗保险和新农合参保人数已达到 12.6 亿人，新农保试点不到 2 年时间参保人数已达到1亿多人；深入实施人才强国战略，人才队伍不断发展壮大，人才资源总量已达到1.14亿多人；公务员制度不断完善，事业单位人事制度改革稳步推进；军转干部安置制度改革不断深化，400万军转干部得到妥善安置；符合机关、事业单位和企业特点的工资收入分配制度初步建立，职工年人均收入已达3.7万元；劳动关系协调机制基本建立，劳动争议调解仲裁机制和劳动监察执法机制不断完善，全国规模以上企业劳动合同签订率达到97%，集体合同制度覆盖60%已建工会的企业和近亿名职工，保持了劳动关系总体和谐稳定。2.42亿农民工从农村转移，技能素质逐步提高，成为推动我国工业化和城镇化的重要力量。

回顾总结党的辉煌历史和伟大实践，为做好新形势下人力资源社会保障工作提供了重要启示

回顾我们党走过的90年不平凡的光辉历程和所取得的丰功伟绩，为我们进一步做好新形势下人力资源社会保障工作提供了重要启示：

（一）做好新形势下人力资源社会保障工作，必须围绕中心、服务大局，始终坚持和加强党的领导。坚持和加强党的领导，是我们事业胜利前进的根本保证。90年来，我们党坚持马克思主义政党建设理论，积极适应时代的新变化和实践的新发展，着力探索新的历史条件下党的建设的基本规律尤其是党执政的基本规律，不断加强和改善党的领导，使党得到全国人民的充分信赖和拥护，始终发挥了领导核心的作用，为改革开放和社会主义现代化建设提供了根本的政治保证。人力资源社会保障工作涉及保障和改善民生、人力资源开发利用两大领域，政治性、政策性、综合性、群众性都很强，领导关心、社会关注、群众关切，与党和国家事业的发展息息相关。我们必须始终坚持党对人力资源社会保障工作的领导，坚持党管干部和党管人才的原则，自觉把人力资源社会保障工作放在全党全国工作大局中去思考、去谋划、去部署、去推进，确保党的路线方针政策和重大决策部署在人力资源社会保障系统不折不扣地贯彻落实，在服务大局中充分发挥职能作用，推动人力资源

社会保障事业不断取得新发展。

（二）做好新形势下人力资源社会保障工作，必须牢记责任、不辱使命，始终践行全心全意为人民服务的宗旨。我们党 90 年的历史启示我们，共产党在任何时候、任何情况下，与人民群众同呼吸共命运的立场不能变，全心全意为人民服务的宗旨不能忘，坚信群众是真正英雄的历史唯物主义观点不能丢。人力资源社会保障部门承担的各项职责，都与人民群众利益密切相关。我们要始终坚持人民利益高于一切、重于一切、大于一切，始终把解决人民群众最关心、最直接、最现实的利益问题作为我们工作的出发点和落脚点，多为老百姓办实事、办好事。要通过艰苦细致、卓有成效的工作，把党的利民惠民政策落到实处，把党和政府的关怀送到千家万户，密切党同人民群众的血肉联系，切实做到立党为公、执政为民。

（三）做好新形势下人力资源社会保障工作，必须抓住机遇、奋发进取，始终把坚持科学发展作为第一要务。发展是党执政兴国的第一要务，是解决一切问题的根本所在。改革开放以来，我们党始终抓住发展这个第一要务不放松，取得了举世瞩目的成就，国际地位和人民生活水平大幅度提高。当前，我国改革发展正处于关键时期，人力资源社会保障工作也面临着一系列深层次矛盾和新的问题，解决的难度也很大。比如就业总量压力依然很大，结构性矛盾更加复杂；社会保障体系建设还不能很好地体现公平性、适应流动性、保证可持续性；人才优先的战略布局需要加快落实；人事制度改革需要进一步深化；科学合理的工资收入分配格局尚未形成；劳动关系协调机制、纠纷调处机制和监察执法机制还不完善，基层公共服务平台建设亟待加强，等等。我们必须深入学习贯彻科学发展观，坚持党在社会主义初级阶段的基本路线，始终把促进发展作为第一要务，妥善解决新问题、新矛盾，抓住机遇，奋发进取，走出一条中国特色人力资源社会保障事业发展的新路子。

（四）做好新形势下人力资源社会保障工作，必须与时俱进、改革创新，始终体现时代性、把握规律性、富于创造性。与时俱进、改革创新是我们党保持先进性和增强创造力的重要因素。回顾党 90 年发展历史我们深刻体会到，坚持与时俱进、改革创新是强国之路。中国能有今天的大好局面，人民群众能过上安定幸福的生活，都是与我们党坚定不移地推进各项改革和勇于创新紧密相连的。我国人力资源社会保障事业的蓬勃发展，更是得益于持续不断地推进改革创新。在新的历史阶段，要始终坚持与时俱进、改革创新，切实把思想认识从那些不符合时代要求的传统观念、做法和体制的束缚中解放出来，把解放思想与实事求是结合起来，把继承优良传统与改革创新结合起来，正确处理好改革发展稳定的关系，注重研究新情况、解决新问题，不断开创人力资源社会保障工作新局面。

当前，我国正处于经济体制转轨和社会转型的关键时期，全面建设小康社会进程不断加快，以保障民生为重点的社会建设得到全面加强，人力资源社会保障事业面临着前所未有的发展机遇。同时，必须清醒地认识到，我们的工作与党中央、国务院的要求和人民群众的期待还有差距，前进中还面临着许多新的困难和挑战。我们要以纪念建党 90 周年为契机，积极引导人力资源社会保障系统广大党员干部职工牢记党的宗旨，不断增强党员意识，切实把爱党爱国热情转化为强大的工作动力，大力推进人力资源社会保障事业科学发展。

历史的发展已进入一个新的时期，我们的使命光荣而艰巨。让我们紧密团结在以胡锦涛同志为总书记的党中央周围，高举中国特色社会主义伟大旗帜，继承和发扬党的优良传统，增强党员意识，切实把爱党爱国热情转化为强大的工作动力，以更加饱满的热情、扎实的工作，为大力推进人力资源社会保障事业科学发展、全面建设小康社会作出新的更大贡献！

目　录

CONTENTS

第一篇　党在民主革命时期对维护劳动者权益的最初探索（1921—1949 年）

第二篇 新中国成立初期和计划经济时期的劳动关系（1949—1978年）

第三篇　改革开放初期的劳动关系（1978—1992年）

第四篇　发展社会主义市场经济中的劳动关系（1992—2011 年）

第一篇

党在民主革命时期对维护劳动者权益的最初探索

（1921—1949年）

概　述

中国工人阶级产生后，一开始就遭受外国资本主义——帝国主义、本国封建势力和资产阶级的三重压迫和剥削，处境十分悲惨。1921—1949 年的新民主主义革命时期，中国经济落后，战乱不断，社会秩序混乱，广大劳动者的合理合法权益无法得到真正保障。这一时期中国的资本主义逐渐发展，而帝国主义、封建主义、官僚资本主义在中国的统治不断加深，工人群众所受剥削程度十分严重，劳资矛盾长期处于激烈对抗状态。工人阶级的劳动权益问题和中国的革命目标紧密地联系在一起。中国共产党一直在努力探索和实践维护劳动者权益的制度和做法。

（一）维护劳动者权益是中国共产党的基本立场，是党领导民主革命进程的重要组成部分

中国共产党是马克思主义和中国工人运动相结合的产物，是工人阶级的先锋队组织，因此争取工人阶级的合理权益是党的天然职责。尽管党从诞生后力量长期处于弱势地位，但一直试图建立合理的劳动制度，争取劳动者的合法权益，并把这种行动同能够彻底改进劳动者地位的社会制度变革结合起来。

中国共产党在当时的中国率先提出了保护劳动者权益的制度主张，将其作为领导工人运动的核心内容。党也因此始终处于工人运动的领导地位，在城市领导了一系列以维护工人自身劳动权益为核心的工人运动，领导工人群众争取合法权益。工人群众为争取自身的组织权利和经济权利，开始有了明确的斗争纲领和统一的领导力量。由于在当时的中国现代工业中，帝国主义、官僚资本和封建地主买办阶级占据主导地位，因此党领导的工人运动始终有

着鲜明的反帝反封建的斗争色彩。而在党领导的民主政权内，有关维护劳动者权益的制度构想则不断变为现实。革命根据地和解放区内实施一系列保护劳动者权益的政策。这些政策和行动成为新民主主义革命进程的重要组成部分。争取和实现劳动者权益成为党领导革命斗争的重要内容。

（二）党成立领导工人运动的独立领导机关，有效指导争取劳动者权益的斗争行动

党成立的工会组织为工人运动的发展提供组织基础，成为有效维护工人利益的斗争的领导力量。党成立后，把发展工会组织作为工作重心，先后成立中国劳动组合书记部和中华全国总工会作为工人运动的总领导机关，并召开全国劳动大会，作为全国工会组织的代表大会。中华全国总工会是中国共产党领导的全国工会的统一组织，是党的工人运动具体政策执行机关，也是劳动大会的发起组织和职能机构。这样就建立起基础广泛和统一高效的工人运动领导机构。

全国劳动大会和中华全国总工会制定工人运动的纲领和总体策略方针，广泛发展工会组织。党中央提出有关工人运动的指导思想，提出保护劳动者权益的政策主张。而劳动大会根据党的精神，通过总结各地工人运动经验，结合当时的工人运动形势有序开展工作，从而为工人运动提供了行动指针。中华全国总工会是中国工人阶级和工会运动的旗帜。中华全国总工会成立伊始就直接领导了五卅运动、省港大罢工、上海工人武装起义。中华全国总工会成立后，全国各地的工会组织发展迅速，到 1926 年所属工会组织达到 669 个，会员人数 124 万人。

在党的领导下，中国工人运动发生了历史性转折，从旧民主主义时期的自发和分散状态，开始进入有组织、统一、有自觉意识的经济斗争和政治斗争的新阶段。党的工会组织将争取劳动者合理合法权益作为主线，实现了党对工人运动的统一有力领导，加强工人群众的团结，工人群众争取权益斗争的组织性、普遍性大大增强，权益地位显著改善。

（三）党根据革命进程的阶段特点适时调整方针政策，及时有效地推进了中国劳动者权益保障发展的进程

党成立后把反帝反封建作为中国革命的主要任务，首先把领导工人运动作为开始阶段的主要工作内容。在党领导工人运动的斗争中，都制定了鲜明的有利于维护工人合理合法权益的纲领和目标。维护工人权益的政策立场标

1925 年 6 月 23 日，为声援上海五卅运动而罢工的香港、广州工人和各界群众十万多人，召开示威运动大会后举行游行

志着党的工运政策的时代进步性和合理性。这种先进性使得在1921—1927年间，党领导的以城市为中心的工人运动空前发展，高潮迭起。其中，党成立后不久就掀起了全国工人运动的第一次高潮；国共合作建立革命统一战线后，又在全国掀起了第二次工人运动高潮，有力地配合和支持了大革命进程。在这一期间，中国共产党从工资、工时、劳动保险、建立工会、立法等方面提出了一系列保护和争取工人权益的政策主张，得到工人群众的拥护。

大革命失败后，在进行农村包围城市、武装夺取政权的斗争中，党领导的工人运动在探索中走向成熟。而在此后党领导的民主政权内的劳动制度建设和工人运动都是对有关劳动者权益保障制度构想的贯彻和发展。1927年后，工人群众所处环境也分为党领导的苏维埃民主政权、抗日根据地和解放区，国民党统治区以及日本侵略者占领的沦陷区三种情况。劳动者生存环境的不同，享有的政治和经济待遇也不同，维护权益的方式方法也各异。工人运动遵循着在不同环境中各自的发展规律，在探索中总结经验教训，逐步发展成熟。

在党领导的民主政权内部，实行“发展生产、繁荣经济、公私兼顾、劳资两利”的政策，主动维护劳动者合法权益，颁布劳动法规，成立劳动管理机构，同时鼓励生产，为反帝反封建的革命总目标服务。在国统区和沦陷区，则实行“隐蔽精干、长期潜伏、积蓄力量、以待时机”的方针，隐蔽、有效地领导工人群众开展争取权益的斗争，强调斗争的公开性、合法性、适度性，满足工人群众的必要需求。这两个十六字方针，是中国共产党对在两种不同的社会经济政治条件下维护劳动者权益的政策经验的总结。

（四）党在革命民主政权内部实践所制定的保护劳动者权益的政策主张，建立合理的劳动制度

党领导的民主政权实现了劳动者的合理待遇合法化和制度化。在各个时期，在发展生产的同时，对于劳动者权益都有明确的制度保护。

中华苏维埃时期制定了《中华苏维埃共和国劳动法》，确立了劳动者应有

的社会地位。该法从劳动关系的各个方面对劳动者的权益进行了规定。主张为劳动者提供高标准的劳动条件，制定同工同酬、合理工时、劳动保护以及对女工、青工、童工的特殊保护等政策，规定苏区企业实行集体合同制度和劳动合同制度，并对所有雇佣劳动者实行社会保险制度。

抗日民主政权时期，党提出“发展经济、保障供给”的总方针。在政策上兼顾劳资双方利益，在适当改善工人生活的同时不妨碍资本主义经济正当发展，实行“公私兼顾”和“军民兼顾”的劳动制度。通过了一系列劳动保护条例，并强调在照顾雇主经济负担能力的情况下适当改善工人劳动条件，

1931 年 12 月 1 日，中华苏维埃共和国临时中央政府颁布《中华苏维埃共和国劳动法》，并自 1932 年 1 月 1 日起实施。《中华苏维埃共和国劳动法》全文共 12 章 75 条

通过发展生产来有效减少劳资矛盾。党通过把劳资双方的积极性相结合，带领广大军民自力更生，发展经济，改善人民生活，支援抗战。

解放区时期，党通过总结经验，制定了“发展生产、繁荣经济、公私兼顾、劳资两利”的新民主主义国民经济的指导方针。解放区的劳动立法首先以维护劳动者权益为立法宗旨，在保障企业合理赢利的同时保护工人利益，进一步明确劳动者的权利和义务，使劳动者和资方处于对等的地位。一方面对劳动者的工时、工资以及失业救济和社会保险作出规定，主张劳动者享有民主自由权利、民主参与企业管理的权利以及组织工会的权利；另一方面又规定了劳动者的生产义务和遵守劳动契约的义务。主张实行劳资两利的工资和工时制度，并实行劳资两利的争议处理办法。党通过鼓励公私、劳资双方共同为发展工业生产而努力，实现在发展生产的同时使劳动者权益得到相对独立的保障。

党在整个新民主主义革命时期，结合当时的政治经济形势，始终对争取劳动者权益作出了不懈努力，制定了一系列新型劳动者权益保护政策和工作方针，取得了一定成效，壮大了工人阶级力量。这源于党的阶级基础、政治立场和工作方法。党在这种探索行动中有过各种政策上的失误，但都能及时纠正，走上了正确路线的轨道，使争取劳动者权益的制度基础不断扩大。

专题 1

党领导下的工人运动

——在红色政权外的地区争取劳动者合法权益的斗争

【背　景】

旧中国经济落后，帝国主义、封建主义、官僚资本主义的势力直接剥削和掠夺广大农民、工人和手工业者，占有主要的社会财富，而民族资本为了转嫁不利境遇，又极力剥削雇佣工人。劳动者权益普遍缺失，劳动条件和待遇非常恶劣，贫困问题十分严重，劳动者长期挣扎于生存边缘。

（一）半殖民地半封建社会经济社会状况

1. 生产力水平落后，畸形发展

我党是在半殖民地半封建社会状况下建立的。当时中国社会生产力水平十分低下。旧中国的工业规模小、产业结构和分布畸形、技术水平低。到1949 年，工业总产值在工农业总产值中只占 30.1%，而其中机器大工业产值占 17%。工业几乎全部集中在沿海几个大城市。90%的县城没有电力供应。农业产量很低，生产效率低下。1949 年，全国 90%以上的人口在农村，但粮食还不能自给。当时的人口素质低下，总人口中 90%以上是文盲，全国人均寿命只有 35 岁。

2. 社会财富高度集中，广大劳动群众长期挣扎在生存边缘

帝国主义、地主和富农、官僚资本掌握了旧中国的经济命脉，集中了大部分社会财富。1936 年，帝国主义在中国的工业资本已占中国整个工业资本的 71.6%。旧中国封建生产关系仍占据社会生产的主导地位。大约占农户总数 4%的地主占有全国耕地面积的 50%，占农户总数 70%的贫雇农仅占有耕地的 15%。广大贫雇农生活在社会的最底层。官僚资本所掌握的政治权力，采取超经济的剥削和掠夺手段，进行垄断发展。民族资本微弱。1946 年在中国工业资本（包括东北地区和台湾）中，官僚资本已占 80%。

3. 战乱不断

旧中国一直处于连续不断的战争状态中，生产生活遭到严重破坏，特别是 1912 年辛亥革命后，军阀混战和帝国主义侵略，战乱遍及全国，几乎是无年不战、无年不荒，广大人民流离失所。

（二）半殖民地半封建社会中的劳动者权益状况

旧中国混乱的经济和社会现状，加上三座大山的压迫，使得劳动者的合理权益难以实现和保障。

1. 失业贫困问题严重

连年的战争和灾荒，再加上帝国主义的经济掠夺，使得民族资本、小生产者、手工业者和农民大批破产，失业者大量增加。而政府和社会救助严重缺乏，贫困成为社会普遍现象。据研究，1925 年，全国 4.3 亿多人口中竟有 1.6 亿多的失业者和无业游民。由于大量失业人口存在，资方可以自由雇佣为名，随时解雇工人。

2. 工资水平低，大部分工人的工资收入处于温饱线以下

对于旧中国的绝大部分工人来说，工资收入低微，难以满足基本生活需要，家庭生活困苦。20 世纪 20 年代中国工人的工资和美国、日本工人的工资相比较，日本比中国高出 4.1 倍，美国比中国高出 14.8 倍。不仅如此，在整个民国时期，产业工人的名义工资涨幅长期落后于物价涨幅，导致工资收入长期下降。①

① 陆兴龙. 民国时期工人的工资及家庭消费状况简析［J］. 档案与史学，1995（1）：53-57.

3. 同工不同酬现象非常严重

在做工时间几乎一致的情况下，旧中国男工的最高工资要比女工和童工的最高工资高出几倍。这也导致旧中国工业部门一直在大量使用童工。据统计，1935 年上海“合计童工学徒总数约为 44 135 人，约占上海总工人数的 17.4%”。[①] 另外，由于半殖民地性质，外资对中国工人的歧视，形成了外籍雇员和中国工人之间的悬殊的工资差距。

4. 劳动条件极为恶劣

工人缺乏基本的劳动权益保障。超时工作成为常态，多数工人每日劳动 10～12 小时。据 1930 年调查，工人的全年休息日一般在 20～30 天之间，少的仅有几天。[②]

工作环境条件恶劣。资方对于劳动安全和保护采取漠视的态度，工人的人身健康没有保障。资方管理严酷，漠视工人权益，对工人打骂、搜身、随意克扣工资是普遍的管理方式。工人人身自由没有保障，养成工和包身工普遍存在。

劳动者应有的医疗、养老待遇近于空白。只有个别大工厂有工伤免费医疗待遇，小厂则无保险。据调查，上海工人平时生病，大多数是自费医疗，病假工资照扣。有些工厂更不负责给工人医治工伤，连工伤期间的工资也被扣除。工人的退职养老金和死亡抚恤，只有少数企业有规定。[③]

5. 劳动法律形同虚设，得不到有效执行

民国时期，为缓解因资本家的残酷剥削而导致的激烈的劳资矛盾，国民党政府也制定了一系列保障劳动者权益的法律，在工资、津贴、抚恤、养老金、休息时间、安全措施、卫生设备、教育、劳工团体保障等方面有很多具体规定。但这些法律的适用条件苛刻，不能适用于当时的绝大多数工业企业，实行中又遭到资本家的强烈反对，致使劳动者权益保障制度只在极少数企业

---

①③ 《上海工运志》编纂委员会. 上海工运志［M］. 上海：上海社会科学院出版社，1997.

② 于洋洋. 民国时期产业工人的劳动状况［D］. 长春：吉林大学硕士学位论文，2006.

和个别地方实施。对于大多数劳动者而言，当时的劳动法律是一纸空文。

总之，旧中国的社会生产凋敝、政治腐败，工人阶级的各项劳动权益得不到基本保障，并且不能通过正常渠道实现诉求，使得社会矛盾十分尖锐。因此，劳动者只有奋起抗争，联合起来通过各种斗争争取权益。党领导的工人运动就是在这样的背景下展开的。

【政策要点】

明确维护劳动者合理权益的工人运动基本政治立场

党领导工人运动的出发点是争取工人权益。党在新中国成立前的七次全国代表大会中，有六次设有专门的关于劳工运动的决议，对于劳动者的权益制度有明确的原则规定。历次全国劳动大会也都有有关具体制度主张的明确决议。这些决议确立了党领导工人运动的基本政治方向和行动目标。

首先，在制度上推进劳动立法。党的二大决定促进制定关于改良工人待遇的法律。① 1922 年 8 月，中国劳动组合书记部拟定了《劳动法原则》和《劳动法案大纲》。第三次全国劳动大会通过了《劳动法案大纲决议案》，这是中国工人运动中重要的劳动立法文献。

其次，主张实行劳动待遇最低标准。主张减少工时、实行八小时工作制、星期日休息，主张确定最低工资标准，主张由国家设立工伤、疾病、养老方面的劳动保险制度。

再次，主张加强劳动保护，维护劳动尊严。要求资方注意工作场所卫生和防疫事宜，提供必需的劳动保护用具。反对工作中的虐待和歧视。

最后，主张保护弱势群体。主张对女工和童工实行同工同酬和提高劳动工资标准。对于失业工人，应设立失业保险并设立劳动职业介绍所。工会反对雇主随便开除工人。历次劳动大会决议都明确提出应废除包身工制。在党

① 参见中国共产党第二次全国代表大会宣言（1922 年 7 月）。

的推动下，到 20 世纪三四十年代包身工制已逐渐废除。

大力发展工会组织，明确工会的核心职责是维护工人阶级权益

党在工人队伍中普遍建立工会。党的一大通过的党的第一个决议的主要内容就是成立工人组织，并于 1921 年成立了中国劳动组合书记部。第二次全国劳工大会成立了中华全国总工会，这是党领导的全国性工会组织，也始终是全国工人运动的总的领导机关。在地方上不仅建立行业性、地区性产业工会以及基层工会组织，还在产业工人、手工业者、码头工人、女工、童工等不同工人群体中组建工会。同时，在已有的其他工会组织、国民党工会组织中发展中国共产党的工会力量。

工会的职能和主要目标是通过领导工人运动，维护工人利益。“工会就是保护工人切身的利益和为工人的利益奋斗的机关”①，是执行党的工运政策的行动机构。要领导工人不断地进行改良合理经济利益的斗争。②

党领导的工会组织强调群众性和平等性，区别于当时的旧式行会、帮会的狭隘性和后期国民党组建的很多工会的工贼性质，具有时代的先进性。这使中国的工人运动进入了自觉、统一而有组织的斗争阶段。

工人运动采取各种斗争形式，并根据形势发展调整斗争策略，注重斗争的适度性和有效性

工人运动采取罢工、推动立法、武装斗争、群众游行示威等方式，并以罢工为主要斗争手段。当形势许可时，则可以开展广泛而公开的多种形式的工人运动；当反动剥削势力过于强大时，则灵活而分散地开展隐蔽斗争。

党的工运策略的发展可分为三个阶段。

党成立初期，制定了以工人运动为重心的工作策略，全力开展工人运动，

---

① 参见中国共产党第二次全国代表大会关于“工会运动与共产党”的决议案（1922 年 7 月）。
② 参见第四次全国劳动大会经济斗争决议案（1927 年 6 月）。

积极争取工人权益。1921—1927 年间，革命形势迅速发展，在党的领导下，出现了两次工人运动高潮。

五卅运动纪念碑

1927 年后，包括抗日战争爆发后，鉴于国统区和敌占区的反动力量过于强大，工人运动策略转变为进行积极而适度合理的经济斗争，斗争形式争取合法化，确定了“隐蔽精干、长期潜伏、积蓄力量、以待时机”的十六字方针。

1945—1949 年间，随着国民党统治压迫的日益加深和统治的崩溃，党中央提出国统区的斗争要在为生存而斗争的基础上，建立反卖国、反内战、反独裁和反特务恐怖的广大战线，普遍而分散地开展城市罢工、游行、请愿斗争，并在城市解放前夕开展保护厂矿生产资料的斗争。

根据革命形势和劳资力量的变化而适时采取有针对性的工运策略，既争取工人阶级的实际利益，同时又保护工人运动力量。

党在领导开展工人运动，争取工人实际权益的同时，支持和引导工人运动和民主革命斗争相结合，为彻底推翻帝国主义、封建主义和官僚资本主义的剥削统治制度而努力。因此，工人运动既争取劳动者当前经济利益，又为实现长远的革命目标服务，成为当时中国社会进步运动的重要组成部分。

【典型事件】

➢ 全国劳动大会

全国劳动大会是新中国成立前中国工人的代表大会和工运政策制定机构。党成立后至新中国成立前，共召开六次全国劳动大会。1922—1929 年间，召开了第一至五次劳动大会，1948 年召开了第六次劳动大会。

首次全国劳动大会是由中国共产党首倡，于 1922 年由劳动组合书记部发起并邀请全国各地各党派工会团体参加，目的是统一协调全国的工人运动力量和行动方向。到会代表 162 人，代表 12 个城市、100 多个工会及 27 万名会员。参加会议的代表成分复杂，有共产党人、国民党人、无政府党派及其他各方代表。[①] 会议期间共产党人本着团结协作、求同存异的精神，使大会得以顺利进行。大会决定劳动组合书记部作为全国工人运动的总通讯机关，事实上确立了其为全国工会组织的临时领导机关。1925 年第二次劳动大会成立了中华全国总工会，林伟民任委员长，刘少奇等任副委员长。

每次劳动大会都是在全国工人运动发展的重要和关键时期召开，对于推进全国的工人运动和工会组织建设发挥指导作用。第一次劳动大会确认了党对全国工人运动的领导地位，有力地推动了 1922—1923 年第一次工人运动高潮。第二次劳动大会成立了全国工人阶级统一的工会领导机关——中华全国总工会，推动了全国工会运动的蓬勃发展，迎来了席卷全国、规模空前的五

---

① 唐玉良．中国民主革命时期工人运动史略［M］．北京：中国工人出版社，1985：20.

卅反帝运动。第三次劳动大会有效地总结分析了“五卅”以来工会运动的经验和当时的政治形势，及时提示了工人阶级当前的中心任务，有力地配合和支援了北伐战争，推动了工人运动的蓬勃开展。至此，形成1925—1927年的全国第二次工人运动高潮。第四次劳动大会受到陈独秀右倾错误的影响，第五次劳动大会制定了过于激进的斗争策略。此后全国工人运动经历了低潮期，工人运动的重点转移到党领导的民主政权范围内的职工队伍发展和建设上来。直至1945年后，国统区工人运动重新高涨和城市的不断解放，促成第六次劳动大会的召开，大会恢复重建了中华全国总工会，对民主革命与工人运动的关系进行了总结，明确了工人运动的任务，制定了正确的工运方针和政策。这对于实现全国工人组织和工人运动的统一，对于团结工人阶级，迎接新中国的诞生，都具有极为重要的意义。

劳动大会的一贯宗旨是维护劳动者应有权益，并贯穿于历次大会和中华全国总工会的决议和措施中。经过历次劳动大会，逐渐建立起维护工人权益的制度目标框架。劳动大会在劳动者权益各方面保持持续关注，调查总结各地工人群体雇佣和生活状况，对大会作出报告。每次大会的决议案都涉及劳动者权益保护的各个方面，把工人的合理利益诉求现实化和具体化，制定出相应的政策目标。第一次全国劳动大会就提出要实行八小时工作制，并力主通过法令和罢工行动推行。第二次全国劳动大会明确要保护女工和童工，反对对工人的虐待，设立最低工资标准。第三次全国劳动大会通过《劳动法案大纲决议案》，首次概括提出了劳动者在政治、契约、工作、休息、保险等各方面应有权利的基本法律原则框架。同时，首次设立失业问题决议案，提出应设立失业保险，并在劳动雇佣契约中加以明确规定，由于资本家经营原因导致工人失业应给予工人赔偿，反对雇主随便开除工人。第四次全国劳动大会通过的《经济斗争决议案》，则全面提出了包括产业工人、失业工人、手工业者和妇女儿童群体在内的劳动权益保障政策主张，涉及工资、工时、工伤赔偿、劳动尊严、劳动保险、失业救济和职业介绍等各方面，初步形成劳动者权益保障制度纲领。第五次全国劳动大会通过了《中华全国工人斗争纲领》

《工厂委员会决议案》《工农联合决议案》和《农村工人工作大纲决议案》，开展在农村根据地创建工会的工作。第六次全国劳动大会通过了《关于中国职工运动的当前任务决议案》和新的《中华全国总工会章程》，对党在新民主主义革命时期白区和革命根据地的工人运动的经验以及保护劳动者权益的行动经验进行了系统总结，制定了保障工人权益的具体劳动制度，为新制度的建立做好了准备。

全国劳动大会是中国工人运动史的重要标志，代表着工人运动的发展进程。新中国成立后改称为中华全国总工会全国代表大会。

➢ 1922—1923 年工人运动高潮

五四运动后，各地具有初步共产主义思想的知识分子开始积极地在工人群众中传播马克思主义，教育工人群众，并把工人群众组织起来成立工会，进行改善待遇的斗争。随着各地共产主义小组的建立，各地以马克思主义思想为指导的新式工会纷纷成立，其代表是上海机器工会和长辛店工人俱乐部。

1921 年中国共产党第一次全国代表大会，决定把发展工人运动作为党成立后一个时期的中心工作。党的一大决议提出："我们党的基本任务是成立产业职业会。"每成立一个工会，"本党至少要派党员二人到这个工会去工作"。

为贯彻党的一大决议，1921 年 8 月，党中央在上海建立了公开领导工人运动的总机关——中国劳动组合书记部，出版了指导工人运动的刊物——《劳动周刊》。随后各地党员深入工人群众，以铁路、矿山和城市工厂等为重点，创办工人刊物和工人学校，组织工人俱乐部，领导工人斗争，推动各地工人群众迅速地觉悟和组织起来。

在党的领导和影响下，通过中国劳动组合书记部的有效工作，1921 年 11 月至 1923 年 2 月间，第一次出现了全国性的工人运动高潮，其标志是 1921 年 11 月的陇海铁路工人罢工①、1923 年 2 月的京汉铁路工人大罢工。其间，

① 邹沛，刘真．中国工人运动史话（一）[M]．北京：中国工人出版社，1993：2.

各地工会组织迅速发展，遍及全国的大规模的罢工运动风起云涌。

1922 年 5 月 1 日至 7 日，为了交流工人运动经验，促进全国工人组织的团结统一和罢工斗争的进一步发展，由中国劳动组合书记部发起，在广州召开了第一次全国劳动大会，确认了中国劳动组合书记部为各种全国工会组织的临时领导机关。第一次劳动大会闭幕后，中国劳动组合书记部由上海迁往北京，并在上海、武汉、湖南、广东等地设立了分部，实现了党对全国工人运动的领导，在全国的罢工高潮中起了重要作用。

1922 年 7 月，党的第二次全国代表大会通过了《关于工会运动和共产党决议》，明确了指导工会运动的政治上和经济上斗争的纲领，为工人运动的发展进一步指明了方向。

党的二大后不久，中国劳动组合书记部利用直系军阀控制的北京政府召开“国会”之机，开展劳动立法运动，提出了《劳动法案大纲》19 条，内容涉及承认劳动者有集会结社权、同盟罢工权、地界团体契约权，以及有关工时、工资、休息、劳动保护、教育等方面的具体要求。采取向国会请愿、通电、召开记者招待会、游行示威等行动，要求国会制定保护劳动者的法律。立法运动得到各地工会组织的拥护和响应以及一些国会议员的同情和支持。《劳动法案大纲》实际上成为第一次工运高潮的斗争纲领。

这次工运高潮的主体形式是罢工斗争。罢工的工人人数多，单次罢工规模大，罢工行动遍及全国，规模空前。这一期间全国共发生罢工 100 多次，参加罢工人数达 30 万人。[①] 影响较大的罢工有陇海铁路工人罢工、香港海员大罢工、开滦五矿同盟大罢工、安源路矿工人大罢工、京汉铁路工人大罢工。铁路工人是党成立后开展工运工作的重点。陇海铁路工人罢工取得改善劳动待遇的胜利后，成立了陇海铁路总工会，这是在全国铁路中建立的第一个总工会，对推动铁路工人罢工斗争高潮的发展产生了巨大的影响。1922 年 1 月爆发了香港海员罢工，在中国劳动组合书记部发动各地工人声援和支持下，

① 高爱娣. 中国工人运动史［M］. 北京：中国劳动社会保障出版社，2008：103.

坚持了 56 天，最后取得了增加工资、承认工会合法地位的胜利。1922 年 9 月爆发的安源路矿工人大罢工，组织严密、秩序井然，仅经过 5 天就取得完全胜利。1923 年 2 月，京汉铁路工人大罢工以维护工人组织工会的权利为目标，是此次工运高潮的顶点，也是最后一个怒涛，但遭到军阀的残酷镇压，“二七惨案”标志着全国工人运动开始进入暂时的低潮期。

1922 年 5 月 1 日，安源路矿工人俱乐部成立。图为俱乐部筹备委员会成员合影。机车上右起，前排五为俱乐部主任李立三，前排十为副主任朱少连

这次工运高潮以中国工人阶级取得组织工会的合法权利，建立自己的工会为斗争主线。斗争的自觉性、组织性、普遍性、利益诉求的明确性成为这次工运高潮的重要特点。在罢工斗争后大都成立由共产党员领导的工会，并使工人的工资待遇等条件获得改善。这一阶段的斗争使得工会组织空前发展，工人阶级的阶级意识觉醒，斗争自觉意识、组织意识显著提高，权益改善程度较过去更加明显，有力地提高了工人阶级的地位。

中国劳动组合书记部在此次工运高潮中发挥了领导核心的作用。劳动大会和立法运动从机构和纲领上确立了其对全国工人运动的领导地位。罢工运

动大多是在共产党员或劳动组合书记部的领导和影响下进行的。通过劳动组合书记部的工作，党确立了对工人运动的领导地位，加强了工人运动的组织力量和斗争力量。第一次工运高潮是马克思主义和中国工人运动相结合的重要成果。

➢“隐蔽精干、长期潜伏、积蓄力量、以待时机”十六字方针的提出

这是党中央制定的在国统区和敌占区开展工运工作的指导方针。

这一方针是对土地革命和抗日战争时期党领导的工人运动的经验教训的正确总结。1927 年大革命失败后，城市工人运动转入低潮，在国民党统治区，面对强大的反动势力，党的工运政策一再出现“左”倾冒进的错误，在国统区强行组织罢工和武装起义，对工会建设强调激进性和革命的纯粹性，偏离了工人群众的基本利益，使工运行动连续遭受严重挫折和损失，工会组织损失殆尽。

1935 年 1 月召开的遵义会议和同年 12 月召开的瓦窑堡会议，实现了党的军事路线和政治路线的重大正确转变，确立了建立抗日民族统一战线策略。瓦窑堡会议也对白区工运的方针策略进行了检讨，明确指出十年内战时期党在白区工人运动中的错误根源是“左”倾冒险主义和关门主义。

1936 年，中共中央派刘少奇到华北领导白区工作。刘少奇不仅在实际工作中全力纠正白区党在思想、组织及领导群众斗争的策略等方面存在的严重“左”倾冒险主义和关门主义错误，还连续发表了《关于白区职工运动的提纲》等十余篇重要文章，深刻总结 1927 年以来党在白区工作中的经验教训，提出关于白区工人运动的正确方针策略。特别提出白区工运要广泛利用公开合法的可能性和敌人内部矛盾，“争取工人阶级大多数，积蓄工人阶级的雄厚力量，以准备将来决定胜负的斗争”的正确方针，并且“要特别注意保存我们在群众中、企业中的干部和领袖”。这为转变白区工作奠定了思想和行动基础。自此，白区的党组织和工人运动开始恢复和发展。

1936 年 11 月至 12 月，上海日商纱厂 4.5 万余工人举行大罢工，提出增加工资、减少工时和改善劳动待遇等要求，最后取得胜利。这次罢工是由中华全国总工会上海执行局上海日本纱厂工作委员会领导的。[①] 按照《关于白区职工运动的提纲》的精神，结合上海的抗日救国运动，争取各界支持，接受国民党合法调解，利用群众斗争形式，适可而止，历时 20 天，胜利结束。这次罢工是自大革命失败后，上海工人第一次取得胜利的大规模罢工斗争，是白区工人群众斗争在指导思想上开始由错误转向正确的一个具体体现。

1937 年 5 月，中国共产党在延安召开白区工作会议。会议系统清算了党在白区工作中的“左”倾冒险主义、关门主义和宗派主义的错误，刘少奇在会上作了《关于白区的党与群众工作》的报告。会议接受了毛泽东的意见，对刘少奇的工作作出了肯定的评价。会议提出“争取与组织工人阶级的大多数，是党最基本的任务”，“争取工人阶级的利益，是工会的唯一任务”，要求白区“党与群众的工作方式、组织方式和斗争方法全盘工作必须彻底转变”。会后中华全国总工会根据会议精神，发布《关于职工运动的经验及转变方式问题》，对工人运动的任务、原则、方式、方法等作出了具体规定，是抗日战争时期工人运动的指导性文件。

抗日战争进入相持阶段后，国统区的工人斗争进入了抗战以来最困难的时期。党中央在刘少奇白区工人运动正确思想的基础上，适时根据抗战以来国统区和沦陷区工人运动的实际情况，在斗争中进一步总结经验，调整策略。1940 年 5 月，毛泽东在《放手发展抗日力量，抵抗反共顽固派进攻》一文中，完整概括了党在国统区和敌占区工作的十六字方针，即“隐蔽精干、长期潜伏、积蓄力量、以待时机”。

十六字方针的宗旨并不是消极的隐藏，而是利用合法手段，不失时机地领导国统区和沦陷区的工人，适度开展经济斗争和政治斗争，通过斗争打击日本侵略者和国民党妥协投降、反共反人民的倾向，争取劳动人民的生存权

---

① 邹沛，刘真. 中国工人运动史话（三）[M]. 北京：中国工人出版社，1993：387.

和劳动权。

这一方针要求在国统区和沦陷区的工运干部职业化、社会化，积极利用一切合法机会，采取灵活形式，不露行迹地组织群众斗争。在组织上，利用国民党官办工会和工人群众中存在的灰色组织团结教育工人。在斗争形式上，尽量采取表面上自发的、无组织的形式，开展“无头、无形、无声”的三无斗争，并且得好就收，适可而止，使敌人抓不住斗争的组织者，无法下手镇压，最后不得不答应群众的一些要求。①

时任中共南方局书记的周恩来结合实际情况，将十六字方针具体化为“三勤”：勤业、勤学、勤交友，使地下党员干部的工作职业化、合法化，能够深入联系群众、团结群众。通过贯彻“三勤”政策，落实了十六字方针，在国统区扎扎实实地积蓄了工运力量，为国统区人民民主运动的高涨做好了准备。在重庆发生的“胡世合运动”是党运用十六字方针在国统区开展工人运动的成功典范。

1944 年后，国民党对外在中国抗日战争正面战场大溃败，对内实行高压剥削统治，国统区掀起了广泛的人民民主运动，其中国统区工人反抗国民党暴政、争取最低限度生存权的斗争是其重要组成部分，代表事件是 1945 年 2 月，在国民党战时陪都重庆，爆发了以工人为主体、反对特务迫害和争取民主的大规模群众运动——“胡世合运动”。

事件起因是国民党特务枪杀电力公司工人胡世合。惨案发生后，我党地下组织领导电力公司工人向国民党当局提出“杀人偿命，枪毙凶手”等强硬要求，开展反对国民党特务统治的大规模群众斗争。党组织根据十六字方针，确定斗争的方针是“迫使国民党当局惩办凶手，打击特务的嚣张气焰，把这次斗争作为推动国民党统治区民主运动的中心环节”；斗争的策略是“既要显示群众威力，又不暴露党的组织，让国民党抓不住把柄”；斗争的口号是“严惩特务，保障人权”。地下党一边通过报刊公开宣传惨案真相，一边秘密发动

① 高爱娣. 中国工人运动史［M］. 北京：中国劳动社会保障出版社，2008：115.

工人、学生和各界人士支援电力公司工人的斗争。以反对国民党特务统治为中心的民主运动在重庆迅速开展起来。全市工人、学生和市民前往祭奠，控诉和声讨国民党法西斯特务统治。同时，各界人士还通过发传单、在报刊上发表消息报道和评论文章等方式，揭露国民党特务统治的罪恶，声援电力公司工人的斗争。斗争坚持了 10 天，在群众斗争的巨大压力下，国民党统治当局最后不得不下令枪毙特务田凯。据估计，参加这次斗争前后达 20 余万人次，仅参加胡世合追悼会和送葬游行的群众就有 5 万余人。[①] 这是抗战以来国统区爆发的明确反对国民党法西斯特务统治的、规模和影响最大的一次工人群众斗争。而这次在国民党统治中心发动群众斗争，工人群众没有在斗争中受到损失，获得全胜，这是实践十六字方针的成果。这次斗争有力地打击了国民党反动统治，推动了国统区工人斗争的进一步发展。

十六字方针是对抗日战争以来党领导工人运动成功经验的总结，国统区、沦陷区工人阶级贯彻这一方针的结果，使党的工运力量在白色恐怖下得以保存，为抗日战争的胜利和解放战争时期第二条战线的形成，奠定了良好基础。

【成就与评价】

党诞生于工人运动的发展和马克思主义的结合，并随着工人运动的发展而成长，在自身成长过程中，又始终指导和影响着中国工人运动的内容和方向。在党的领导下，工人运动的短期目标是争取劳动者的正当利益和保障；长期目标则是推翻三座大山的统治，实现民主革命胜利。党领导工人运动的过程就是争取劳动者自身权益的过程。在这一过程中，既取得了显著成就，积累了丰富经验，也有一定的教训。

（一）有力地维护了城市工人的权益

民主革命时期的大规模且取得成果的工人运动，基本上是在党的领导下

① 唐玉良．中国民主革命时期工人运动史略［M］．北京：中国工人出版社，1985：73.

进行的。党的阶级立场决定了工人运动政策和工会组织建设是以维护工人群众的利益为出发点，实践中的一系列工人运动行动始终以取得工人权益的实际改善为主要内容和斗争目标。这些斗争取得了成果，推动了当时劳动者权益的改善。

（二）为中国革命胜利发挥了重要作用

中国民主革命斗争的目标是实现人民的生存发展权利。中国劳动者权益保障斗争必然是中国革命进程的组成部分。党领导的工人运动通过争取工人利益，团结了革命力量，增强了中国工人群众反对剥削势力的力量。一系列工人运动斗争从政治和经济上有力地削弱了三座大山的统治，并从思想、人员、后勤等方面支援了革命武装斗争，从而成为民主革命斗争的第二条战线，有力地推动了中国革命的进程。

（三）为新中国成立后的工会建设和工人权益保障制度建设积累了经验，准备了干部

党在长期领导工人运动的过程中，建立了广泛而精干的工会组织，积累了丰富的工人运动经验，系统总结了工人的合理劳动权益，构建了相对完整的权益保障制度框架，从干部和制度两方面为夺取政权后合理劳动制度的建设和实践做了充分准备，打下了良好基础。

（四）存在的不足

党的工人运动政策出现“左”、右倾失误，表现出缺乏斗争灵活性的问题。

在民主革命时期，反动剥削势力强大，对于工人运动的策略和方法提出了较高要求，同时党对所领导的工人运动的认识有一个逐步深化的过程。在这一过程中，难免出现政策失误，典型表现为没有恰当地结合革命形势和中国国情，出现退缩和过于激进的倾向，特别是出现过于激进的“左”倾倾向，

导致工人运动的挫折。在斗争过程中，正是通过总结经验教训，不断认识和改进失误，才使得工人运动在探索中走向成熟。

【大事记】

1920 年

11 月 21 日，上海共产主义小组领导成立“上海机器工会”。这是中国第一个真正作为工人群众组织的工会。

1921 年

1 月，北京共产主义小组在长辛店创办“劳动补习学校”，后发展为长辛店工人俱乐部，对当时的工人运动发展产生重要的示范影响。

7 月 23 日至 31 日，中国共产党第一次全国代表大会及《中国共产党第一个决议》，提出党成立后的中心任务是开展工人运动。

8 月 11 日，中国劳动组合书记部成立。这是党领导全国工人运动的首个领导机关。

11 月 20 日至 27 日，陇海铁路工人罢工，开启了中国第一次工人运动高潮。

1922 年

1 月 12 日至 3 月 6 日，香港海员大罢工。中国劳动组合书记部发动各地工人声援和支持，对罢工的胜利起了重要作用，首次显示了党对全国工人运动的领导力量。

5 月 1 日至 6 日，第一次全国劳动大会通过《罢工援助案》《八小时工作制案》《工会组织原则案》等决议案，首次实现了党对中国工人运动的统一领导，制定了统一的斗争纲领。

7 月 16 日至 23 日，中国共产党第二次全国代表大会及《关于“工会运动与共产党”的决议案》，明确了指导工会运动的政治上和经济上斗争的纲领，就工会的组织建设及与共产党的关系作了具体规定，为工人运动的发展进一步指明了方向。

8 月，中国劳动组合书记部拟定《劳动立法原则》《劳动法案大纲》等决议案，作为劳动立法运动的纲领，并成为第一次工运高潮的斗争纲领。

9 月 14 日至 18 日，安源路矿工人大罢工。罢工组织严密、秩序井然，仅经过 5 天就取得完全胜利，成为工会行动的典范。

1923 年

2 月 1 日至 7 日，京汉铁路工人大罢工，成为第一次工人运动高潮的顶点和结束。

6 月 12 日至 20 日，中国共产党第三次全国代表大会及《劳动运动决议案》，针对当时的工人运动低潮，制定了各地和各种工人群体的工人运动政策方针。

1925 年

1 月 11 日至 22 日，中国共产党第四次全国代表大会及《对于职工运动之决议案》，明确提出无产阶级的革命领导权和工农联盟问题，决定把工人运动和民族解放运动结合起来，大力发展党组织和工会组织，广泛开展工人、农民、青年和妇女的群众运动。

5 月 1 日至 7 日，第二次全国劳动大会通过《经济斗争的决议案》和《中华全国总工会章程》，规定了在民主革命时期中国工会的正确方针和组织原则，成立中华全国总工会作为全国工人运动的领导机关，正式确立了党对全国工人运动的领导地位。

5 月 30 日至 9 月初，五卅运动，成为第二次工人运动高潮的开端，掀起全国范围的反帝爱国运动。

6 月 19 日至 1926 年 10 月 10 日，省港工人大罢工，是中国影响最深、时间最长、规模最大的工人罢工。

1926 年

5 月 1 日，第三次全国劳动大会通过《职工运动总策略决议案》《经济斗争最近目标与其步骤决议案》《工会运动中之女工及童工问题决议案》《劳动法案大纲决议案》和《失业问题决议案》，总结了五卅运动以来工人运动的基本经验，系统制定了工人运动纲领，全面总结斗争策略和经验。

1927 年

3 月 21 日至 22 日，上海工人第三次武装起义，创造了工人武装斗争夺取城市的经验，有力地配合了北伐战争的进程。

4 月 27 日至 5 月 9 日，中国共产党第五次全国代表大会及《职工运动决议案》，提出向“非资本主义前途”发展的新的工人运动方针构想。

6 月 19 日至 28 日，第四次全国劳动大会通过《经济斗争决议案》和《女工童工问题决议案》，对党成立以来工人运动政策和经验进行了系统总结，提出了工农联盟和工人武装斗争的政策。但受到党的右倾政策影响而没有有效执行。

1929 年

9 月，党的六届三中全会通过《关于职工运动决议案》，指出工人运动目前的任务是争取群众，注重经济斗争；要在加强党组织对工人运动领导的同时，保持工会工作的相对独立性；首次提出在苏维埃区域内建立工会组织。

11 月 7 日至 11 日，第五次全国劳动大会通过《中华全国工人斗争纲领》《工厂委员会决议案》《工农联合决议案》和《农村工人工作大纲决议案》，开展在农村根据地创建工会的工作，并从总体上提出在当时过于激进的工人运动目标策略。

1933 年

2 月，中华全国总工会迁入苏区，与中华全国总工会苏区执行局合并为中华全国总工会苏区中央执行局。

1936 年

4 月，刘少奇发表《关于白区职工运动工作提纲》，总结 1927 年以来党在白区工作中的经验教训，纠正过于激进的偏差，提出关于白区工人运动的正确方针策略。

11 月至 12 月，上海日商纱厂工人罢工。这是大革命后按照党的正确工运方针和策略指导白区工人运动并取得胜利的良好开端。

1937 年

5 月，中国共产党召开白区党的代表会议。会后，中华全国总工会发布《关于职工运动的经验及转变方式问题》。该文件对工人运动的任务、原则、方式、方法等作出了具体规定，是抗日战争时期白区工人运动的指导性文件。

1940 年

5 月 4 日，毛泽东提出在国统区和敌占区“隐蔽精干、长期潜伏、积蓄力量、以待时机”的十六字工作方针，成为抗日战争后党领导工人运动的指导思想。

1945 年

2 月，重庆“胡世合运动”，是以工人为主体，反对国民党特务迫害和争取民主的大规模群众运动。

4 月 23 日至 6 月 11 日，在中国共产党第七次全国代表大会上毛泽东作《论联合政府》报告，制定了在打败日本侵略者的斗争中，国统区、沦陷区和解放区等不同地区工人运动的任务和政策。

1947 年

2 月 28 日，周恩来起草《关于在蒋管区的工作方针和斗争策略》，成为解放战争后期国统区工人群众运动的指导方针。

2 月至 6 月，城市工人群众要求解冻生活费指数斗争，有力地打击了国民党政府的剥削统治，是党领导的解放战争第二条战线的成功斗争典范。

1948 年

8 月 1 日至 22 日，第六次全国劳动大会通过《关于中国职工运动当前任务的决议》《关于国民党统治区职工运动报告》及其决议和新的《中华全国总工会章程》。大会总结了白区和根据地工人运动的经验，提出了当时工人运动的总任务及白区和根据地的工作方针，并重建了中华全国总工会。

专题 2

党领导下的民主政权对维护劳动者权益的探索

【背　景】

解放前，党领导下的民主政权主要经历了三个阶段。第一阶段是苏维埃民主政权时期，从 1927 年到 1937 年，历时十年。中国共产党在江西、福建、湖南等地创建了十多块革命根据地，并成立了工农民主政府即苏维埃民主政权，统称苏区。第二阶段是抗日民主政权时期，从 1937 年到 1945 年，主要是陕甘宁边区、晋察冀边区、晋冀鲁豫边区、晋绥边区等。第三阶段是解放区民主政权时期。不同阶段国内主要矛盾和根据地社会经济情况不尽相同。

（一）苏维埃民主政权时期

在苏维埃民主政权时期，中国社会的主要矛盾是代表中国人民利益的共产党和代表大地主大资产阶级利益的国民党之间的矛盾。当时的中国处于第二次国内革命时期。国民党为了剿灭红军，向苏区发动了五次“围剿”战役。苏维埃民主专政的目的就是要完成反帝反封建的任务，推翻国民党统治，统一中国，系统地限制资本主义的发展，实现无产阶级专政。因此，党和政府非常重视保护劳动者的权益，在《中华苏维埃共和国宪法大纲》中明确规定，“中华苏维埃政权以彻底改善工人阶级的生活状况为目的”，“以消灭封建剥削及彻底改善农民生活为目的”，并随之采取了一系列保护劳动者权益的法律措施。但随着日本侵华的步步加深，在苏维埃民主政权后期，中日民族矛盾逐步上升为社会最主要的矛盾。

1931 年 11 月，中华苏维埃第一次全国代表大会在叶坪谢氏宗祠召开，宣告成立了中华苏维埃共和国临时中央政府

苏区长期处于战争状态，凡是受国民党飞机轰炸的区域，一切农业和工业都被破坏了。国民党还对苏区进行经济封锁，使得苏区外来物品紧缺且价格畸高，而区内农产品价格暴跌，严重挫伤了农民的生产积极性，阻碍了农业的发展，也影响了红军的粮食供给。为了打破国民党对苏区的经济封锁，缓解苏区物资紧缺的困难，稳定战时经济秩序，中央苏区进行经济动员，开展经济建设。经济建设的根本方针是“提高苏区的各业生产，扩大对内对外贸易，发展苏区的国民经济，打破敌人的经济封锁”。主要内容有：组织劳动互助合作社和犁牛合作社，解决战时劳动力和农具不足的问题，为农业生产提供人力和物力的支持；组织粮食合作社，调节粮食价格，改善军民粮食供给；鼓励创办信用合作社，为生产发展提供资金支持；减轻农民赋税负担，激发农民投身革命的热情，等等。1933 年 4 月，中央苏区成立国民经济部，下设设计局、粮食调剂局、合作社指导委员会、国营企业局和对外贸易处等机构，以加强对苏区经济建设的领导。

苏区所在区域是落后、偏僻的农村，多山丘，地理环境闭塞。社会经济以农业和手工业为主，工业落后，工业品需要从区外交换获取。为满足苏区军民生活，支援革命战争，中共中央提出有计划地恢复和发展苏区工业的思想。1934 年 1 月，毛泽东在“全苏二大”的报告中指出，“打破敌人的经济封锁，发展苏区的对外贸易，以苏区多余的生产品（谷米、钨砂、木材、烟、纸等）与白区的工业品（食盐、布匹、洋油等）实行交换，是发展国民经济的枢纽”。①

中央苏区的工业按经济成分可分为国有工业、集体工业和私营工业三大类。

国有工业主要是军需工业和矿产开采业，规模较大的国营工厂有 30 多家。在苏区，国有工业虽然数量有限，但却占据中坚地位。对于国有工业，实行限度发展政策，正如毛泽东所言：“只限于可能和必要的一部分。”

集体经济主要是各地兴办的生产合作社，是中央苏区的主要经济。苏维埃中央政府曾先后颁布了《合作社暂行组织条例》《合作工作纲要》《合作社标准章程》等文件，对合作社的组织原则、社员权利、民主管理、利益分配等方面内容进行了明确的规定。所谓合作社，是一种以群众集股合作经营为特征的股份制经济组织。这种合作社在苏区的经济发展中发挥了重要作用，是党和苏维埃政府予以大规模发展的。据 1934 年 2 月不完全统计，中央苏区共有各类生产合作社 176 个，工人 3 万多名。

私营经济主要是一些小手工作坊，生产土纸、土布、生铁等。私营经济规模小且脆弱，中央苏区对私营经济实行保护政策，鼓励私人资本投资。

（二）抗日民主政权时期

在共产党局部执政的抗日战争期间，中日民族矛盾是主要矛盾，形成了一个战争、两个战场和三个政权（即国民党政权、抗日民主政权和汉奸伪政

---

① 江西省档案馆等编. 中央革命根据地史料选编（下）［G］. 南昌：江西人民出版社，1982：341.

权）的复杂局面。中国革命面临着对外驱逐日本帝国主义、争取民族独立，对内实行广大抗日人民的民主政治，争取民权自由的历史任务。而当时中国社会的阶级状况是“两头小中间大”，无产阶级和大地主大资产阶级只占人口少数并尖锐对立，农民和城市小资产阶级以及其他中间阶级却占了全中国人口的绝大多数，在党局部执政的根据地内，主要人口是农民和其他小资产阶级。陕甘宁边区和各抗日根据地吸取苏维埃政权时期忽视中间阶层的深刻教训，普遍建立了“三三制”民主政权，实行共产党员、非党的左派进步分子、中间派各占三分之一的政治体制。“三三制”民主制度的实行，为各抗日阶级、阶层的政治参与开辟了制度化的渠道，既调动了各党各派、无党派人士、广大人民群众建设边区的积极性，又可使党的决策避免偏颇，确保了人民民主权利的有效行使，巩固和扩大了抗日民主政权的基础。

根据地经济的主体是农业经济，经济形式主要是自然经济。自 1938 年秋抗日战争进入相持阶段后，日本帝国主义就把主要兵力压向解放区战场，连续向我抗日根据地发动大规模的扫荡，实行其野蛮的“烧光”“杀光”“抢光”的三光政策，妄图从根本上摧毁根据地军民生存的条件；国民党反动派出于对革命力量发展壮大的恐惧，也先后调集大批军队对抗日根据地进行军事包围和经济封锁；另外，华北地区连年发生水灾、旱灾、虫灾，抗日根据地遇到极大的困难。在此背景下，中共中央决定开展生产运动。1938 年 12 月 20 日，《新中华报》发表《广泛开展大生产运动》的社论。1939 年 2 月 2 日，中央在延安召开生产动员大会，发出“自己动手、自力更生、艰苦奋斗、克服困难”的号召，在边区掀起轰轰烈烈的大生产运动。1941 年年初，中共中央命令三五九旅开赴南泥湾实行军垦屯田。1942 年年底，党中央进一步提出了“发展经济、保障供给”的总方针，号召解放区军民开展大规模生产运动。在延安的党政军各界数万人投入大生产。

抗日根据地建立在广大的农村，经济落后，没有现代工业，日用工业品全部从外地输入。红军长征到达陕北时，带来一个随军修械所，有 40 多人，这是陕甘宁边区的第一批产业工人。随后，红军在边区建立了小型被服厂、印刷厂，到 1937 年“七七事变”时，陕甘宁边区只有 270 多名产业工人。为了发展边区经济建设，支援抗日战争，1937 年 10 月 18 日，陕甘宁边区政府第十次政务会议决定，成立经济委员会，研究发展边区工业的问题。1938 年，开始着手建设公营工厂，不仅发展了纺织、造纸、印刷、皮革、被服、肥皂、制药和煤炭等日用品工业，而且也建立了炼铁、造玻璃、造酸、造火柴以及制造子弹、步枪等军械的工厂。到 1941 年 3 月，陕甘宁边区公营工厂发展到 62 个，工人达到 6 470 人。在建立公营工厂的同时，陕甘宁政府还鼓励人民组织合作社，发展合作事业。

其他抗日根据地也逐步建立起自己的工业基础。到 1942 年，晋绥边区有了修械、化学、纺织、造纸及煤矿等 31 个工厂，山东解放区仅淄博、莱芜一带的手工业工厂就有百余家之多。

（三）解放区民主政权时期

解放战争时期，随着对一些大中城市的解放，中共民主政权逐渐从农村转向城市。与苏维埃政权和抗日根据地主要以小农自然经济为主的经济结构不同的是，解放区经济具备一定的工业基础，且随着解放区的扩大，工业在经济中所占的比重日益提高。东北是当时中国各大战略区中工业最为发达的地区。1931 年日本帝国主义占领东北后，为了掠夺东北的资源，进一步扩大对中国的侵略，日本在东北修铁路、办工厂。日本投降后，国民党在美国的支持下进攻东北，企图独占东北的丰富资源和近代工业，进一步发展其官僚资本主义经济。中国共产党在东北解放战争中，逐步解放和接管过东北一些重要城市，并接管了这些城市里原为日本侵略者和一些伪满官员、汉奸投资兴办的企业。随着越来越多的城市得到解放，中共中央又没收和接管了大量国民党的官僚资本主义企业。这些企业分布在各行各业，有铁路、矿山、发电站、轻重工业工厂、市政企业等。

抗日战争胜利后的新解放区，大部分是对日反攻后从日本帝国主义手中收复的。抗战胜利后，中共中央顺应农民的要求，与反奸清算相结合，实行减租减息政策。把日伪、大汉奸的土地没收后进行分配，不再强调保障地主的地权和财政。随着国内阶级矛盾的发展，为发动农民支援革命战争，1946年5月4日中共中央发布了《关于清算减租及土地问题的指示》（又称“五四指示”），决定将减租减息的土地政策改变为没收地主土地分配给农民的政策，实现“耕者有其田”。到1947年春，各解放区均有约2/3的地方解决了土地问题，农民的生产积极性和政治觉悟大大提高。

【政策要点】

中华苏维埃时期

为劳动者提供高标准的劳动条件

1931年11月，中华工农兵苏维埃第一次全国代表大会通过《中华苏维埃共和国劳动法》（以下简称《劳动法》），明确规定了劳动者的劳动条件，全面保护劳动者的权益。在工资方面：实行同工同酬，并且所有工人的工资均不得低于劳动部所规定的最低工资；在休息休假期间，工人工作应发双倍工资；

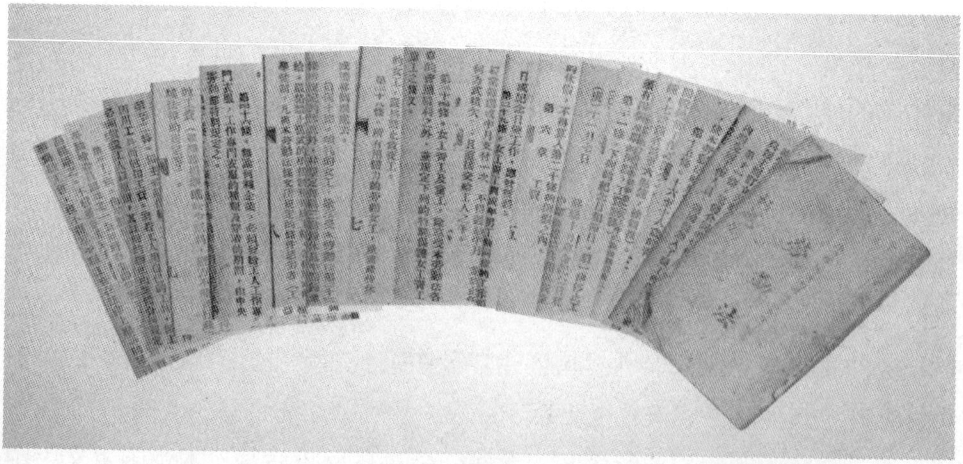

《中华苏维埃共和国劳动法》中关于劳动保护的条款

所有工资须以现金方式直接支付给工人，禁止工资拖欠。在工时方面：实行八小时工作制；每周至少休息 42 小时；每六个月至少带薪休假两周。在劳动保护方面：对机器设备、劳保用品、工作场所安全等进行了严格的规定。在弱势群体保护方面：规定了对女工、青工及童工的特殊保护政策。各项政策非常细致全面，包括“禁止女工在任何举重过四十斤之企业内工作”“十八岁以下的男女工及怀孕和哺小孩的女工，严格禁止做夜工”等。

实行社会保险制度

对所有雇佣劳动者，不论其所在企业性质、工作时间长短及报酬支付方式，都实行社会保险制度。社会保险包括医药帮助、疾病津贴、失业津贴、老弱抚恤金等多个项目。社会保险基金专款专用，由职工会代表大会选举出来的社会保险机关管理委员会，在职工会和劳动部的监督之下进行管理，从而保证社会保险基金的安全和用途。

制定并实行集体合同制度和劳动合同制度

规定苏区企业实行集体合同制度和劳动合同制度。明确“集体合同是一方面由职工会代表工人和职员与另一方面的雇主所订立的集体条约”，“劳动合同是一个工人或几个工人与雇主订立的协定”。同时对集体合同的内容、适用范围、生效条件以及劳动合同的效力和期限等都作出了明确的规定。1933 年新的劳动法又对集体合同条款作了进一步阐述，并指出集体合同必须以书面形式签订，集体合同中所规定的各项条款较之劳动法的规定低，对工人或职员不利的话，集体合同条款视为无效。

建立全国性的产业工会，巩固和扩大工会组织

主张仿照在国民党统治区大城市建立产业工会的做法，在苏区建立全国性的产业工会。1930 年《对中国问题的决议——中国革命职工运动的任务》指出，“在一切同样的雇用工人的产业中，不论是在非苏维埃区域或苏维埃区

域，都是应当建立全国某种产业总工会的组织的，这一点非常重要”。1931 年《关于苏区赤色工会的任务和目前的工作决议》规定，“工会应依照产业的原则来组织，建立雇农工会、运输工会、店员工会、建筑工会、海员港务工会等从上而下的系统”。1933 年，在中央苏区成立了 4 个全国性的产业工会，即中国农业工人工会（即雇农工会）、中国店员手艺工人工会、中国苦力运输工人工会、中国纸业工人工会。

抗日民主政权时期

实行兼顾劳资双方利益的政策

国民党的封锁、农业生产的落后并没有使边区政府坐以待毙。中共中央提出“发展经济、保障供给”的总方针，实行“公私兼顾”和“军民兼顾”的根本原则，带领广大军民自力更生，发展经济，支持抗战，改善人民生活。

在劳动政策方面，实行适当地改善工人生活和不妨碍资本主义经济正当发展的两重性政策。一方面扶助工人，使工人有工做、有饭吃，保护工人的利益；另一方面又实行发展实业的政策，使资本家有利可图。通过实施这些政策，把劳资双方的积极因素有机结合起来，发展生产，支援抗战。

边区《施政纲领》明确规定，“调节劳资关系，实行十小时工作制，提高劳动纪律，增加劳动生产率，适当地改善工人生活”。根据《施政纲领》，各抗日根据地还通过了一系列劳动保护条例，如《陕甘宁边区劳动保护条例（草案）》《晋冀鲁豫边区劳工保护暂行条例》《苏皖边区劳动保护条例》等。但这个时期的劳动保护政策强调在照顾雇主经济负担能力的情况下适当改善工人劳动条件。如根据地人民政府规定，加薪与减劳动时间均不应过多，劳资间在订立契约后，工人必须遵守劳动纪律。这个时期设置的社会保险项目也不多，待遇标准也比较低。在税收政策方面，实行统一累进税，除资本家必须纳税以外，凡收入在政策规定的免征点以上的工人农民，也必须按收入多少纳税。

主张通过发展生产来促进最大限度地减少劳资矛盾

根据地人民政府认识到注重经济发展、提高劳动生产力，是减少劳资矛盾的根本途径，从而开展大生产运动，调动人民群众生产劳动的积极性，促进根据地经济的发展。

保证工农群众基本利益，兼顾各种利益关系，允许多种经济成分的存在和发展。具体包括：把农业发展放在经济发展的第一位，取消了对资本家、富农经营生产的种种限制，代之以奖励富农生产、联合富农的政策；在经济构成上，以公营经济为主，多种经济成分共同发展，不但不反对，反而保护私人资本主义的发展；适当变革生产关系，根据群众自愿原则，组织“变工”“扎工”等建立在个体经济基础上的集体劳动互助组织。

陕西省关中产棉区妇女互助组在摘棉花

主张公营工厂劳动关系的特殊性

主张新民主主义政权下的公营工厂，其生产不单是为了获取利润，主要是为了抗战需要，因此工人的劳动带有一定的义务性质。工资采取实物货币混合制，工资标准以能维持一般生活水平为原则。1940 年 11 月，陕甘宁边区总工会颁布《陕甘宁边区战时公营工厂集体合同准则》，并于 1942 年 5 月进行了修订。该准则对工作时间、工资、待遇、劳动纪律及管理进行了明确的规定。

取消农村雇农工会

是否需要在革命根据地的农村中建立雇农工会，是一个长期争论不休的问题。苏维埃时期建立了全国性的雇农工会，但由于地域辽阔、交通不便、会员不多且非常分散，工会难以单独开展工作，成为空架子。陕甘宁边区总工会吸取中央苏区的教训，没有在边区成立全国性的雇农工会，而是把重点放在建设乡工会上。1941 年 4 月，陕甘宁边区总工会第四次执行委员会扩大会议通过《关于城市与农村工会会员成分与组织形式的决定》。根据该决定，“凡由于过去土地革命的结果分得土地之雇农，现在完全依靠自己的劳动种自己的土地的”，仍然是工会会员。当时，雇农工会会员占到根据地工会会员总人数的 2/3。但是，在抗日根据地建立雇农工会产生了一些弊端，不仅引起工会与农会的摩擦，而且造成雇工与雇主的关系紧张。1943 年，陕甘宁边区总工会宣布取消农村的雇农工会，把雇农统一组织于农会之内。

解放区时期

坚持“劳资两利”的政策原则

在解放区时期，中国共产党总结抗日根据地时期的“公私兼顾”“军民兼顾”的原则和做法，在处理劳资关系上提出“劳资两利”政策。早在 1945 年 4 月，毛泽东就在《论联合政府》中对“劳资两利”政策进行了阐释，即“一方面，保护工人利益，根据情况的不同，实行八小时到十小时的工时制以及适当的失业救济和社会保险，保障工会的权利；另一方面，保证国家企业、私人企业和合作社企业在合理经营下的正当的赢利；使公私、劳资双方共同为发展工业生产而努力”。[①] 此后，各解放区政府的施政纲领中也多次重申了这一思想，如《晋察冀边区行政委员会施政要端》《陕甘宁边区宪法原则》等。1947 年，毛泽东在《目前形势和我们的任务》报告中，明确将“发展生产、繁荣经济、公私兼顾、劳资两利”确定为新民主主义时期发展国民经济的指导方针。此后，解放区的劳动立法都遵循了“劳资两利”的政策原则，如《哈尔滨特别战时暂行劳动法（草案）》《哈尔滨特别市公营企业机关学校战时工薪标准暂行办法》《哈市关于实现劳动保险有关问题的决定》《哈市劳动争议处理暂行办法》《哈市关于签订集体合同、劳动契约的决定》等。

明确劳动者的权利和义务

解放区的劳动立法首先以维护劳动者权益为立法宗旨，主张劳动者享有民主自由权利，有民主参与企业管理的权利，工人有组织工会的权利，同时又规定了劳动者的义务。第六次全国劳动大会通过的《关于中国职工运动当前任务的决议》强调：“在私人企业中的职工，亦有责任完成资方的生产计划，遵守劳资双方所订立的契约，遵守支持保护私人工商业的政策，但同时有权利要求资方履行劳资两利原则，督促资方执行支付法令。”[②]

实行“劳资两利”的工资和工时制度

在工资方面，建立了劳资合作分红制度。根据中共中央《关于工业政策的决定（草案）》中“为使劳资双方共同为发展工业生产而努力，必须采取劳资兼顾的劳资合作分红制度”[③] 的要求，山东、东北等解放区政府积极进行劳

① 毛泽东选集（第三卷）[M]. 北京：人民出版社，1991：1082.

② 中华全国总工会中国工人运动史研究室. 中国工会历次代表大会文献（第一卷）[M]. 北京：中国工人出版社，1984：464.

③ 中华全国总工会. 中共中央关于工人运动文件选编（下）[M]. 北京：中国档案出版社，1986：177.

资合作分红制度的探索。1945 年 10 月 10 日，《山东省第二次职工代表大会关于公私营工厂职工工作的决定》对实行公私两利政策的分红办法作了具体规定。东北解放区自 1946 年 7 月在老巴夺烟草公司订立分红契约后，在其他许多行业都实行了劳资合作分红制度，取得了宝贵的经验。

在工时方面，规定相对灵活并允许加班。如《哈尔滨战时暂行劳动法(草案)》针对国营、公营、私营企业不同情况，将战争时期工时制度规定为 8～10 小时。而且企业遇有紧急生产任务，在取得工人同意与政府批准后，可以延长工作时间，但每天最多不得超过 12 小时。

实行“劳资两利”的争议处理办法

解放战争时期，中共中央、中华全国总工会和一些解放区政府相继出台了法规政策，主张以“劳资两利”的原则来处理劳资争议。1946 年，中共中央《关于工业政策的决定（草案)》规定：“遇有劳资纠纷，政府应本着照顾劳资双方、调节劳资间利害关系的原则调解之。”① 1948 年，《哈尔滨战时劳动条例》将劳动争议解决程序分为厂内调解和市劳动局调解与仲裁两个步骤，明确在进行争议处理时首先需经协商程序。解放战争后期，随着大中城市的解放，采取适当办法解决各地劳资纠纷，对于发动工人群众、团结爱国工商业人士、巩固新生政权至关重要。为此，中共中央于 1949 年 2 月和 7 月两次发出《关于解决私营企业中劳资纠纷问题的指示》。7 月的指示提出，先由劳资双方直接协商，如不成由市劳动局调解仲裁，如不服仲裁结果再向法院起诉。1949 年 7 月，中华全国总工会颁布了《关于劳资关系暂行处理办法》和《劳资争议解决程序的暂行规定》。天津市和上海市军事管制委员会也分别于 1949 年 4 月和 9 月颁布了相应的劳资争议处理办法。这些处理办法都强调采取协商、调解和仲裁的方法来解决劳资争议，而在协商、调解、仲裁未成立

① 中华全国总工会. 中共中央关于工人运动文件选编（下）［M］. 北京：中国档案出版社，1986：177.

前，双方均应维持生产原状。

订立集体合同是解决劳资矛盾的有效方式。1949 年 7 月，中华全国总工会颁发《关于私营工商业劳资双方订立集体合同的暂行办法》，对签订集体合同的内容、步骤等作了明确规定。此外，1949 年 5 月，华北第一届职代会通过了《关于华北国营、公营企业订立集体合同的决议（草案）》。6 月，旅大行政公署发布了《关于颁布旅大地区工会与企业工厂签订集体合同基本要点的命令》，该命令对集体合同制度作了五个方面的规定，指出："集体合同之签订，对本区今后之发展生产与劳动保护方面均有重大意义。"

【典型事件】

➢ 汀州京果业尝试弹性劳动合同制度

中央苏区的经济以农业经济为主体，工业非常落后。边区工业大都处于手工操作状态，如造纸、榨油、刨烟、染布、制糖、碾米等。福建汀州（今长汀县）是苏区私营经济比较繁荣的地区，素有苏区"小上海"的美誉。1932 年 3 月，福建省第一次工农兵代表大会通过的《经济财政问题决议案》特别强调指出："对于工商业者，只要他们不违反苏维埃一切法令，不反对革命，不垄断操纵条件之下，应绝对允许其自由营业，不得任意没收他们的商品，不得任意封闭商店和工厂。"因此，汀州市的私营商店比革命前更为活跃，老板通过订立合同雇请工人做工，市场比较繁荣。当时汀州有私营商店 300 多家，店员工人、学徒工人 1 000 余人。在雇主和工人的共同努力下，对于繁荣苏区经济、支援革命战争起到了辅助作用。

然而，苏维埃政府成立初期，王明"左"倾教条主义者脱离根据地经济的实际，机械地照搬当时苏联的一些做法，用城市观点来对待苏区工业和苏区工人的经济斗争，在中央苏区实行了一系列过"左"的劳动政策和税收政策。例如，规定和实行了诸如"八小时与青工六小时的工作制"、"休息日发双薪"、强迫介绍失业工人以及各种额外津贴的过高劳动条件、工资待遇和福利要求。这些政策貌似为了保护苏区工人的经济权益，但由于它没有考虑城市与农村，大中企业与小作坊、小企业的区别，实际实施的结果不仅未能保护苏区工人的经济权益，相反，由于超过企业的实际负担能力，致使许多私营工商企业相继倒闭，工人们纷纷失业，企业主诚惶诚恐；同时还妨碍了合作社的发展，干扰了国营企业，苏区工业遭受严重破坏。

时任中华全国总工会党团书记的陈云目睹“左”倾经济政策在苏区推行的恶果，忧心忡忡。通过调查，陈云了解到，中央苏区的工会过去虽然领导工人与雇主签订了许多劳动合同，但很多合同的条文都是照抄《劳动法》和省工会的斗争纲领，“大半是千篇一律，没有地方性，没有企业的特殊性，没有时间性”，显得很呆板，不能适应当时企业的实际情形。因而这些合同好些没有实行，有些合同的条文就连工人也感觉到难以实行。

他经过调查研究和审慎思考，于 1933 年 4 月在苏区中央局机关刊物《斗争》上发表了《关于苏区工人的经济斗争》一文，列举了“左”倾政策的种种表现，并指出其危害和实质。陈云提出，要重新审查各行各业劳动合同的具体条文，了解各行各业每一个商店、作坊的经济能力，依照实际情形规定适合于各个商店、作坊的经济要求，不能千篇一律地抄录《劳动法》上的条文。工人和雇主签订劳动合同，不能由工会机关自上而下地提出，形式上的举手表决，就马马虎虎通过了，要自下而上地由工人提出，反映工人最迫切的要求，才能真正得到群众的拥护。

1933 年 6 月，陈云来到中央苏区的经济中心汀州市，了解《劳动法》的执行情况和存在的问题。他先来到福建省职工联合会驻地——汀州市水东街张家祠堂，召开工会干部座谈会。听取省职工联合会委员长王德铭、组织部部长巫子云、宣传部部长程步云，以及省苏维埃政府劳动部部长刘祥云等同志的汇报。然后就到京果业（经营南北土特产的食杂店）调查企业经营情况和劳动合同执行情况。

调查中，店员告诉他，自从国共两军在上杭县东北三公里的水西渡打仗以后，国民党就对苏区实行经济封锁，汀州的商店不能就近从上杭进货，只能从宁化等地远道买货，雇主成本提高，利润减少。《劳动法》规定的经济要求，雇主负担不了。如何做到雇主有利可图、店员有工可做，是汀州京果业面临的现实问题。

了解到这个情况后，陈云连续召开了三次汀州京果业党支部会议，研究重新签订劳动合同的问题。

在第一次会议上，陈云详细了解每个党员对《劳动法》的看法，让他们畅所欲言。

在第二次会议上，党员报告各店上半年签订劳动合同每个条文的执行程度。

根据各位党员的反映，汀州京果业在劳动合同执行上主要存在以下问题：

一是 8 小时工作制没有实行。各店所做生意有乡帮生意与城帮生意之分，生意忙闲的时间也不同。对于接近田郊的店铺，每天上午 8 时后、下午 4 时前较忙，因为这段时间是农民到汀州来赶市的时间；市内的店铺，每天上午 8 时前、下午 4 时后较忙，因为他们的顾客以城市居民为主。所以，机械地规定一天干 8 小时，从几点钟到几点钟为工作时间是不适宜的。

二是星期日完全没有休息，做工也不给双倍工资。因为工人感觉到每天做工不到 3 小时，星期日休息不休息差不多。如果星期日要加额外工资，店内的生意老板尽可自己照顾，不愿再出双倍工资。

三是机械地要求“任何工人之工资不得少于由劳动部规定的真实的最低工资额”，使许多经营困难的企业难以维持。汀州京果业许多商店的雇主都欠工人的工资，最多的欠 400 元。有的雇主发不出工资就把苏维埃政府发行的公债券抵给工人作工资。

针对上述问题，陈云组织大家提出对工资、工时、休息、休假、社会保险的具体意见，并把大家的意见归纳起来，让各位党员带回去，广泛征求店员的意见。

在第三次会议上，党员汇报各店店员的意见和要求。店员们主要提出了两条要求：一是每星期日应有双倍工资；二是每月 6 元的伙食费除外。在汇集吸收广大店员意见和要求的基础上，陈云组织大家拟定劳动合同的具体条文，并经京果业工会全体会员大会讨论通过。最后选举成立了签订劳动合同的五人委员会，具体领导店员同雇主签订有弹性的劳动合同。

1933 年 7 月 2 日，陈云在《斗争》第 18 期上发表《怎样订立劳动合同》一文，详细介绍汀州京果业劳动合同的签订过程。在该文中，陈云以汀州市水东街泰丰号京果店老板和店员王其佚所订的劳动合同为例，证明这是一个“富有弹性”的劳动合同。全文只有 9 条，没有照抄《劳动法》的条文，而是根据商店的实际情况制定的。

专栏

汀州京果业劳动合同文本

中国手艺、店员工人工会汀州市委员会代表京果业支部委员会工人王其佚今与泰丰号京果雇主订立劳动合同，条件如下：

第一条 本合同自 1933 年 7 月 1 日起，系临时双方规定的无限期劳动合同，只能适用于现在本市京果业，因汀州邻近白区确无来货时，若工会认为情形有部分或全部改变时，随时有权要求部分或全部修改合同，但雇主不得借口经济封锁，故意不进货物。

第二条 工人工资照 1932 年下半年数额，工人王其佚每月工资大洋 20 元（伙食 6 元计算包括在内），每月由雇主另外发给理发、洗衣杂费大洋 9 角，工资每月 1 号、15 号两次发给。

股东老板在店内有一定职务而支薪者与管理人员（人数均照现在不得增加）的工资在本合同有效期间均照革命以前最后一年工资额数支付，但其工资革命前在 15 元以内者不减不加。革命前支 10 元以上者，现在最多支付不得超过 10 元。

老板及管理人员的子弟店内当学徒者如不能做生意不给工资，能做生意者，照 1932 年 6 月份工资减半。

第三条 工作时间以 8 小时为标准，但工人可以按照每日店内营业时间的忙闲（忙时在店，闲时休息），每日平均计算不超过及不少于 8 小时工作。

第四条 工人工作六天休息一天，但是星期日店内继续营业，工人同在七天中轮流休息。

如果工会会员大会决议，决定星期日工作，将该星期工作捐助某项运动时，则星期日工作者应给全部额外工资。

第五条 每年例假按劳动法所规定执行，但客家工人每年另外可以回家二月不扣工资，如不回家者，雇主津贴工资二月，例假与客家工人回家时间的选择可于店内营业较闲时，如工人有紧要事情，则不在此限。

第六条 工人有病在三个月以内者由雇主负责诊治药费并照给工资（花柳病及吃补药除外）。

第七条 雇主除每月十足付给工人工资以外（除老板工头外），不论工会会员或非会员，应付百分之六为失业保险金，交社会保险局，付百分之二为工会办公费，百分之一为文化教育费，均按月交工会。

第八条 雇主承认工人组织的监督生产委员会，临时有权要求查阅账册、货款。

第九条 本合同有效期间，劳资双方如有争执，悉按现行劳动法令办理，中央政府修正的劳动法颁布以后，依照该修正的劳动法办理。

雇主　　泰丰号

店员　　王其佚

中国手艺、店员工人工会汀州市委员会

公历 1933 年 6 月

汀州京果业劳动合同的核心内容表现在苏区工人最关注、最敏感的工资、工作时间、星期日休息、休假、社会保险等五个问题上。新的劳动合同对这些问题规定的条文，既保护了工人的合法经济权益，又兼顾了雇主的承受能力；合同的条文“不是呆板的，而是灵活的”，富有弹性，便于操作。后来的实践也证明，这种有弹性的合同深受苏区工人的欢迎。在陈云精心指导下签订的汀州京果业劳动合同，是中央苏区私营企业劳动合同的范例和标本，此后在苏区各行各业内普遍仿行、推广。这种劳动合同的签订，对于改善苏区企业的经营管理、推动根据地工商企业的经济发展起到了重要作用。

➢ 哈尔滨工商业“分红为主，工资为副”制度

1945 年 8 月 15 日，沦陷 14 年的东北获得解放。8 月 20 日，苏联红军进驻哈尔滨。当时的哈尔滨是一个中小型私营工商企业比较多的城市，全市共有私营工商企业 1.1 万家，其中比较大的有近 800 家。东北解放后，许多私营企业都进行了反奸清算斗争和土改运动。1946 年 4 月 28 日，人民解放军进驻哈尔滨后，工人、店员反对资本家剥削，要求提高工资待遇的运动不绝，劳资矛盾突出。为了缓和矛盾、繁荣经济，1946 年 5 月，市委派民运工作队到老巴夺烟厂、同记商场等工商企业发展工会，尽快把生产搞上去。同年 6 月，哈尔滨第一个店员工会——同记商场店员联合会正式成立。

为了解决劳资矛盾、发展生产，中共哈尔滨市委和民主政府作出在私营工厂、商店实行合理分红制度的决定。分红制的目的是调动生产积极性，发展生产。分红制的原则是劳资两利。

“分红为主，工资为副”的分红制度在老巴夺烟厂和同记商场率先实行。

7 月 20 日，老巴夺烟草公司劳资双方签订分红合同。老巴夺烟厂采取分产品的办法，将产品总量的 5%分给职工，职工按等级分给个人。7 月 24 日，同记商场劳资双方经过五六天的磋商后，一致通过了分红制、店伙两利契约。同记商场是股份制公司，解放前实行分红是资方分 62.5%，劳方分 37.5%。在讨论新分红方案时，职工提出原来分红的比例忽视了下层店员和工友的利益。经双方代表协商一致，同意在当年红利中提出 10%的公积金和 10%的公

益金后，剩余红利实行劳资双方各 50%的分配方法。

在老巴夺烟草公司和同记商场的影响下，先后有利生洋行、洪兴昌、中国百货店、华康百货店等 21 家企业签订了分红合同。

10 月 1 日，哈尔滨私营企业中设备最好的工厂——双合盛面粉厂签订分红合同。双合盛面粉厂分红具体比例是：当年红利中提出 10%的公积金和 3%的公益金后，资方分得 2 640 万元，劳方分得 769. 9 万元。劳方按工资分配，最多分得 7. 2 万元，相当于 28 袋面粉；最少分得 4. 1 万元，相当于 16 袋面粉。一般中小企业职工年终分红也能分得相当于 3～6 个月工资的红利。

随后，以“分红为主，工资为副”的分红制度在哈尔滨全市迅速推广。至 1947 年 2 月，在全市 2 374 家工厂中，已有 543 家实行分红制，占全市工厂总数的 39%。

分红制对于缓和劳资矛盾确实起到了作用，也提高了工人、店员的积极性。老巴夺烟草公司实行分红制后，日产香烟数量由 110 万支增加到 180 万支，产量提高 50%多；物料消耗从 55%降至 4%；工人月分红收入相当于分红前 2～3 个月工资收入。同记商场实行分红制后，营业额成倍乃至十余倍增长。1946 年上半年营业额为 12 858 382 元（东北流通券，下同），签订分红合同之后的下半年则上升到 207 769 819 元。年终分红按合同规定，职员最多分 40 万元，最少分 15 万元，店员最多分 14 万元，最少分 8 万元。双合盛面粉厂自签订分红合同那天起，工人就建立起上班挂牌制度，不再迟到早退。从 10 月 19 日至 11 月 1 日的 14 天中，产量增加 1 870 袋面粉，销售收入增加 403 290 元。10 月份，全厂工人工资增加 172 390 元。

当时《东北日报》以《工商企业发展的新动向》为题发表社论，给予分红制很高评价，指出：“老巴夺烟厂和同记商场在民主政府的帮助下，先后实行了劳资合作合理分红的新制度，确是一个非常可喜的现象。毫无疑问，这在哈尔滨是一个空前的壮举……开辟了今后哈市工商企业发展的新方向。”

10 月 10 日，哈尔滨职工代表大会宣布成立哈尔滨市总工会，提出“农民分地、工人分红”的口号，把争取在全市实现分红制度定为市总工会宗旨的首位。

为了进一步解决工资与分红两大问题，以促进工商业的发展，松江省委于 10 月 17 日发出了《关于工资与劳资合作分红的指示》，要求公私合营工厂和营业性工厂一律实行劳资合作分红政策。

10 月 19 日，《东北日报》发表题为《把分红制普遍化》的社论。社论指出："工商业中劳资分红制，是推动新民主主义经济发展的一个合理的制度，在哈尔滨几个月实行的经验，完全证明了这点。由于它一方面改善了工人店员生活条件，刺激了他们的劳动热情，关心企业经营，因而也使得资方获得较大于分红前的利益。分红制得到劳资双方的拥护，使得哈尔滨一部分工商业生出一番新气象。""分红制一般是适合于东北解放区各城市、各种工商业的。在已开始实行分红制的城市，应把它普遍于一切可能实现的企业中，在东北解放区要把它普遍于各城市。"

社论提出，现在哈尔滨较大的工商企业都开始实行或酝酿实行分红制。烟草厂、面粉厂、皮革厂、酒厂、油坊、大商店以及理发、澡堂、旅馆等行业已经开始实行。"总结哈市分红制的已得经验是必要的。"

社论回顾了老巴夺烟草公司和双合盛面粉厂等私营企业实行分红制的经过，认为分红制使工人得到经济利益，提高了社会地位，也使资本家有利可图，劳资关系得到改善，确定"以分红代替清算，与评定工资相结合，作为哈市私营工厂工人运动的方向。首先集中力量在街道，突破一点后普遍分红。10 月间，各行业工人均进行分红斗争，这时分红即成为工运的主流"。

1947 年 6 月 2 日，哈尔滨市总工会在《哈市私营企业工运初步总结》中指出："工商业中劳资分红制，是推动新民主主义经济发展的一个合理制度，在哈市八个月实行的经验，完全证明了这一点。"

实行分红制虽然取得了良好的效果，起到了积极的作用，但是由于初搞分红制缺乏经验，也出现了一些偏差。哈尔滨私营企业分红合同，除了老巴夺烟草公司、同记商场、双合盛面粉厂等几个大的工厂是一家一家签订之外，大都是按行业集体签订的。8 个油坊签一个分红合同，203 家铁工厂，不管工厂大小，抑或是赔钱还是赚钱，也只签一个分红合同。这样到年底，工人都要求分红，导致私营工商业的合作分红出现了难以控制的局面，许多企业的资本被分掉，生产严重萎缩，甚至到了破产的边缘，妨碍了党的“发展生产、繁荣经济、公私兼顾、劳资两利”的新民主主义经济建设总方针的贯彻执行。

1947 年 10 月，中共哈尔滨市委召开扩大会议，取消了“分红为主，工资为副”的分红制度，实行战时工资制。从 1948 年开始，实行年终“双薪制”。

【成就与评价】

（一）根据地工人阶级的劳动权益得到了有效保护

中国工人阶级自产生之日起，长期遭受帝国主义、封建主义和官僚资本主义的剥削和压迫。中国共产党始终把争取和实现劳动者权益作为革命斗争的重要内容，在革命根据地进行了一系列劳动立法，从工资、工时、劳动条件、女工童工保护、社会保险、集体合同和劳动争议处理等各个方面作出相应规定，使劳动者权益得到有效保护。

（二）为新中国成立后的劳动关系问题处理奠定了思想理论基础和政策实践基础

新中国成立前，中国共产党在对我国劳资关系本质问题的认识上经历了一个在长期实践中逐步摸索与认知的曲折过程。苏维埃时期，强调高标准保护劳工权益，对资产阶级和雇主进行打击。认识到对劳工过“左”保护的不利影响后，适时修改劳动法，并在延安时期结合抗日根据地革命经济形势，提出“发展经济、保障供给”的总方针，实行“公私兼顾”和“军民兼顾”的根本原则，适当减少劳工福利，保护雇主和资方利益。后来又明确提出“发展生产、繁荣经济、公私兼顾、劳资两利”的新民主主义经济指导方针。这些政策的演变历程显示党在对劳资关系定位及劳动立法方面逐步走向成熟与理性，为新中国成立后“公私兼顾、劳资两利、城乡互助、内外交流”政策的实施奠定了思想理论基础和工作实践基础。

（三）存在一定的历史局限性

革命根据地的劳动立法，不论是苏维埃时期，还是延安时期、解放区民主政权时期，都是为适应当时的革命形势需要和当地的经济发展现实而提出的，具有一定的历史局限性。在劳动立法过程中，有时候也会出现“左”倾思想。如在早期中央苏区劳动立法中，由于主张劳资对立，将资方作为革命对象过于理想化，结果反而适得其反。在解放区实行劳资合作分红制度后，后期也出现了一些偏差。

【大 事 记】

1930 年

5 月 20 日至 23 日，在上海召开全国苏维埃区域代表会议，通过《劳动保护法》。

1931 年

11 月 7 日至 20 日，在江西瑞金召开中华苏维埃第一次全国代表大会，宣告中华苏维埃共和国成立。大会通过了《中华苏维埃宪法大纲》《中华苏维埃共和国劳动法》。

1933 年

10 月 15 日，重新颁布了《中华苏维埃共和国劳动法》，并宣布 1931 年《劳动法》无效。与此同时，还发布了《中华苏维埃共和国违反劳动法令惩罚条例》，作为处罚违反新劳动法各项规定的法律依据。

1934 年

1 月 15 日至 18 日，在江西瑞金召开六届五中全会，通过了《中共五中全会政治决议案》。

1 月 22 日至 2 月 1 日，在江西瑞金召开中华苏维埃第二次全国代表大会，通过《中华苏维埃共和国宪法大纲》等文件。

1935 年

12 月 6 日，在瓦窑堡举行政治局会议，作出《党中央关于改变对付富农策略的决定》。

12 月 17 日至 25 日，在瓦窑堡举行政治局会议，通过了《中央关于目前政治形势与党的任务决议》，确定了抗日民族统一战线的策略方针。

1937 年

8 月 22 日至 25 日，在陕北洛川举行政治局扩大会议，通过了《中央关于目前形势与党的任务的决定》《中国共产党抗日救国十大纲领》和毛泽东为中央宣传部起草的宣传鼓动提纲——《为动员一切力量争取抗战胜利而斗争》。

1939 年

1 月 17 日至 2 月 4 日，陕甘宁边区参议会举行第一届第一次会议，大会通过了《陕甘宁边区抗战时期施政纲领》等重要文件。

1940 年

2 月 10 日，中共中央军委依据毛泽东在 1939 年春对陕甘宁边区提出的“自力更生”“自己动手，生产自给”的方针，向全军发出指示，要求各部队依不同情况开展生产运动，做到一面战斗，一面生产，一面学习。

3 月 6 日，中共中央发出《抗日根据地的政权问题》的指示，实行“三三制”。

4 月，制定《陕甘宁边区劳动保护条例》。

1942 年

1 月 28 日，发布《关于抗日根据地土地政策的决定》，指导各解放区掀起大规模减租减息的群众运动。

5 月，陕甘宁边区政府批准实施了《陕甘宁边区战时公营工厂集体合同准则》。

12 月，毛泽东在陕甘宁边区高级干部会议上作《经济问题与财政问题》的报告，阐明了经济工作和财政工作的总方针是“发展经济、保障供给”。

1943 年

11 月 26 日，陕甘宁边区政府在延安召开劳动英雄代表大会，毛泽东作《组织起来》的讲演。

1945 年

4 月 23 日至 6 月 11 日，在延安召开中国共产党第七次全国代表大会，毛泽东作《论联合政府》的政治报告。

1946 年

2 月 1 日，中共中央发出《关于目前形势与任务的指示》。

5 月 4 日，中共中央发出《关于土地问题的指示》(即“五四指示”)。

1947 年

7 月 17 日至 9 月 13 日，在河北省建屏县（今平山县）西柏坡村召开党的全国土地会议，通过了《中国土地法大纲》。

12 月 25 日至 28 日，在陕北米脂县杨家沟村召开会议，通过毛泽东所作《目前形势和我们的任务》的书面报告。

1948 年

8 月 1 日至 22 日，在哈尔滨举行第六次全国劳动大会，通过了《关于中国职工运动当前任务的决议》《关于国民党统治区职工运动报告》及其决议和新的《中华全国总工会章程》。

第二篇

新中国成立初期和计划经济时期的劳动关系（1949—1978年）

第二章

概　述

1949—1952 年，是新中国成立后的国民经济恢复时期。面对旧中国遗留下来的薄弱经济基础和占国民经济主导地位的私营工商业的劳资矛盾，党将“公私兼顾、劳资两利”作为新中国经济建设的根本方针的重要内容，有力地促进了私营工商业的恢复和发展，对新中国成立三年内实现国民经济根本好转、稳定新生的人民政权发挥了不可取代的作用。1953—1978 年，是中国进行大规模计划经济建设时期。经过三年国民经济恢复以及此后的社会主义改造和有计划的工业化建设的展开，我国开始建立高度集中的计划经济管理体制，并逐步建立起与之相适应的一整套集中统一的劳动管理制度，包括劳动用工、工资分配、劳动保险与社会福利补贴制度、劳动标准、劳动安全卫生保护制度和企业民主管理制度等。

（一）建立与计划经济管理体制相适应的劳动管理体制

与计划经济管理体制相配套，劳动领域逐步实行了劳动计划管理体制。从 1953 年起，随着整个国民经济工作的集中统一管理，劳动计划管理工作也集中到中央。通过制定和下达全国劳动计划指标，在地区间、部门间分配劳动力，以求得劳动力资源配置的相对平衡。劳动计划包括职工人数计划、工资总额和劳动生产率计划。由国家直接控制的计划指标具有法令效力，企业没有招工指标就不能在计划外招收劳动力。

（二）全民所有制企业的固定用工制度不断强化

新中国成立初期，为了迅速恢复国民经济，保持社会安定，中国共产党和人民政府对官僚资本企业职工和文教卫生人员，以及国民党军政人员中除了作恶多端的以外，实行了“包下来”的政策，给他们以工作和生活出路。此后随着计划经济建设的开始，特别是社会主义改造任务基本完成后，把“包下来”的措施扩展为长期适用的政策，国家把所有城镇劳动力都纳入了“统包统配”的范围。在充分保障就业、消灭失业和稳定职工队伍的指导思想下，企业用工方式逐渐形成了以固定工（长期工、正式工）为主，少量临时工为辅的用工格局。“一五”计划后期，中央领导同志觉察到了企业用工制度朝单一的固定工制度方向发展的弊病，提出研究劳动合同制度的问题，提倡多用临时工、合同工，少用固定工，逐步把劳动力“只进不出”的状况改变为“有进有出”。“文化大革命”开始后，两种劳动制度的尝试未能得以延续，劳动力“统包统配”范围进一步扩大，固定工制度进一步强化。

（三）企业工资制度从各大行政区内的统一到全国统一

国营企业的工资制度改革大体经历了两个阶段，第一阶段是国民经济恢复时期，废除了旧社会遗留下来的极不合理的工资制度，通过 1952 年按各大行政区进行全国第一次工资制度改革，废除了过去等级多、级差小的不合理的工资制度，国营企业多数实行八级工资制，少数实行七级或六级工资制。第二阶段是计划经济时期，通过 1956 年全国第二次工资制度改革，基本上统一了各行各业国营企业工人和职员工资制度，建立了完善的工资标准体系。

（四）企业职工劳动保险制度和福利补贴制度逐步建立和完善

新中国的社会保险制度是在革命战争年代供给制基础上，参照前苏联的保险模式建立起来的，以城市劳动保险为主，国家和单位负担全部保险费用，职工个人无须缴纳任何费用。1949—1957 年是社会保险制度从无到有的建立阶段。1951 年，政务院颁布实施了新中国第一部全国统一的《中华人民共和国劳动保险条例》（以下简称《劳动保险条例》），同年劳动部公布了试行的《中华人民共和国劳动保险条例实施细则》（以下简称《劳动保险体例实施细则》），1953 年和 1956 年对《劳动保险条例》进行了两次修改，不同程度地扩大了劳动保险的实施范围，提高了待遇标准。1958—1966 年是调整阶段。劳动部会同中华全国总工会等方面，对劳动保险制度进行了调整，建立健全了一些实施办法和管理制度。这种社会保险体系是与当时我国迅速推进工业化对劳动力生产和再生产的社会化要求相联系，并与计划经济体制下的“高就业、低工资、高福利”的劳动工资制度相适应的，给广大职工和国家机关工作人员带来了福祉。

（五）劳动标准和劳动安全卫生保护制度逐步建立和完善

新中国成立后，党和政府从我国国情出发，提出原则上实行 8～10 小时工作制，同时积极创造条件逐步过渡到 8 小时工作制。劳动部于 1952 年、1954 年先后草拟了《中华人民共和国工作时间暂行条例（草案）》和《中华人民共和国工人职员工作时间和休息时间条例（草案）》，规定全国企业应实行 8 小时工作制、星期日休息和法定节假日等。党和政府历来重视劳动者的安全与健康，新中国成立后就正式组建了中央人民政府劳动部，内设劳动保护司，开展了劳动安全卫生工作，明确了保护劳动者的安全与健康、改善劳动条件是国家的一项基本政策。“一五”期间，国务院发布“三大规程”（即《工厂安全卫生规程》《建筑安装工程安全技术规程》《工人职员伤亡事故报告规程》），为劳动安全卫生法制建设奠定了初步基础。为保证安全生产的落实，还建立了职工安全生产“三级教育”制度，实行企业管理的“五同时”制度，加强了企业安全管理工作的法规建设。在女职工劳动保护方面，我国在 1953 年出台的《劳动保险条例》和 1956 年出台的《中华人民共和国女工保护条例（草案）》中都作出了具体保护规定。

（六）企业民主管理制度逐步建立和完善

1950 年 2 月，政务院财政经济委员会发布了《关于国营、公营工厂建立工厂管理委员会的指示》，要求建立工厂管理委员会，工人选举代表，参加工厂管理。同年 4 月，劳动部发布了《关于在私营企业中设立劳资协商会议的指示》，在私营企业中推行劳资协商会议制度。1956 年，中国共产党第八次全国代表大会决定在企业中实行党委集体领导制度。1957 年 4 月，中共中央颁发《关于研究有关工人阶级的几个重要问题的通知》，提出扩大企业管理中的民主，扩大职工群众参加企业管理的权利。1960 年 3 月，毛泽东在中共中央批转的《鞍山市委关于工业战线上的技术革新和技术革命运动开展情况的报告》中强调要实行民主管理，实行“两参一改三结合”制度。1961 年 9 月，中共中央制定《国营工业企业工作条例（修正草案）》，规定了职工代表大会的性质。

国家通过实行劳动计划管理体制和一系列集中统一的劳动管理制度，以及“高就业、低工资、高福利”的政策，调整生产关系与生产力之间的发展关系，既满足了生产力发展的要求，又稳定了职工队伍，提高了人民生活水平，促进了劳动关系的和谐。国家经过四个“五年计划”的实施，建立了独立的比较完整的工业体系和国民经济体系，使中国在赢得政治上的独立之后又赢得了经济上的独立，为进行社会主义市场经济建设奠定了坚实的物质技术基础。

专题 3

新中国成立初期“劳资两利”政策的提出和实施（1949—1952 年）

【背 景】

新中国成立初期，我国面临的国际国内形势极其错综复杂。在国际上，我们面临着帝国主义的经济封锁、政治孤立和军事包围。在国内，大量国民党残余势力负隅顽抗，国民经济面临崩溃边缘。据统计，同历史上最高水平相比，1949 年的工业总产值减少了 50%。仅 1949 年一年，物价指数就平均上涨了 19 倍。城市失业人数达到 400 万人，全国城镇失业率高达 23.6%。物价飞涨，供应短缺，失业工人激增，人民生活困苦，严重威胁着新生国家的经济根基和人民政权的稳定，党和政府面临着尽快恢复国民经济的艰巨任务。

新中国成立初期，我国的经济结构中社会主义国营经济、合作社经济、个体经济、国家资本主义经济、私人资本主义经济等五种经济成分并存，其中私人资本在国民经济中占相当大的比重。根据 1949 年的统计，私营工业的产值约占全国工业总产值的 63%，就业人数约占全部工业企业职工人数的 53.7%①；私营商业在社会商品总批发额中占 67%，在社会商品零售额中占 83.5%②，其地位和作用在相当长的一段时间内是国营经济难以替代的。利用私营经济发展生产力成为恢复生产、发展经济的必然选择。然而，解放初期，

① 何光主编. 当代中国的劳动力管理［M］. 北京：中国社会科学出版社，1990：317.

② 王瑞璞，郭德宏等. 共和国经济大决策［M］. 北京：中国经济出版社，1999.

私营经济普遍处于十分困难的境地。例如，上海 13 674 家私营厂中，开工户仅占 1/4；而开工的厂家多数也未能正常生产，有的设备利用率仅为 20%～30%。为了充分利用私营经济，促进国民经济的恢复和发展，新中国成立初期，党和政府在坚决打击投机资本的同时，对正当的私营工商业给予大力扶助，使其得到了初步恢复和发展。但是，在全国经济形势开始好转的情况下，在旧的经济环境中成长起来的私人企业由于自身固有的缺陷，难以承受经济剧烈变革，在进入 1950 年 3 月以后出现了严重的困难。大量厂店停工、倒闭，对整个国民经济恢复发展和社会稳定产生不利影响。

劳资矛盾尖锐是私营工商业危机的突出表现。新中国成立初期，我国处于新旧体制交替、矛盾错综复杂的社会转型期，各类劳资矛盾交织，劳资冲突频发。一方面，尽管旧制度已被废除，但是半封建半殖民地社会背景下的用工制度仍有残余，一些新中国成立前的劳资纠纷日积月累，长期得不到解决，新中国成立以后这些问题随着工人翻身做主人而被提出；另一方面，由于私营工商业的生产经营陷入困境，资方解雇工人或者拖欠工人工资，导致劳资摩擦不断产生。除了客观环境因素以外，劳资双方对新形势下劳资关系的认识存在偏差，也导致了劳资矛盾不断激化。从资方态度来看，许多资本家对党的政策方针心存疑虑，怕政府和工人进行清算斗争；还有的资本家继续采用原来的管理方式，忽视劳动者的基本权利，甚至蓄意报复。在工人方面，长期受到压迫的工人在解放后怀着单纯的翻身观念，普遍希望提高工资、减少工时，有的提出过高的工资要求。也有少数工人的想法发生了偏差，有的误认为工人当家做主人就可以不听从管理人员的指挥，有的“因过去受压迫过深，报复的情绪超过了国家与自身长远的利益”，容易与资方产生矛盾。[①]

这一时期发生的劳资纠纷主要具有两个突出特点。一是以群体性争议为主，涉及人数较多。例如，上海市 1949 年 6—12 月处理的劳动争议案件数为 4 436 件，月均 634 件，涉及人数 542 180 人；1950 年处理的劳动争议案件数

① 李立三. 关于劳资关系的问题——在第一次全国劳动局长会议上的讲话. 1950-03-13.

为 9 480 件，月均 790 件，涉及人数 918 072 人。[①] 二是很多争议关系到劳动者的基本生存，劳资纠纷对抗性强。当时发生的争议中，相当部分为职工要求复工、发放拖欠的工资津贴以及改善工资待遇引发的纠纷。由于这些问题关系到劳动者的基本生存，加之新中国成立后一段时间内缺乏劳动争议处理机制，许多劳动者采取罢工、示威游行等极端的诉求表达形式。上海市 1950 年发生的罢工、怠工、包围、请愿、殴打、分店等事件达到 401 起。[②] 劳资纠纷严重影响了生产、经营的正常秩序和社会稳定。

针对私营工商业生产经营陷入困境、劳资矛盾突出的问题，党和政府借鉴解放战争时期实施“劳资两利”政策的经验，在新中国成立初期就制定了明确的适应当时私营经济的劳动关系政策。1949 年 9 月，具有临时宪法性质的《共同纲领》把“公私兼顾、劳资两利”作为新中国经济建设的根本方针，并以法律的形式规定下来。从 1950 年 6 月开始，调整工商业的工作在全国范围内展开。工商业调整政策包括调整公私关系、劳资关系和产销关系。调整劳资关系，进一步落实“劳资两利”的劳资政策，就是既要消除资本家对工人的剥削，改善工人的地位和待遇，又要教育广大工人从长远利益和国家利益出发，保障资本家的合法权益，纠正工人在劳动条件方面的过高要求。提倡通过民主协商，按照有利于生产的原则来解决劳资纠纷。调整工商业的政策取得了巨大成效，保障了私营工商业的恢复发展，促进了国民经济快速增长。1952 年，我国的工农业总产值比 1949 年增长了 73.8%。城镇就业人数比 1949 年增长了 98%，失业人数大幅度减少，全国城镇登记失业率下降到 13.2%。在经济恢复的同时，国民经济结构也发生了深刻变化，国营经济逐步占据了领导地位。1953 年，我国开始通过公私合营对私人工商业进行大规模的改造，将其逐步改变为社会主义公有制的国营企业。在这个过程中，私

① 参见上海地方志网站（http://www.shtong.gov.cn/node2/node2245/node67474/node67485/node67608/node67613/userobject1ai64635.html），阅读日期：2010 年 8 月 18 日；李彩华. 中国新民主主义制度下的劳资政策与劳资关系［M］. 北京：中国财政经济出版社，2009：117.

② 1950 年度调整劳资关系工作报告. 上海市档案馆档案.

营企业中的劳资关系性质发生了根本变化，并最终随着社会主义改造的完成而成为公有制经济下的劳动关系，“劳资两利”原则也随之淡出历史舞台。

【政策要点】

初步建立基本劳动条件标准

在工作时间方面，党和政府从我国国情出发，提出原则上实行8～10小时工作制，同时积极创造条件逐步过渡到8小时工作制。对于因生产需要或有害于职工身体健康的生产部门，劳资双方协议增加或缩短工作时间。但是，延长工作时间后，每日最高不得超过12小时。在休假方面，1949年12月12日政务院发布了《全国年节及纪念日放假办法》，首次确立了新年（1月1日）、春节（旧历正月初一至初三）、国际劳动节（5月1日）、国庆节（10月1日、2日）为全国节假日。1950年7月，政务院发布了《关于各地厂矿对于法定假日工资发放办法的决定》，进一步明确法定假日职工的工资照发，对假期内因特殊原因必须工作的劳动者增发薪资。在劳动安全方面，党和政府明确了保护劳动者的安全与健康、改善劳动条件是国家的一项基本政策。从1949年到1952年，政务院财政经济委员会、劳动部、各产业部和地方政府根据我国国情并参照苏联经验，陆续制定了105项安全卫生管理和设备安全检查的规章制度。同时，政府在全国范围内开展了工矿企业安全卫生大检查和问题整改工作，极大地改善了旧中国遗留厂矿中的安全卫生状况，伤亡事故和职业病发病率明显下降。在女工保护方面，《关于劳资关系暂行处理办法》明确了女工与男工同工同酬的权利，规定了女职工生育前后休息时间及对婴儿的哺乳时间，初步建立了女职工在孕期、产期、哺乳期的特殊保护制度。1951年出台的《劳动保险条例》延长了女工产假时间，规定女工生育时给予工资照发产假56天。

初步建立统一的企业工资制度和企业职工劳动保险制度

在工资分配方面，新中国成立之初党和政府遵循“基本不动，个别调整”的原则，维持原职原薪发放办法，仅对工资待遇进行局部调整。从 1951 年开始，各大行政区先后在参照全国工资准备会议提出的工资制度基本模式的基础上，根据各大行政区的实际情况进行了工资改革，初步建立了统一的企业工资制度。具体措施包括：一是统一将“工资分”作为工资计算单位；二是建立工人等级工资制度和职员职务等级制度；三是推广新的计件工资制和奖励工资制。

在劳动保险方面，1951 年 2 月 26 日《劳动保险条例》颁布实施，建立了除失业保险以外的养老、工伤、疾病、生育等四项保险制度。劳动保险的保险费用全部由企业行政或资方承担，职工个人无须缴纳任何费用。各项保险费统一征集，费率为本企业职工工资总额的 3%。在征集来的费用中，30%上缴中华全国总工会，作为全国调剂基金；70%存于该企业工会基层委员会账户，作为劳动保险基金，用于支付退休、退职、工残抚恤、疾病救济、丧葬补助等待遇。鉴于当时国家财力有限且缺乏相关经验，《劳动保险条例》采取“重点试行，逐步推广”的办法，首先在工人职员 100 人以上的国营、公私合营、私营及合作社经营的工厂、矿场及其附属单位实行。对于暂不实行《劳动保险条例》的单位，职工的保险问题由企业行政或资方与工会组织根据《劳动保险条例》规定的原则和本单位的实际情况进行协商，通过签订集体合同加以解决。通过这种方式，保障了职工在不同程度上都能享受保险待遇。

在公私企业中推行民主管理制度

鉴于新中国成立初期劳资矛盾尖锐、劳资纠纷频发的情况，党和政府将劳资协商作为调整私营企业劳资关系的重要手段。1949 年，中华全国总工会先后发布了《关于劳资关系暂行处理办法》《关于私营工商企业劳资双方订立集体合同的暂行办法》，规定劳资双方可就雇用与解雇手续、厂规制定程序及内容、工资、工作时间及假期、有关劳动保护与职工福利问题等基本雇用条件开展集体协商，签订书面集体合同，并明确了协商程序，集体合同的生效、修改、废止和争议处理办法等事项。对于私营企业日常生产经营中发生的劳资问题，1950 年 4 月劳动部发布了《关于在私营企业中设立劳资协商会议的指示》，规定雇用 50 人以上的私人工厂、商店，劳资双方应建立劳资协商会议。劳资双方可就集体合同的订立和履行、生产的计划和组织、工厂规则和奖惩制度的制定与修订、职工的雇用与解雇、职位升降及其他人事问题、劳动条件和福利待遇等议题进行交流，通过平等协商解决问题。1950 年 2 月，政务院财政经济委员会下达了《关于国营、公营工厂建立工厂管理委员会的指示》，要求建立工厂管理委员会，实行工厂管理民主化，保障职工在企业中的地位，并提高他们的生产积极性。

建立劳动争议处理制度

1950 年 11 月，劳动部颁布了《关于劳动争议解决程序的规定》，建立了包括协商、调解、仲裁和诉讼在内的多层次的劳动争议处理制度。当劳资双方发生争议时，先由当事人相互协商。双方不能协商解决的，对于国营、公营、公私合营及合作社经营企业，由上级工会组织与上级企业主管机关协商解决；私营企业则交由产业工会组织和同业公会协商解决。如果双方仍旧无法达成协议，劳动争议可以交由劳动行政机关调解；调解不成的，由劳动争议仲裁委员会仲裁。如果任何一方对仲裁不服，可向人民法院提起诉讼。该规定适用于各类企业中因雇用、解雇、工资、工时和生活待遇等劳动条件、劳动保护、劳动保险、奖罚，以及因执行劳动纪律、工作规则、集体合同和劳动契约等发生的劳动争议，覆盖劳动争议的范围比较广。此后，劳动争议处理开始走上法制化和规范化的轨道。1953 年后，随着企业所有制结构和劳动关系趋于单一，劳动争议案件逐渐减少。1955 年后，劳动纠纷主要由企业或其主管部门处理；劳动部门在接到工人申诉时，以信访方式协同有关部门处理。

【典型事件】

➢ 废除封建用工制度

在半封建半殖民地的旧中国，帝国主义和官僚资本企业以及其他工矿企业中普遍存在封建把头制度。这种制度带有浓重的封建帮会色彩，工人对包工头有着强烈的人身依附关系，包工头往往与地方恶势力相勾结，剥削奴役工人。在搬运、建筑和煤矿等生产力落后的行业，封建把头制度尤为突出。解放后，封建把头表面上有所收敛，但是仍依靠长期形成的帮口势力对工人进行控制。例如，在民主改革前，天津市的搬运行业有 227 个大脚行头子，把天津分割为 227 个区域，工人要将劳动所得的 80%交给脚行头子。在上海，码头搬运业务被 53 个把头控制，资本家、买办、把头对搬运工人进行层层盘剥。装卸报酬的分配比例大体是码头资本家坐扣 75%，买办 15%，把头 5%，余下的 5%作为全部参与装卸工作的工人的报酬。此外，把头还采取瞒吨位、瞒报酬、吃空额、拖发工资等手段克扣工人工资。

为了消除压在劳动者头上的封建压迫制度，使广大劳动者真正从经济上摆脱剥削，从政治上获得解放，从 1950 年春天起，党和政府领导广大职工开展了民主改革运动，废除了封建用工制度。1950 年 1 月，中国纺织工会通过了《关于废除搜身制的决议》。同年 3 月，中央人民政府政务院接受了纺织工会等产业工会关于废除封建把头制度的建议，随后在全国的纺织企业先后废除了搜身制度和封建把头制度。反封建把头的斗争最早从天津的搬运行业开始，随后在煤矿和纺织等行业相继展开。1950 年 4 月，政务院发布了《废除各地搬运事业中封建把持制度之建议的决定》和《废除各地搬运行业中封建把持制度暂行办法》，规定由人民政府设立搬运公司，统一调配劳动力。随后，各地搬运行业全面开展了反对封建把头的斗争。例如，1950 年上海总工会把 13 万名搬运工人组成统一的搬运工会，开展反霸斗争，废除包工头。同时，建立了国营上海搬运公司，接管由包工头操纵的装卸业务，统一承揽业务，统一调配劳动力，统一规定运价，彻底取消了包工头的剥削。① 到1951年12月，141个城市建立了130个搬运公司和11个搬运站，有40%的搬运工人参加了搬运公司的工作。到1952年年底，在全国范围内基本完成了搬运行业反封建把头的任务。经过斗争，搬运行业的陈规陋习得到了清除，劳动生产率大大提高，运价普遍下降50%～70%。

在建筑业，建筑工程层层转包，工人深受大小包工头的剥削。封建把头利用帮口行会控制工人，各个帮派之间积怨很深。新中国成立以后，随着生产的发展，建筑工程日益增多，营造厂数量不断增加。1950年，仅上海就出现私营营造厂2 700多家。但是，当时大多数私营建筑公司仍然公开或变相沿用封建把头制度，严重阻碍了建筑业的发展。这些营造厂采取层层转包的方式，不仅偷工减料、危害建筑质量，还利用延长工时、侵吞红利、强收各种名目费用等手段剥削工人，许多地方建筑工人的实得工资仅为应得工资的30%。反封建残余势力的斗争首先在公营建筑单位开始，逐步扩展到私营营造厂。1951年4月，劳动部发布了《关于切实废除建筑业中封建把头剥削制度的意见》，随后在全国范围内对建筑业进行了整顿，废除层层转包和封建把头制度。建筑业中有些把头是技术工人出身，因此对于建筑业中的封建把头，除了少数罪大恶极的以外，对大多数采取教育改造的方针。在废除封建把头的同时，还建立起建筑工人调配机制，统一为建筑工人介绍工作。例如，北京市政府明确规定，禁止将工程包给工头，各建筑单位要通过劳动局招收工人，工人直接与建筑公司订立合同，并由公司直接给工人发放工资，杜绝工头转手剥削。

在矿山业，1950年2月，中国煤矿工会召开全国代表会议，代表们反映部分煤矿的管理基本沿用原来的方式，仍有封建主义和官僚资本主义残余势力，把头制的存在使工人遭受着封建野蛮的剥削和生命伤害。大会向中央人

---

① 参见上海地方志网站（http://www.shtong.gov.cn/node2/node2245/node67474/node67479/node67513/index.html），阅读日期：2011年1月20日。

民政府燃料工业部建议废除封建把头制度。1950 年 4 月，燃料工业部发布《关于全国各煤矿废除把头制度的通令》，各矿务局彻底废除了封建把头制度，取消了剥削欺压工人的不合理制度，发动工人推动管理民主化。

经过三年的反把头斗争，到 1952 年年底，全国基本废除了搬运、煤矿和建筑业的封建用工制度。

➢ 第一次工资改革

鉴于新中国成立初期物价猛涨、通货膨胀严重，政府继续实行以实物为计算基础的工资支付办法。当时的工资计算单位大致包括粮食、“饻”、“折实单位”以及“工资分”。由于当时多种经济成分并存，我国的收入分配制度比较复杂，存在多种分配制度并存的局面。在老解放区，实行供给制、部分供给部分工资制或者货币工资制。在新解放区，除少数派往官僚资本企业进行接管的干部和国家机关工作人员实行老解放区的供给制外，大多数职工继续实行国民党时期的工资等级制度和工资标准。旧社会遗留下来的工资制度非常混乱和不合理，带有浓厚的半封建半殖民地性质。主要表现为：在地区之间，沿海工资高于内地工资；在产业之间，轻工业工资高于重工业工资；在企业之间，帝国主义在华企业工资高于官僚资本企业工资，官僚资本企业工资又高于民族资本企业工资；在企业内部工资关系方面，存在辅助工人工资高于主要工人工资的问题；在工资制度方面，各地工资计算标准也不统一。

新中国成立后，党和政府遵循“基本不动，个别调整”的原则，对工资待遇进行局部调整和改革。1949 年 11 月 22 日，中华全国总工会发布了《关于劳资关系暂行处理办法》，规定在新解放的城市，资方须保持职工在解放前 3 个月之实际工资平均水准，不得降低，同时在目前凡属生产或营业不发达及利润低微之企业，一般亦不应增加实际工资。如解放前工资过低或过高者，得由劳资双方在订立集体合同时协商酌量增加或减少之，但须经当地人民政府劳动局之批准，方为有效。在解放初期沿用原来的工资制度，对于保障职工生活和维持社会稳定发挥了积极作用。但是，混乱不合理的旧工资分配体制阻碍了生产的恢复和发展。1950 年 2 月 7 日，《人民日报》发表了题为《学会管理企业》的社论，提出要实行计划经济，各部门必须有统一的管理和生产组织，有经济核算、业务经营、企业管理和工资待遇等各方面的统一制度。社论还强调，当时的工资制度不仅不符合按劳分配的原则，而且大大妨碍了其他各项制度的统一。此后，根据党中央的指示，劳动部和中华全国总工会为工资改革做了大量准备工作，在深入广泛调查研究的基础上，先后联合制定了《工资条例草案》《工资条例说明书》《各产业工人职员工资等级表本案》等文件，提出了新工资制度的基本模式。

1950 年 8 月 31 日至 9 月 18 日，由政务院财政经济委员会组织召开了全国工资改革准备会议。参加会议的有各地区财经委员会、劳动部门、工会和中央人民政府各产业部门、全国产业工会的代表，共计 288 人。会议肯定了《工资条例草案》《工资条例说明书》等文件提出的新工资制度的基本模式，确定了工资制度改革的三项基本原则：一是在可能范围内，奠定全国统一、合理的工资制度的初步基础；二是要照顾现实，尽可能为大多数工人所拥护；三是要照顾国家财政经济能力，不能过多增加国家负担。虽然会议对提出的方案没有形成决议，但是为以后大行政区的工资改革提供了重要参考。1950 年 11 月 7 日，中共中央对工资改革问题作出了重要指示，指出调整工资的目的是使现有工资较为公平合理，便于发展生产、增进团结。调整的办法是高的不再高，低的逐步向高的看齐；不应定一个折中标准，使高低双方都向中间看齐；低的向高的看齐，应该分为三年、五年、八年和十年逐步提升。1951 年 3 月，中共中央进一步明确提出工资改革采取由地区到全国逐步清理、逐步统一的方针。

从 1951 年到 1953 年，各大行政区根据党中央的指示，参照全国工资准备会议提出的基本模式，先后进行了第一次工资改革。各大行政区在开展工资改革工作的时间上有先后顺序，工资标准的制定也有所差别。但是，建立的工资制度一般包括：一是规定以“工资分”作为全国统一的工资计算单位，并规定“工资分”所含实物的种类和数量。各个地区“工资分”所含物品的规格和牌号，根据当地经济条件和职工生活习惯而确定，并由当地主管机关或人民银行定期（按月、半月或日）公布。二是建立新的工人等级工资制度和职员职务等级制度。各大行政区根据各产业在国民经济中的重要性、技术复杂程度等因素，分别确定了工资的产业分类和产业顺序。东北和西北大行政区分为五类，中南和西南分为八类，华北分为九类。产业顺序的排列一般是钢铁冶炼、煤矿等重工业排在前面，工资标准高些；电力、机器等产业居中，工资标准略低；卷烟、食品等轻工业在后，工资标准更低一些。各大行政区还根据各地实际情况，规定了工资的最高和最低倍数、起止点工资和工资标准、工资等级线、职务划分等。依据技术复杂程度和技术水平，国营企业工人大多数实行八级工资制，少数实行七级或者六级工资制。最高和最低工资倍数一般为2.5～3倍，多数为2.8倍。在企业职员工资制度方面，多数大行政区实行一职数级、上下交叉的职务等级工资制。职务等级是按照职务责任大小、工作复杂性和繁重性，以及需要的知识和能力确定的。三是推广新的计件工资制和奖励工资制。各大行政区规定了划分工作物等级和计算计件单价的原则，规定了按照平均先进水平制定劳动定额的原则。各大行政区还大力推行奖励工资制，对奖励的条件、考核指标和奖金额等作了规定。此外，还建立了调动工作、停工、学习和加班加点等特殊情况下的工资支付办法。

这次全国范围的工资改革，废除了旧中国半封建半殖民地的企业工资制度，建立了社会主义性质的新的工资制度，初步贯彻了按劳分配原则。统一采用“工资分”作为工资计算单位，不仅保证了职工收入不受物价波动的影响，也为统一工资标准创造了条件。表3—1为石景山钢铁公司工人工资等级表。按照技术定级的工资制度，激发了职工学习文化和学习技术的热情，对提高他们的技能水平起到了很大的推动作用。这次工资改革，调整了产业工资关系，提高了对国计民生意义重大，但是工资较低的重工业的工资标准。同时，适当缩小了沿海地区和其他地区之间的工资差别，改善了企业内部工资关系。工资改革后，80%职工的工资都有所增加，职工生活得到改善，生产积极性大大提高。不过，这次改革也存在不足之处，主要是各大行政区制定的工资制度在产业分类、工人最高工资与最低工资的倍数、等级系数等方面不统一，产业之间、地区之间、企业内部各类人员之间的工资关系仍不尽合理，例如存在高等级工人与低等级工人之间、繁重劳动与轻便劳动之间工资差别小的问题。

表 3—1　　石景山钢铁公司工人工资等级表

工资等级	1 级	2 级	3 级	4 级	5 级	6 级	7 级	8 级
工资系数	1.000	1.181	1.377	1.594	1.820	2.072	2.340	2.630
级差百分比（%）	—	18.10	16.59	15.79	14.55	13.49	11.46	12.38
月工资标准（工资分）	138	163	190	220	252	286	323	363

➢ 劳资协商会议的推广

1949 年 1 月 15 日天津解放后，劳资矛盾十分突出。民族工商业资本家对党的政策不了解，有的消极生产，徘徊观望；有的转移资金，关闭企业。工人群众则认为翻身做了主人，应该增加工资待遇，还有人抱有向资本家报仇清算的想法。为了尽快落实党对民族资产阶级的政策，促进生产的恢复和发展，1949 年 4—5 月，刘少奇来到天津考察，并就私营企业问题发表多次讲话。在劳资关系方面，刘少奇倡议在大型私营企业建立劳资协商会议，使劳资双方共同协商有关生产、生活、工资、福利待遇、裁员和劳动保护等事宜，以促进生产发展和维护职工权益。新中国成立以后，上海、天津、武汉等地的企业尝试通过协商委员会、工厂座谈会、厂务讨论会等形式，由劳资双方协商解决有关问题，取得了较好的成效。

进入 1950 年后，随着私营工商业陷入困境，劳资矛盾愈加尖锐。资本家消极悲观的疑惧心理愈加严重，私营企业大量停工倒闭，失业工人激增。失业工人失去生活出路引发不满情绪，在一定程度上强化了工人的过“左”行动，加剧了劳资关系紧张局面。1950 年 3 月，劳动部召开第一次全国劳动局长会议，提出通过建立劳资协商会议等形式来协商解决日常发生的各种问题，促进劳资关系正常化，减少劳资纠纷。4 月 29 日，劳动部发布《关于在私营企业中设立劳资协商会议的指示》，对在私营企业中设立劳资协商会议组织的构成和协商内容等作出了具体规定。劳资协商会议是劳资双方平等协商的组织，一般适用于雇用 50 人以上的私人工厂、商店。如劳动关系双方认为有必要，可以设立产业或行业的劳资协商会议。劳资协商会议由劳资双方分别选派同等数量的代表组成，一般以每方 2～6 人为宜。劳资协商会议协商的议题包括：①集体合同的订立及履行；②生产计划与生产任务的完成及提高产量、质量，节约材料、工具等事项；③改进生产组织，如劳动力配备、机器工具的调整、原料调配等事项；④有关改良技术、改善操作方法、提高生产效率与工人技术水平等事项；⑤有关业务、管理之改进及工厂规则、奖惩制度之拟定与修改等事项；⑥有关职工之雇用与解雇、职级升降及其他人事问题等事项；⑦有关工资、工时、生活待遇及其他职工福利设施等事项；⑧有关工商企业安全卫生及职工疾病、伤亡、残废、女工生育待遇等事项。有关一般问题的协议，经劳资双方代表一致同意后，即可成立。比较重大问题的协商，须经双方代表征得有关人员和全体职工同意后，方可成立。凡已取得协议之比较重大事项，须报送当地劳动局备案。在会议中发生争议按劳动争议解决程序的规定处理。随后，上海、福建、河南等省市分别制定了私营企业劳资协商会议组织通则，并积极推动劳资协商的开展。

由于资方对协商会议制度心存疑虑，加之劳资嫌隙积深及认识的分歧，劳资协商会议制度建立之初遇到了不少阻力。对此，党和政府对资方和工人做了大量的宣传教育工作。随着协商会议的广泛建立，双方对民主平等协商精神渐有领悟，特别是随着协商工作的开展，不少困扰劳资双方的问题得到了圆满解决，双方逐渐建立信任，增强了合作克服困难的信心，劳资协商会议制度也得以顺利推广。据 1950 年 4—12 月的不完全统计，全国各地已建立了 2 787 个劳资协商会议，其中产业或行业劳资协商会议 923 个，企业劳资协商会议 1 864 个。

天津恒源纺织厂召开第一届劳资协商会议

在协商会议建立初期，解决争议和劳资双方如何共渡难关是协商重点。1953 年后，随着经济形势的好转，劳资争议逐年减少，劳资协商会议的工作重点开始转向如何加快生产发展。总的来说，劳资协商会议的议题十分广泛。例如，天津永利碱厂劳资双方协商了劳动条件、临时工的工资待遇和劳动保护、职工扫盲等问题；上海大华卷烟厂通过劳资协商废除了搜身制度；上海人力三轮车业劳资协商会议就车辆修理、出卖、租金、保证金等八个产生争议的突出问题进行协商；抗美援朝期间，上海私营企业工会与资方签订了增产节约捐献合同。通过开展劳资协商会议工作，劳资关系有所缓和，资方能虚心听取和采纳工人的意见，努力改进经营管理，积极发展生产；工人也开始努力工作，厉行节约，并能主动降低工资福利标准，以减轻企业负担。1956 年私营工商业全行业公私合营后，劳资协商会议组织自然消亡。

专栏

上海梅林罐头厂劳资协商会议情况

梅林罐头厂是拥有职工 200 余人的中型罐头食品制造厂，其产品主要外销。解放后，由于受到敌人的封锁，产品销路受到影响，企业经营困难，职工工资难以按期发放。资方对生产缺乏信心，却不愿意将经营困境告知劳方，也不愿意主动做出让步，致使生产陷入停顿。为了提高资方的信心，减轻工资负担，劳方主动提出将 2 月份工资打八三折。1950 年春节过后，双方开展了劳资协商。资方提出三个方案：一是部分职工不做工，轮流分班工作以减轻工资负担；二是生产暂停，全部职工遣散；三是维持现状，吃光算数。劳方认为，这三个办法都不是为公司利益着想，因此不予同意；只要劳资团结，困难是可以克服的。劳方提出运用剩余劳动力制造糖果和煤球等副产品，以辅助工厂开支，同时成立劳资协商会议。资方也认识到必须依靠劳方才能共同克服困难。

双方于 3 月份正式开始劳资协商。劳资协商会议由劳资双方代表各 8 人组成，下设业务和生产两个小组，每周开一次会。双方认同一切面向生产，不从单方面片面利益出发的原则。通过召开多次协商会议，双方商定：一是为了使资金运用适当并使劳方了解工厂情况，工厂所有账目公开；二是如遇因发工资而资金周转困难，先照顾生产；三是充分发挥职工工作效能，部分车间实行劳动力统一分配；四是采取措施，节约用水；五是组织车间技术研究会，改进技术，减少损失。经过劳资协商，初步消除了劳资双方的隔膜。工人理解企业的经营困难，进一步增强了主人翁觉悟，生产积极性大大提高。资方得到工人的支持，克服困难的信心大增。在劳资双方的努力下，企业经营逐步走上正轨，工人的工资发放也恢复了正常。

资料来源：《劳资协商会议选辑》，上海市人民政府劳动局编写，新华书店华东总分店发行，1950 年。

【成就与评价】

（一）从根本上改变了劳动者的地位，保护了劳动者的合法权益，彰显了党的执政理念

新中国成立初期，党和政府在废除封建用工制度、消除资本家对工人进行剥削的同时，确立了工时、休假、劳动保护等方面的基本劳动标准，废除了半封建半殖民地性质的旧工资制度，建立了社会主义性质的工资制度，提高了职工工资收入，建立了职工劳动保险制度以及职工参与企业管理制度，从根本上改善了工人的地位和待遇，使广大职工真正从政治上获得解放、从经济上得到保障，实现了工人阶级社会地位的历史性转变，彰显了中国共产党始终坚持将保护广大劳动者的合法权益放在首位的执政理念。

（二）缓解了劳资矛盾，对促进经济的恢复和发展、维护社会稳定、巩固人民政权发挥了重要作用

新中国成立初期，通过一系列制度建设和大量的宣传教育工作，党和政府在私营企业中建立了新型“民主的、平等的、两利的、契约的、新民主主义的劳资关系”[①]，及时调处劳资纠纷，有效缓和了劳资矛盾，减缓了新旧体制转化带来的社会震荡，维护了社会稳定，为经济发展创造了必要条件。同时，通过推广劳资协商，推动劳资互利合作，提高了劳资双方的生产积极性，促进了私营经济快速发展，保证国民经济在三年内得到根本好转。“劳资两利”政策的实施，使党和政府赢得广泛的拥护和支持，巩固了新生的人民政权。

（三）“劳资两利”政策的实施，不仅在当时的背景之下发挥了重大作用，对现阶段构建和谐劳动关系也具有重要的现实意义

党基于新中国成立初期特定的政治、经济发展特点，立足于中国生产力不发达、恢复和发展经济是劳资双方共同利益的现实国情，打破劳资对立和对抗的思维定式，引导劳资双方辩证看待劳资关系，正确认识长远利益和眼前利益、国家利益和个体利益的关系，在兼顾劳资双方的合法利益、促进劳资自我协调、妥善化解劳资纷争的基础上，实现劳资共赢。“劳资两利”政策的实施，不仅在新民主主义革命时期发挥了重大作用，对于我国现阶段构建和谐劳动关系也具有重要的现实意义。

【大事记】

1949 年

9 月 29 日，中国人民政治协商会议第一届全体会议通过《共同纲领》，第 32 条确立了新中国处理劳资关系的基本原则。

---

① 参见《工人日报》1951 年 7 月 10 日第 1 版。

11 月 22 日，中华全国总工会发布《关于劳资关系暂行处理办法》，对私营工商企业劳资双方在雇用、解雇、工资、工时、劳动保护、女工保护、劳动纪律、奖惩等方面的权利和义务作出了规定，是当时各级政府和工会组织处理劳资关系的重要依据。同日，中华全国总工会发布《关于私营工商企业劳资双方订立集体合同的暂行办法》，规定了集体合同的内容、协商程序、生效、修改、废止和争议处理办法。

12 月 12 日，政务院发布《全国年节及纪念日放假办法》。

1950 年

2 月 28 日，政务院财政经济委员会发布《关于国营、公营工厂建立工厂管理委员会的指示》，要求国营、公营工厂企业建立有工人参加的工厂管理委员会。

4 月 29 日，劳动部颁布《关于在私营企业中设立劳资协商会议的指示》，规定 50 人以上的私人工厂和商店应建立劳资协商会议，并对劳资协商会议的基本原则、构成、协商内容和工作规则作出明确规定。同日，中华全国总工会批准《关于废除“搜身制”的决议》，宣布废除了当时私营企业中比较普遍的侵犯人身自由的不合理的搜身制度。

5 月 4 日，政务院财政经济委员会发布《全国公私厂矿职工伤亡报告办法》。

5 月 20 日，劳动部颁布《失业技术员工登记介绍办法》，要求雇佣双方订立劳动契约。

6 月 16 日，劳动部发布《劳动争议仲裁委员会组织及工作规则》，明确了仲裁委员会的组织机构和工作程序，规定各地区的劳动部门负责并聘请总工会、工商行政部门、工商联的代表组成劳动争议仲裁委员会，开展劳动争议案件仲裁工作。

6 月 29 日，中央人民政府颁布《中华人民共和国工会法》，首次以法律形式确立了工会组织在人民民主政权中的地位和作用，明确了新中国工会的性质和组织原则、工会的权利和义务，为工会组织依法开展活动提供了法律依据。

11 月 26 日，劳动部发布《关于劳动争议解决程序的规定》，规定了劳动争议的界定、劳动争议处理程序和机构，建立了劳动争议处理制度的基本框架。

1951 年

2 月 26 日，政务院发布《劳动保险条例》，建立养老、工伤、疾病、生育等四项保险制度。

3 月 24 日，劳动部发布《劳动保险条例实施细则》。

7 月 31 日，政务院发布《关于各地厂矿对于法定假日工资发放办法的决定》，规定在政府法定假日职工工资照发，对于在假期内必须工作者应增发薪资。

12 月 31 日，政务院财政经济委员会颁布《工业交通及建筑企业职工伤亡事故报告办法》。

1952 年

8 月 6 日，政务院发布《关于劳动就业问题的决定》，规定公营企业对于因实行生产改革、合理提高劳动效率而多余出来的职工，均应采取包下来的政策，仍由原企业单位发给原工资，不得解雇。

专题 4

计划经济时期的劳动关系政策（1953—1978 年）

【背　景】

经过三年国民经济恢复的实践，党中央关于我国如何经过新民主主义向社会主义过渡的设想发生了重大变化。把实现“一化三改”作为党在过渡时期的总路线和总任务，这是一条社会主义建设与改造同时并举的总路线。1953 年的《关于党在过渡时期总路线的学习和宣传提纲》对这一总路线作了完整表述：“中华人民共和国成立，到社会主义改造基本完成，这是一个过渡时期。党在这个过渡时期的总路线和总任务，是要在一个相当长的时间内，逐步实现国家的社会主义工业化，并逐步实现国家对农业、对手工业和对资本主义工商业的社会主义改造。”到 1956 年，随着社会主义改造的完成，全民所有制和集体所有制的社会主义公有制经济占据了主导地位。

在制定“一五”计划时，经过对政治、经济、国际环境等诸多方面利弊得失的反复权衡，党和政府确立了优先发展重工业和建立独立完整的国民经济体系的经济发展战略。“一五”时期从前苏联和东欧国家引进的 156 个工业项目，实际施工的有 150 个，其中航空工业 12 个、电子工业 10 个、兵器工业 16 个、航天工业 2 个、船舶工业 4 个、钢铁工业 7 个、有色金属工业 13 个、化学工业 7 个、机械加工工业 24 个、煤炭工业 25 个、电力工业 25 个、石油工业 2 个、轻工业和医药工业 3 个。这些项目日后都成为我国工业的骨干企业，为我国经济发展发挥了基础性作用。

实行优先发展重工业的工业化战略，就必须要实行计划经济体制。这主要是因为优先发展重工业，需要有大量的资金保证，需要有工、农、林等原材料，尤其是粮食供应的充分保证，需要有大量的工业技术和管理人才，所有这些需求只有通过计划经济体制，也就是以国家指令性计划来配置资源，才能快速集中力量予以满足。从 1953 年开始，我国进入了有计划的经济建设时期，逐步形成了高度集中统一的经济管理体制。在这种体制下，计划成为资源配置的唯一因素。国营企业接受政府的生产指标，生产资源由政府统一分配，产品由政府统购统销，利润由政府统一分配。按照计划经济的要求，国家通过指令性计划指标配置劳动力资源，严格限制劳动力流动。通过在全国范围内统一制定和下达劳动计划指标，实现在地区间、部门间分配劳动力，保持劳动力资源配置相对平衡的目的。比如，在“一五”计划建设时期，发展重工业的一个重要困难是，中国的技术力量缺乏，中国的产业工人不过 300 万，技术人员和管理人员大约 30 万，主要分布在上海、天津等沿海城市，而这些地方又不是当时的重点建设地区。为了满足重点建设地区、重点建设项目的技术力量的需要，中国共产党的组织部门和人民政府的劳动、人事部门通过组织手段和行政手段对技术人员和技术工人进行了统一调配。

计划经济时期，国家采取“低工资、多就业”的施政方针。1957 年，周恩来在党的八届三中全会上进一步阐明了低工资政策的原因，大概内容是：我国实行低工资制，是由我国国情、国力决定的。生产水平低，经济建设需要有较多的资金积累，城镇新成长的大量劳动力需要安排就业，工资收入水平和城乡关系需要统筹安排，只有生产力大大提高，才具备改革工资的物质条件，所以实行低工资制是一个相当长时期的政策。工资改革、工资制度由国家统一规定，如职工定级和升级、工资性的津贴标准等均由国家统一制定和安排，各地区、各部门及企业没有工资分配自主权。这一时期我国的工资状况表现为“低、平、死”的特点[①]：低，即工资水平低，标准过多；平，即搞平均主义，调工资只看工龄，不看表现和贡献；死，即管得过死，企业在

① 庞自．九秩忆往．2011：164.

工资分配上没有自主权。

在国家“低工资、多就业”的施政方针和社会主义必须消灭失业的思想支配下，企业的固定用工制度不断强化并趋向单一。进入计划经济建设时期，由于人才缺乏，国家对高等院校、中专和技工学校毕业生实行了统一分配，用人单位对他们除个别违法乱纪必须开除的以外，一般是不允许辞退的。对企业使用临时工也实行限制，规定根据生产需要逐步改为正式工。在对私营工商业进行社会主义改造过程中，采取了按行业归口“包下来”的政策，将大批私营工商业职工转入了公私合营或国营企业。公私合营企业职工增加了近 3 倍，几乎都安排为固定职工。随着社会主义改造基本完成，到 1957 年，我国全民所有制单位职工人数大幅增加，全民所有制单位固定职工人数占职工总数的 91.8%。[①] 国家把所有城镇劳动力都纳入了“统包统配”的范围。

1956 年 3 月 5 日，四川省岳池县召开万人大会，庆祝县内社会主义改造取得伟大胜利

① 何光主编. 新中国劳动和社会保障事业 [M]. 北京：中国劳动社会保障出版社，2010：337.

在工业化过程中，城镇职工队伍不断扩大。据统计，到 1978 年，第二、第三产业就业人员分别从 1952 年的 1 531 万人和 1 881 万人增加到 6 945 万人和 4 890 万人。国家制定和实施一系列劳动管理制度，探索了具有中国特点的企业民主管理经验，确立了工人阶级主人翁地位。

【政策要点】

实行国营企业固定用工制度

1953 年进入计划经济建设时期，特别是社会主义改造任务基本完成后，国家把所有城镇劳动力都纳入了“统包统配”的范围，把在国民经济恢复时期对特殊群体采取的“包下来”的政策扩展为长期适用的政策。范围扩大到高等学校、中等专业学校、技工学校毕业生，家居城镇的复员、退伍军人，城镇普通高中、初中毕业生和其他劳动力。除个别违法乱纪必须开除的以外，不允许用人单位辞退职工，统一安排为固定职工。在对私营工商业进行社会主义改造过程中，采取了按行业归口“包下来”的政策，将大批私营工商业职工转入了公私合营或国营企业。1957 年 4 月，国务院在批转中央转业建设委员会、内务部、劳动部关于复员军人安置工作的报告中，又进一步确定了“归口包干、统一安排”的原则，将城镇复退军人统一安排为全民所有制单位固定职工。

“一五”计划后期，中央领导同志觉察到了企业用工制度向单一的固定工制度方向发展的弊病，提出研究劳动合同制度的问题，进行改革劳动制度试点。1959 年 12 月，劳动部发布的《关于劳动力招收和调配的若干规定（草案)》明确规定，“在用人制度上，应根据不同情况，分别采用长期工、合同工、亦工亦农的方法”，第一次将亦工亦农作为多种用工形式之一，正式在招工办法中规定下来。1964 年，中央决定在全国范围内逐步推行两种劳动制度。1965 年，国务院颁发的《关于改进临时工的使用和管理的暂行规定的通知》提出：企业、事业单位，凡是临时性、季节性的工作，都应当使用临时工

(包括季节工)；已经使用固定工的临时性工作，应当逐步地改用临时工。规定对临时工只控制工资总额，用人单位在国家下达的职工年末人数内，有权减少固定工，改用临时工，使临时工在职工总数中的比重明显上升。

“文化大革命”开始后，两种劳动制度的尝试未能得以延续，劳动力统包统配的范围进一步扩大，固定工制度进一步强化。1971 年，以国务院名义发布的《关于改革临时工轮换工制度的通知》规定：“常年性的生产、工作岗位应该使用固定工，不得招用临时工。在现在这种岗位上使用的临时工，可以改为固定工。”据此规定，全国全民所有制企业、事业单位临时工转为固定工的人数多达 800 多万人[①]，形成了新中国成立以来最严重的一次“转正风”。[②]

此外，在这一时期内，城镇新成长劳动力主要依靠国家“包下来”安置就业。一些单位实行了对初中、高中毕业的职工子女由本单位“包下来”安置就业的做法。1973 年，中共中央批准矿山井下、地质勘探、森林采伐和盐业等四个行业在补充自然减员或按国家劳动计划增加工人时，可由退休职工的子女顶替工作，也可从本单位的职工子女中招收为固定工。

总之，在充分保障就业、消灭失业和稳定职工基本队伍的指导思想下，在全面实行公有制的条件下，全民所有制企业的固定用工制度不断强化并趋向单一。

国家对职工工资实行宏观调控

国家对职工工资实行宏观调控的主要方式包括工资计划管理、工资基金管理、工资制度管理和工资政策管理等。计划经济时期，国家实施劳动计划管理，由国家统一制定下达职工人数、工资总额和劳动生产率等各项计划指标。工资计划管理在国民经济恢复时期开始建立，“一五”时期开始全面实施。由国家计划委员会和国家经济委员会负责编制并下达年度工资总额包干

① 何光主编．当代中国的劳动力管理［M］．北京：中国社会科学出版社，1990：16.
② 张左己主编．劳动力管理与就业［M］．北京：中国劳动出版社，1993：39.

计划，由各省、自治区、直辖市和各产业主管部门层层分解下达工资总额计划。1957 年 10 月，国务院决定："由劳动部负责综合平衡和编制全国的劳动计划和工人培养计划。"劳动部正式成立劳动工资计划局，统一管理全国劳动工资计划工作。

工资基金管理是为落实工资计划而采取的管理制度，目的是为了在宏观上控制工资过快增长和职工人数盲目增加，从而使宏观经济实现有计划、按比例的发展。1959 年 12 月，国家计委、劳动部、财政部、中国人民银行总行联合颁发的《工资基金管理试行办法》规定：所有国营、地方国营、已定息的公私合营企业、事业单位和国家机关、人民团体，都要根据上级主管部门批准的年度或季度劳动计划，制定分月的工资基金使用计划，在每季度开始前 5 天，连同季度劳动计划一起，送当地劳动部门和开户银行（基本建设单位送建设银行）存查和监督执行。各单位的工资基金发生超支的时候，凡月度基金超支 5%以内（在下个月度应弥补一部分或全部）或季度超支 1%以内的，银行可以照数支付。但月度工资基金超支 5%以上，须经当地劳动部门批准，并由超支单位报告上级主管部门。

在工资制度管理方面，1956 年进行了全国第二次工资制度改革，在全国范围内按产业、按部门统一了职工的工资等级制度，并统一改行货币工资制。此后，中央发现工资增长过快，1958 年，毛泽东提出取消薪水制，恢复供给制。当年劳动部起草了《关于企业实行部分供给部分工资制的初步意见（草案)》，在全国一些地方进行试点，但是试点不到半年的时间就以失败告终。1959 年，劳动部召开全国工资座谈会，确定了工资政策原则，包括：思想政治工作与物质鼓励相结合；工资不可不增，也不可多增；既要反对平均主义，又要反对高低过分悬殊；按劳分配原则的工资形式应当有利于生产和职工团结。会议肯定了计件工资和奖励制度。1964 年第二次工资问题座谈会上，讨论了劳动部拟定的"一条龙"的工资改革方案。这个方案的要点是，改革全国各行各业各类职工的不同工资标准，不分产业、工种、工人和干部身份，实行统一的 25 个等级的工资标准。"一条龙"的工资改革方案，把本来就已经缩小的工资差距再次加以压缩，有些试点单位甚至取消了奖励工资和计件工资，把它归并到“一条龙”的工资标准中去。①

计件工资是体现按劳分配原则的一种较好的工资形式。1956年工资改革时，为推行计件工资，规定在计件工人中实行占标准工资4%～8%的计件工资率，即计件工人的工资标准比同级计时工人的工资标准高4%～8%。当年实行计件工资的工人达到45.4%，促进了生产的发展和劳动生产率的提高。1958年，在“左”倾思想的影响下，计件工资制度受到破坏，到1960年实行计件工资的工人下降到5%。1961年，《中共中央关于讨论和试行国营工业企业工作条例（草案）的指示》指出：凡是需要和可能实行计件的，就应当实行计件工资制。1964年4月，劳动部颁发《企业计件工资暂行条例（草案）》，使计件工资重新得到推广。1966年“文化大革命”开始后，取消计件奖励，将奖金和计件超额工资改为附加工资，按固定数额和人头平均发给职工。1978年，国务院发出《关于实行奖励和计件工资制度的通知》，恢复和改进了奖励和计件工资制。②

奖励工资即通常所说的奖金，它和计时工资、计件工资都是必不可少的工资形式，体现了按劳分配原则。这一时期我国奖励工资制度也经历了几次起落。1956年，国务院在《关于工资改革的决定》中要求各企业主管部门根据生产需要制定统一的奖励办法，积极建立和改革新产品试制、节约原材料、节约燃料或者电力、提高产品质量以及超额完成任务等奖励制度。1958年“大跃进”，绝大多数企业被迫取消奖励制度，以后建立的综合性奖励制度靠评议发奖金，平均主义严重。1964年奖励制度全部被取消，改成“附加工资”，干和不干一个样。1976年恢复按劳分配的原则，1978年恢复奖励制度。

津贴制度是我国职工分配制度的一个组成部分，是一种辅助的工资形式。计时工资、计件工资和奖励制度主要反映在一般条件下的劳动消耗，而津贴

① 庞自．九秩忆往．2011：125.

② 国家劳动总局政策研究室．我国劳动工资问题讲稿［M］．北京：劳动人事出版社，1982：370-371.

制度主要是补偿职工在特殊劳动条件和工作环境下的特殊劳动消耗，以及补助职工在特定条件下工作、生活的额外支出。据 1978 年的一次调查，全国共有各种性质的津贴 200 余种，可分为六种类型：第一种是补偿职工在特殊劳动条件下的劳动消耗津贴，主要包括矿山井下津贴和高温临时补贴。比如，1977 年国家对钢铁冶炼企业中从事高温作业的工人发放临时高温补贴。第二种是补偿职工的特殊劳动消耗和额外生活支出双重性质的津贴，包括野外工作津贴、林区津贴、流动施工津贴等。第三种是维护职工在有毒有害作业中身体健康的保健性津贴。第四种是补偿职工在本职工作之外承担较多任务所付出的劳动消耗的津贴，如中小学班主任津贴、科技人员兼课津贴等。第五种是补助职工因物价的差异或变动而增加生活费支出性质的津贴，如生活费补贴、职工副食品价格补贴、职工生活补贴等。第六种属于生活福利性的津贴，如职工上下班交通费补贴、小单位伙食补贴、回族职工伙食补助费等。

在工资政策管理方面，制定了一系列对职工工资进行直接调节和管理的工资政策，比如对职工工资何时升级、工资升级的范围、升级的条件等均由国家作出统一规定。1956 年第二次工资改革后，职工工资增长了 18.1%。但是到了 1957 年，各单位的升级工作一律暂时停止。1958 年，提出了一系列降低工资待遇的政策规定。1959 年、1961 年和 1963 年，先后三次调整了部分职工的工资。1964—1966 年，试行“一条龙”的工资标准。1967 年，由于当时经济工作处于混乱状态，国务院下达《关于职工转正定级问题的通知》，对工资问题采取暂时“冻结”政策。1971 年，国务院发出《关于调整部分工人和工作人员工资的通知》，调整一些工作年限长、工资级别低的职工的工资待遇问题。1977 年规定，1966 年前参加工作的二级工和 1971 年前参加工作的一级工可以调整工资，十八级以下干部和其他职工的升级面为 40%。1978 年安排职工 2%的升级面，以鼓励成绩优异的职工。

建立全国统一的国营企业工资制度

在全国第一次工资制度改革的基础上，经过 1956 年全国第二次工资制度改革，基本上统一了各行各业国营企业工人工资制度，建立了完善的工资标准体系。冶金、电力、石油、重化工、机械、建筑安装、地质野外等主要生产工人仍实行八级工资制；食品、粮食、建筑土建、卷烟、营林工人实行七级工资制；纺织运转工人实行岗位等级工资制；商业售货员实行三类五级工资制和二类六级工资制，商业保管、收购人员实行六级工资制和七级工资制。基本统一了工资等级级差系数，使熟练劳动与非熟练劳动、繁重劳动与轻便劳动在工资标准上有了比较明显的差别。通过改革提高了工人的工资水平，调动了工人学习技术的积极性。

在进行第一次全国工资改革时，对企业职员实行了职务等级工资制，主要特点是按照职务高低、责任轻重设置了一职数级、上下交叉的工资标准。职务等级工资制实行后，由于上下级职务之间工资有交叉，同类职务的工资等级多、差别小，因而存在着工资与职务相脱节的平均主义现象。1956 年进行的第二次工资改革实行企业职员职务工资制，在产业分类、地区分类、企业分类、科室分类、职务分类的基础上，根据职务的重要性、责任大小、工作繁简等因素，对各种职务分别规定不同的职务工资标准。其中，产业分类中根据各产业在国民经济中的重要性、技术复杂程度、工作条件及现实工资情况划分为四类职务工资标准。地区分类中规定了七类地区的工资标准。企业分类中各产业部门根据企业厂矿的重要性、技术复杂程度、规模大小和现实工资情况等因素，将所属企业分为四类。科室分类中根据各科室的技术复杂程度、对生产的重要性和职责繁简等因素，将科室分为三类，分别规定不同的工资标准。职务分类中企业职员的所有职务一般划分为十三类，每类职务又划分为若干等级，分别规定不同的工资标准。从 1958 年到 1978 年，国营企业工资制度没有进行大的变动，只是进行了一些改革探索。

完善企业职工劳动保险制度和社会福利补贴制度

新中国的社会保险制度是在计划经济时期建立和发展起来的，可以分为三个阶段。

第一阶段：从 1949 年到 1957 年，是社会保险制度从无到有的建立阶段。1951 年，政务院颁布实施了新中国第一部全国统一的《劳动保险条例》，同年劳动部公布了试行的《劳动保险条例实施细则》。1953 年和 1956 年，对条例进行了两次修改，不同程度地扩大了劳动保险的实施范围和待遇标准。

第二阶段：从 1958 年到 1966 年，是社会保险制度调整阶段。因为社会保险制度在创建之初还很不完善，某些劳保待遇有不切实际和不够合理的地方，开始显露出不符合国情和超越国力的缺陷。遵循党的八届三中全会的精神和周恩来总理《关于劳动工资和劳保福利问题的报告》中指出的问题，劳动部会同中华全国总工会等方面对劳动保险制度进行了调整，建立健全了一些实施办法和管理制度。主要内容包括：①统一工人、职员退休制度，适当放宽退休条件，调整退休待遇；②统一工人、职员退职制度；③改进医疗制度；④制定批准工人、职员病、伤、生育假期办法和医务劳动鉴定委员会组织通则两个草案；⑤调整学徒的劳动保险待遇；⑥规定被精减职工的劳动保险待遇办法；⑦建立异地支付劳动保险待遇办法；⑧规定职业病范围和职业病患者处理办法，国务院批转防止矽尘危害会议的报告；⑨改进城镇集体经济组织劳动保险办法，第二轻工业部、全国手工业合作总社为此分别发出相应的文件；⑩卫生部肯定和逐步推广农村合作医疗制度，农民缺医少药看病难的问题在部分地区开始有所改善。

第三阶段：从 1966 年到 1978 年，“文化大革命”期间，社会保险制度遭受破坏。1969 年 2 月，财政部颁发的《关于国营企业财务工作中几项制度的改革意见（草案）》规定：国营企业一律停止提取劳动保险金，企业的退休职工工资、长期病号工资和其他劳动保险开支在营业外列支。这一改变使劳动保险失去了它固有的社会互济功能，变成了“企业保险”。

新中国成立后，政府非常重视发展职工的社会福利事业，从三个方面对职工福利事业资金的来源给予保障：一是国家提供的各单位建设投资中与职工生活福利有关的非生产建设投资费用；二是企业职工福利基金；三是工会会费收入的 20%可以用做职工文娱体育补助等。职工福利大体上包括三个部分：一是企业举办的各种集体福利设施，如食堂、托儿所、浴室、理发室等。二是企业建立的各种补贴制度，如生活困难补助费、职工冬季宿舍取暖补贴、上下班交通补贴等。1952 年，政务院在《国营企业提用企业奖励基金暂行办法》中规定，企业奖励基金的 5%用于劳动保险基金对职工救济照顾不及的特殊补助。1956 年，国务院颁发了《国家机关和事业、企业单位一九五六年职工冬季宿舍取暖补贴问题的通知》，对宿舍取暖补贴办法作了统一规定，随后一些年对冬季宿舍取暖补贴制度作了多次修改。1957 年，国务院关于职工生活方面若干问题的指示规定，要统筹安排上下班时间、调整车次、降低收费标准、实行月票和交通费补贴等办法。三是企业建立的各种文化福利设施和组织的活动，如文化宫、俱乐部、图书馆、阅览室、老年活动中心以及开展的各项文娱体育活动等。

建立完善企业劳动标准和劳动安全卫生保护制度

建立完善工时制度。劳动者的工作权和休息权是我国宪法规定的基本权利。1954 年，我国第一部《宪法》规定，“劳动者有休息的权利”“国家规定工人和职员的工作时间和休假制度，逐步扩充劳动者休息和休养的物质条件，以保证劳动者享受这种权利”。为了保障职工的休息权利，劳动部于 1952 年、1954 年先后草拟了《中华人民共和国工作时间暂行条例（草案)》和《中华人民共和国工人职员工作时间和休息时间条例（草案)》，规定全国企业应实行八小时工作制、星期日休息制和法定节假日等，虽然都没公布，但经过第一个五年计划，在全国企业、事业单位和机关团体中已普遍实行。1958 年，国务院颁布《关于工人、职工回家探亲的假期和工资待遇的暂行规定》，统一了全国职工探亲假制度。

建立完善安全生产劳动保护制度。1954 年的第一部《宪法》把加强劳动保护、改善劳动条件作为国家的基本政策确定下来。“一五”时期，制定了全国统一的比较全面的劳动保护法规，为新中国劳动安全卫生法制建设奠定了初步基础。1956 年，国务院发布“三大规程”（即《工厂安全卫生规程》《建筑安装工程安全技术规程》《工人职员伤亡事故报告规程》），同时通过《关于防止厂矿企业中矽尘危害的决定》，着重解决企业中带有普遍性的安全卫生设施规范的问题，并创立了安全生产“三级教育”制度，即对新工人实行入厂教育、车间教育和现场指导制度。为保证安全工作的落实，1954 年，劳动部和中华全国总工会提出“管理生产必须管理安全”的原则，要求企业领导人在计划、布置、检查、总结、评比生产工作的同时，要评比安全工作，实行企业管理的“五同时”制度。1963 年，国务院发布《关于加强企业生产中安全工作的几项规定》（简称“五项规定”），规定企业单位各级领导人员在管理生产的同时，必须负责管理安全工作，它总结了新中国成立以来的经验，对企业安全管理工作基本内容作出了明确规定。

完善女职工的劳动保护制度。中华人民共和国成立后，女工的社会地位发生了根本变化，国家对女工采取特殊保护政策，制定并公布了一系列法规。第一，实行女工四期（经期、孕期、产期、哺乳期）保护制度。政务院于 1953 年修正公布的《劳动保险条例》规定，女工人和职员生育、产前产后给假 56 天，产假期间工资照发。第二，设置女工保护设施。国务院在 1956 年公布的《工厂安全卫生规程》和劳动部、中华全国总工会在 1956 年制定的《安全技术措施计划的项目总名称表》中都规定了工厂生产辅助设施中要设置妇女卫生室和孕妇休息室。第三，实行男女同工同酬制度。宪法和有关法规规定，在劳动就业、劳动报酬方面必须实行男女平等、同工同酬，不得歧视妇女。第四，制定女工最高负重规定。劳动部于 1956 年公布试行的《关于装卸、搬运作业劳动条件的规定（草案)》中规定：“女工以及年龄在 16 周岁至 18 周岁的未成年男工，其单人负重量一般不得超过 25 公斤，两人抬运的总重量不得超过 50 公斤。”

全面推进企业民主管理制度

1956 年，党中央提出在企业实行党委领导下的厂长负责制和群众路线的工作方法。1957 年，中央在《关于研究有关工人阶级的几个重要问题的通知》

中提出，在实行党委领导下的厂长负责制的同时，实行党委领导下的职工代表大会制度，明确规定了职工代表大会的职权，主要包括：①听取和讨论厂长的工作报告，审查和讨论企业的生产计划、财务计划、技术计划、劳动工资计划和实现这些计划的重要措施，定期检查计划执行情况，并提出建议；②审查和讨论企业奖励基金、福利费、医药费、劳动保护拨款、工会经费以及其他有关职工生活福利的经费开支，在不违反上级机关指示命令的条件下，可以就上述范围作出决议，交企业行政部门或者其他有关方面执行；③在必要的时候，向上级管理机关建议撤换某些企业领导人员；④对上级管理机关的规定有不同意见的时候，可以向上级管理机关提出建议。

1960 年 3 月，毛泽东在中共中央批转的《鞍山市委关于工业战线上的技术革新和技术革命运动开展情况的报告》中批示：以苏联经济为借鉴，对我国的社会主义企业的管理工作作了科学的总结，强调要实行民主管理，实行干部参加劳动，工人参加管理，改革不合理的规章制度，工人群众、领导干部和技术员三结合，即“两参一改三结合”制度。

1961 年 9 月，中共中央颁发“工业七十条”，正式确认“鞍钢宪法”，并建立党委领导下的职工代表大会制度。“工业七十条”对在国营工业企业中实行职工代表大会制度作了较为详细的规定：①企业职工代表大会制度是吸收广大职工参加企业管理和监督行政的重要制度；②企业各级职工代表大会要讨论和解决企业管理工作中的重要问题，要讨论和解决职工群众最关心的问题，要保证大会决议的实行；③企业各级职工代表大会和职工大会有权对企业任何领导人提出批评，有权向上级建议处分、撤换某些严重失职、作风恶劣的领导人，并且有权越级控告；④职工代表大会的代表实行常任制，每年改选一次，在大会闭会期间要按照生产单位或工作单位组织代表小组经常反映职工群众的意见，督促和检查大会决议的执行情况；⑤企业各级职工代表大会必须按期由工会主持召开，不能以干部扩大会议代替，而职代会闭会期间，日常工作由工会负责。“工业七十条”的这些规定，为我国企业实行职代会制度奠定了基础。在此后很长的一段时间里，成为中国共产党领导工业企业的指导方针。

1961年9月，中共中央制定的《国营工业企业工作条例（修正草案）》规定："企业的职工代表大会，是职工群众参加管理、监督干部、行使三大民主的权力机关。"该条例不仅重新规定了职工代表大会的四项职权，还提出了工会组织职工对干部进行经济监督的职能。

【典型事件】

➢ 20世纪五六十年代进行的两种劳动制度改革

1953年我国进入计划经济建设时期后，国家对所有城镇劳动力逐步实行统一招收、调配和管理，统一安排为用人单位固定职工。这种统包统配的劳动用工制度，使我国全民所有制单位职工人数和固定工比例大幅度增加。据统计，1949年全民所有制单位职工人数为494万人，占职工总数的60%，而到1957年全民所有制单位职工人数增加到2 451万人，其中固定职工人数占职工总数的91. 8%。不少企业在常年性生产工作岗位上使用的长期临时工，实际上也成为固定职工，享有与固定职工基本相当的工资和劳保福利待遇。企业用工制度向单一化的固定工制度方向发展，使企业职工能进不能出。出现多余劳动力时，企业只能照发工资养起来。固定工制度与生产建设发展不相适应的矛盾越来越显露出来，影响企业职工队伍的更新和劳动生产率的提高。

"一五"计划后期，中央领导同志觉察到了企业固定工制度的弊病，提出研究推行劳动合同制度的问题。根据中共中央副主席刘少奇的指示，劳动部于1956年9月派出赴苏考察团，主要了解和学习苏联在劳动力管理方面的经验，着重研究其企业、机关和职工签订劳动合同方面的经验。1957年2月，劳动部向刘少奇同志报送的《赴苏劳动考察团报告》提出：我国实行的统一调配劳动力和"包下来"的政策，妨碍了企业单位精简机构和改善劳动组织的积极性。提出对今后新招收的工人应实行劳动合同制。刘少奇同志批示同意上述报告。劳动部于同年 4 月召开全国劳动力调配工作会议，提出以后劳动力的安置必须贯彻“统筹兼顾、适当安排”的方针，而不是“包下来”。强调要订立劳动合同，改进固定工制度，逐步把劳动力“只进不出”的状况改变为“有进有出”。会后，还将劳动合同样本印发全国各地试行。

1958 年 4 月，刘少奇同志在四川省委干部会议上指出：解放以来，在劳动工资方面有几个问题相当被动，我们接收的人员和新招收的人员，只能进不能辞退，不管有事做无事做，也不能叫他做别的事；学徒满师就要分配工作，学什么就要干什么，不管有无这种工作，不能做别的事；大学和中等技术学校的毕业生，学习什么就要做什么，做别的也不行；临时工工作一个时期，就要成为正式工人，不管需要不需要。今后新办的工厂，是否可以实行新办法，建议四川省进行试点。随后，四川省委在向中共中央报送的《关于县以上新建工业企业劳动工资问题的请示报告》中提出：县以上新建工业企业，从农村招工，实行亦工亦农制度，不采取“包下来”的办法。这就是亦工亦农制度的开始。同年 6 月，中共中央批转了四川省委的请示报告，要求各省、自治区、直辖市组织试行这种新的用工制度。

1958 年 5 月，刘少奇同志在中共中央政治局扩大会议上提出了两种教育制度和两种劳动制度同时并存的意见。1958 年，改革劳动制度的形势发展很快。四川省成都市在 500 多个大中型企业中推行了新的劳动制度。河北省县以下工矿企业，除了一部分技工骨干是固定职工外，其余都是就地招收的农民合同工。当年 11 月，劳动部在四川省召开了推行新的劳动制度现场会，总结推广亦工亦农这种新的用工形式的经验。1959 年 12 月，劳动部发布的《关于劳动力招收和调配的若干规定（草案）》中明确规定，“在用人制度上，应根据不同情况，分别采用长期工、合同工、亦工亦农的方法”，第一次将亦工亦农作为多种用工形式之一，正式在招工办法中规定下来。各地区在执行中，一般是招用农村来的劳动力实行亦工亦农，招用城市劳动力实行临时工，签订劳动合同。

1964 年 5 月，中共中央工作会议肯定和称赞了刘少奇同志提出的关于两种教育制度和两种劳动制度的倡议，决定在全国范围内逐步推行两种劳动制度。同年，刘少奇同志到一些省市视察工作时，提倡多用临时工、合同工，少用固定工；固定工再不要增加，把农村的剩余劳动力利用起来，又是农民又是工人，亦工亦农；需要的时候雇请，签订合同，不需要的时候，按照合同解雇。各地区、各部门根据中共中央和刘少奇同志关于两种劳动制度的指示精神，广泛地开展了亦工亦农制度的试点工作。据辽宁、江西、广西、河南、云南、陕西、甘肃 7 个省、自治区和冶金、化工、三机、煤炭、石油、地质、物资 7 个部统计，当时的试点单位有 167 家，试点人数 12.8 万人。辽宁、广东、广西、云南、陕西、甘肃 6 个省、自治区，除了有重点地组织试点外，还在 170 多家地、县企业的 5 万多工人中实行了亦工亦农制度。到 1964 年年底，全国供销系统加工企业已普遍实行了亦工亦农制度，从事棉花加工的亦工亦农人员已占这个行业职工总数的 52.4%；从事烤烟加工的亦工亦农人员已占这个行业职工总数的 63%。[①]

为了多用临时工，少用固定工，国务院于 1965 年 3 月发布《关于改进对临时工使用和管理的暂行规定》，规定对临时工只控制工资总额，用人单位在国家下达的职工年末人数内，有权减少固定工，改用临时工，使临时工在职工总数中的比重明显上升。同年 9 月，劳动部在北京召开试行亦工亦农劳动制度经验座谈会，总结一年来试点工作的经验，研究解决有关政策问题。从全国情况看，试点工作进展较快，并取得了阶段性成果。根据 27 个省、自治区、直辖市截至 1965 年年底的统计，已有矿山、森林、化工、邮电、纺织、商业、建筑安装、建筑材料、水利电力、地质勘探、交通运输、铁路和公路建设工程以及农副产品加工等 30 多个行业推行亦工亦农制度，共有试点单位 2 500 多家，亦工亦农人员 58 万多人。这一时期内，试行亦工亦农制度的范围已经基本扩大到全国和主要行业。

但是，当时推行合同工、临时工、亦工亦农制度，只局限于用工制度本

① 何光主编. 当代中国的劳动力管理［M］. 北京：中国社会科学出版社，1990：168-169.

身，缺乏与用工制度有着密切关系的工资、劳动保险和福利等方面的配套措施，使实行新制度的职工面临一些生活问题。“文化大革命”开始后，使新的用工制度夭折。1975年，针对固定工制度不适应县办工业和社队企业发展的情况，在全国劳动工资工作会议上重新提出县办工业试行亦工亦农制度的意见。1978年，国家劳动总局在向国务院报送的《关于统筹安排城乡劳动力，在县、社、队工业实行亦工亦农制度的报告》中提出：“实行亦工亦农制度的好处很多。”党的十一届三中全会后，随着我国经济体制改革的深入发展，实行劳动合同制度成为劳动制度改革的一项重要内容。20世纪五六十年代进行的两种劳动制度改革的实践，为日后的劳动制度改革提供了经验。

➢ 1956年全国第二次工资制度改革始末

由于全国第一次工资改革是由各大行政区分别进行的，各大行政区制定的工资改革方案在产业分类、工人最高工资与最低工资的倍数、等级系数等方面都不尽相同，不适应经济建设时期职工调动工作频繁的实际情况，有必要在全国范围内进行一次较大规模的工资改革，把工资标准和工资制度统一起来。同时，这一时期，我国国民经济发展较快，劳动生产率有很大提高，为进行全国第二次工资改革提供了前提条件。

这次改革是在周恩来总理亲自领导下进行的，改革前做了充分的准备工作。工资改革轮廓方案起草委员会用了半年多的时间完成了起草任务，为1956年召开全国工资会议做了充分的准备。1956年春天，劳动部召开全国工资会议。周恩来总理在会上作了重要报告，详细阐述了工资改革的必要性、迫切性和可能性，以及工资改革的方针、政策。会议经过讨论，各地区、各部门又将工资改革方案带回去认真研究测算，于五六月间再次由国务院召开全国工资会议，对工资改革方案进行了综合平衡。在此基础上，国务院于1956年7月发布了《关于工资改革的决定》《关于工资改革中若干具体问题的通知》《关于工资改革实施方案程序的通知》等文件。

这次工资制度改革是在适当提高工资水平的基础上，在全国范围内对企业、事业单位和国家机关统一进行的。工资改革的原则：一是在发展生产、提高劳动生产率的基础上，逐步增加工资福利，即工资不可不增，也不可多增，要把重点放在长远利益上；二是实行按劳分配原则，既反对平均主义，又反对高低悬殊。根据国务院的上述决定和工资改革的原则，主要进行了以下几方面的改革：

1. 全国取消工资分制度和物价津贴制度，实行用货币规定工资标准。根据各地区发展生产的需要，以及物价、生活水平和现实工资状况，规定不同的工资区类别和地区工资标准，对于物价过高和自然地理条件艰苦的地区，在工资标准的基础上，另加生活费补贴，以避免出现过高的工资标准。当时全国职工实行的工资区类别有 16 种。

2. 调整和改进产业之间、地区之间以及各类人员之间的工资关系。产业之间，重工业企业比轻工业企业的工资标准有了较多提高，对技术复杂、劳动条件差以及一些重要产业规定了较高的工资标准。地区之间，对重点建设地区和某些沿海地区规定了较高的工资标准。各类人员之间，企业干部的工资标准高于国家机关和事业单位同类人员，技术人员高于一般行政管理人员。

3. 改进企业工人、职员和技术人员工资等级制度。根据各产业工人的生产技术特点，建立了不同的工资等级制度。大多数工人仍实行八级工资制，少数实行七级工资制。纺织工人由于机械化程度高，专业分工较细，岗位之间的劳动差别较大，而同岗位内部工人的劳动差别不大，因此实行 15 个岗位工资标准的岗位工资制。邮电行业实行职务工资制，商业售货员实行三类五级工资制，使工人的工资等级制度同工人的劳动和企业的生产技术特点更密切地结合起来。同时，较多地提高了高级技术工人的工资标准，适当扩大了高级工人与低级工人之间的工资倍数。据对 11 个产业的国营企业的统计，八级工与一级工的工资倍数平均扩大了 0.2 倍。① 以冶炼工人为例，八级工与一

① 严忠勤主编. 当代中国的职工工资福利和社会保险［M］. 北京：中国社会科学出版社，1987：55.

级工的工资倍数，从平均2.81倍扩大为3.2倍。通过改革，使熟练劳动与非熟练劳动、繁重劳动与轻便劳动、高温工作与常温工作、井上工作与井下工作、船上工作与岸上工作等在工资标准上有较明显的差别，使工人的工资等级制度更加合理。工资标准的数目由工资改革前的291个减少到184个。各等级之间基本采用了等比系数。各产业还进一步统一修订了技术等级标准，并强调按照技术等级标准考工升级。

改进了企业职员和技术人员的工资制度。大多数企业实行了职务等级工资制，把企业管理人员与工程技术人员纳入同一个工资等级表，按照职务的重要性、责任大小、工作繁简和技术复杂程度，并照顾现实工资状况，统一规定工资标准。对工程技术人员，除了按照他们的职务评定工资外，对其中技术水平较高的，加发技术津贴。

4. 推广计件工资制，改进奖励制度和津贴制度。在《关于工资改革的决定》（以下简称《决定》）中对推广和改进计件工资、改进奖励制度和津贴制度作了规定。要求各产业部门凡是能够实行计件工资制的工作，在1957年全部或大部分实行计件工资制，并要求建立健全审查、修改定额制度。《决定》还规定了计件工资标准比计时工资标准高4%～8%，以鼓励实行计件工资制。要求各部门根据生产需要制定统一的奖励制度，积极建立和改进了新产品试制奖、节约奖、质量奖和超额完成任务奖。对各部门，要求按照主管的业务范围提出建立健全津贴制度的方案。对于高温作业的工人，其工资标准比常温作业的工人提高4%。

5. 改革国家机关、事业单位工资制度。新修订的国家机关行政人员的工资标准由30个等级组成，提高了最低等级的工资标准，最高工资标准与最低工资标准的倍数由原来的31倍缩小为28倍；工程技术人员工资标准由18个等级组成，并按产业分为五类。事业单位各类人员的工资，除改行十一类工资区外，根据《决定》中对科学技术人员的工资应该有较多提高的精神，对工资标准作了进一步修订，提高了工资标准。

通过这次重大改革，在全国范围内统一了职工工资标准，进一步调整了产业、部门、地区及各类人员之间的关系，符合当时我国实际情况，这对调动职工积极性，顺利完成第一个五年计划起到了重大作用。由于工资改革的艰巨性、复杂性，加之缺乏经验，有些甚至是完全照搬前苏联的做法，改革后的新制度仍存在一些缺点和失误。

➢ 1961 年“鞍钢宪法”出台始末

新中国成立后，在工业生产的组织管理方面，我国基本上是模仿前苏联的做法。这个做法对快速恢复生产发挥了很大作用。1956 年，国家成功完成了对资本主义工商业的社会主义改造，全国消灭了生产资料私有制，实现了公有制。所有制问题基本解决后，最重要的问题就是管理问题，即全民所有的企业如何管理的问题。在公有制企业中究竟应建立什么样的管理制度，才能既确保工人群众当家做主，又能符合现代企业的自身规律和要求？鉴于照搬前苏联的企业管理经验并不适合于中国的具体实际，党中央提出探索社会主义公有制企业的管理制度。

“鞍钢宪法”出自于 20 世纪 50 年代末 60 年代初我国企业管理经验的总结，是中国广大职工群众在实践中创造的企业民主管理形式。在 1958—1960 年间，黑龙江省庆华工具厂和建华机械厂先后总结出“两参一改”的成功经验。“两参”是干部参加生产劳动和工人参加管理，“一改”就是改革不合理的规章制度以适应生产发展的需要。长春第一汽车制造厂产生“三结合”的成功经验，就是在生产、技术和管理等方面的改革中，实行领导干部、管理与技术人员和工人相结合，取长补短，发挥集体智慧。后来，在此基础上又发展出企业同大专院校、科研部门，企业同设计单位、使用部门等“三结合”的方式。鞍山钢铁公司在这期间也对其在实践中逐渐形成的成功经验作出了科学总结和归纳。鞍钢此前是按照前苏联管理方式，即以“一长制”为特色的“马钢宪法”来管理的，但鞍钢人在实践中逐渐感到这样做不行，所以摆脱“马钢宪法”影响，加强党的领导，坚持政治挂帅，大搞群众运动，实行了“两参一改三结合”的企业民主管理方式。中共鞍山市委经过调查研究，向中央报送了关于鞍山钢铁公司在技术革新和技术革命中的情况报告。

1960年3月22日，毛泽东同志代表中央写了一大段批语，将这份报告批转全国。他在批语里说，鞍山市委这个报告很好，使人越看越高兴。不觉得文字长，再长一点也愿意看，因为这个报告所提出来的问题有事实、有道理，很吸引人。他指出，鞍钢是全国第一个最大的企业，“过去他们认为这个企业是现代化的了，用不着再有所谓技术革命，更反对大搞群众运动，反对两参一改三结合的方针，反对政治挂帅，只信任少数人冷冷清清地去干，许多人主张一长制，反对党委领导下的厂长负责制，认为‘马钢宪法’（苏联一个大钢厂的一套权威性的办法）是神圣不可侵犯的”。现在这个报告，“不是‘马钢宪法’那一套，而是创造了一个‘鞍钢宪法’。‘鞍钢宪法’在远东，在中国出现了”。指示要求大中企业、一切大城市都要把它当做一个学习文件，有

2006年9月9日，鞍山钢铁集团公司举行“建精品基地，创世界品牌”主题宣言千人签名仪式。鞍钢目前已具备年产铁1 500万吨、钢1 500万吨、钢材1 400万吨的综合生产能力，走出了一条“高起点、少投入、快产出、高效益”的企业技术改造和自主创新之路，成为国有老企业改革发展的成功典范

领导地“实行伟大的马克思列宁主义的城乡经济技术革命运动”。用“宪法”这样一个词来形容鞍山钢铁公司创造的这套企业管理办法，表现了毛泽东同志对它的高度欣赏和充分肯定。1961 年 9 月，中共中央颁发“工业七十条”，正式确认“鞍钢宪法”，并建立党委领导下的职工代表大会制度，使之成为扩大企业民主，吸引广大职工参加管理、监督行政，克服官僚主义的良好形式而被长期固定下来。

“鞍钢宪法”具有重要的历史作用。“鞍钢宪法”首创了现代企业最先进的管理实践，创造了社会主义企业从上到下行政管理和从下到上民主管理有机结合的管理新体制。“鞍钢宪法”诞生后，广大劳动者参与管理的积极性空前高涨，劳动效率普遍提高，涌现出了一大批以时传祥、王进喜、倪志福、郝建秀为代表的劳动模范。“鞍钢宪法”是实现工人阶级当家做主的有效途径。以毛泽东同志为代表的中国共产党人，认识到搞社会主义必然要实现工人阶级当家做主，但同时现代大工业生产又必然要求把工人阶级组织成为具有铁的纪律、服从统一指挥的产业劳动大军，而体力劳动和脑力劳动的差别、少数脑力劳动者管理多数体力劳动者的状况将不可避免地长期存在，故而社会主义公有制基础上的劳动生产中人与人之间的关系，就必须本着平等、互助、合作的精神，根据民主集中制的原则建立。所以，不同于“马钢宪法”，“鞍钢宪法”既体现了工人阶级当家做主这一社会主义的本质特征，又符合现代大工业生产的要求。

“鞍钢宪法”在国外也得到了认可。欧美和日本管理学家认为，“鞍钢宪法”的精神实质是“后福特主义”，即对福特式僵化、以垂直命令为核心的企业内部分工理论的挑战。“两参一改三结合”就是“团队合作”。美国麻省理工学院管理学教授 L·托马斯明确指出，“鞍钢宪法”是“全面质量”和“团队合作”理论的精髓，它所弘扬的“经济民主”恰是增进企业效率的关键之一。在我国发展社会主义市场经济的过程中，“鞍钢宪法”精神仍然值得继承和发扬。

【成就与评价】

（一）建立了一套适应计划经济体制要求的、集中统一的劳动计划管理体制，既保证了职工就业的稳定，又促进了国民经济有计划、按比例的发展

劳动力招收与调配的统一计划管理体制，满足了国家优先发展重工业，快速集中调配人力和物力，保证国民经济建设需要的要求。工资计划管理体制，在统一国家工资标准，正确处理国家、集体和个人三者利益关系，合理调控经济发展与职工利益增长方面发挥了重要作用。据统计，1953—1978 年计划经济时期，工业经济迅速发展，城乡就业人数和企业职工人数逐年增加，人均国内生产总值和企业职工收入水平逐步提高。1978 年工业总产值占社会总产值的比重由 1953 年的 36. 3%上升到 59. 4%，其中重工业比重由 37. 3%上升到 56. 9%。工业总产值由 1952 年的 450 亿元上升到 4 067 亿元，增长了 8. 03 倍；重工业总产值由 168 亿元上升到 2 314 亿元，增长了 12. 77 倍（见图 4—1）。城乡就业人数从 1952 年的 20 729 万人增加到 1978 年的 40 152 万人，增长了 0. 93 倍；而职工人数从 1 603 万人增加到 9 499 万人，增长了

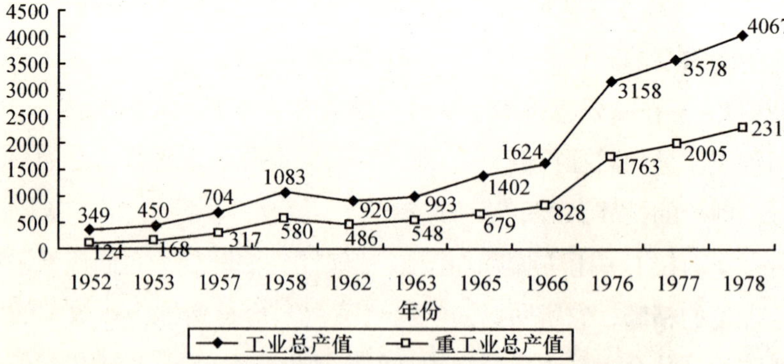

图 4—1　1952—1978 年全国工业总产值和重工业总产值增长情况（单位：亿元）

资料来源：国家统计局编．中国统计年鉴（1986）[M]．北京：中国统计出版社，1986：43．

4.92倍（见图4—2）。1952年与1978年相比，人均国内生产总值由119元上升到379元，增长了2.18倍；职工平均工资由445元上升到615元，增长了0.38倍（见图4—3）。

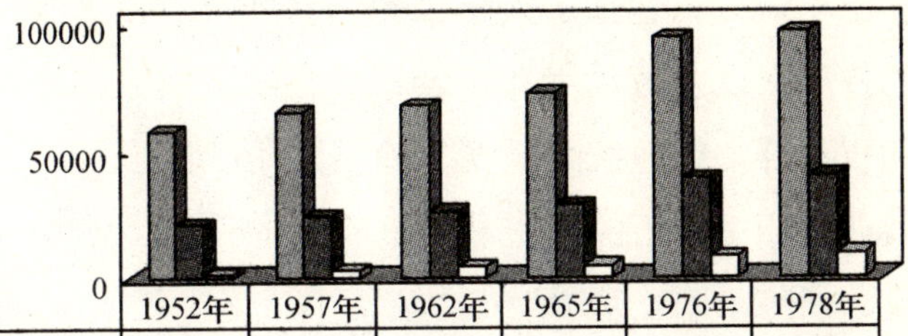

	1952年	1957年	1962年	1965年	1976年	1978年
全国总人口	57482	64653	67295	72538	93717	96259
社会劳动者总计	20729	23771	25910	28670	38834	39856
职工人数总计	1603	3101	4321	4965	8673	9499

图4—2　1952—1978年全国总人口、社会劳动者和职工人数增长情况（单位：万人）

资料来源：国家统计局编．中国统计年鉴（1986）[M]．北京：中国统计出版社，1986：124.

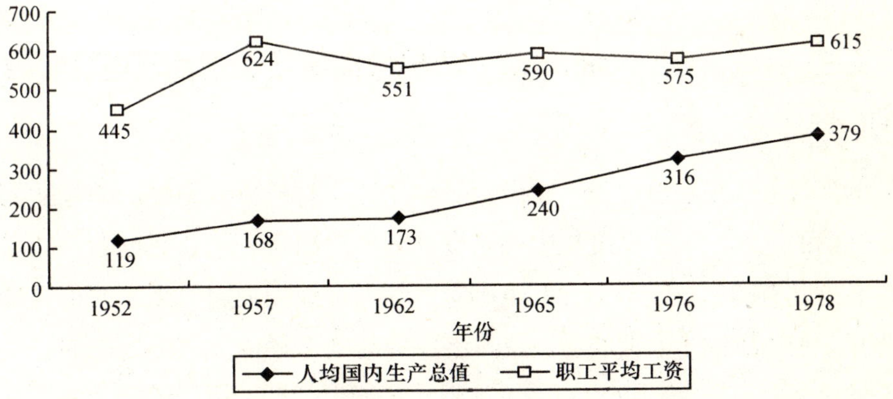

图4—3　1952—1978年人均国内生产总值和企业职工平均工资增长情况（单位：元）

资料来源：何光主编．新中国劳动和社会保障事业[M]．北京：中国劳动社会保障出版社，2007：1247，1255，1266.

（二）建立和完善了一系列劳动管理制度和劳动标准，保障了劳动者的合法权益，确立了工人阶级的主人翁地位

1954年新中国第一部《宪法》确立了工人阶级主人翁地位，对劳动者的基本权利作出了规定，包括工人阶级的领导地位、公民有劳动的权利、劳动者有休息的权利，以及劳动者在年老、疾病或丧失劳动能力的时候，有获得物质帮助的权利等。统包统配制度下的固定用工制度和工资宏观调控，保障了职工的就业、职工队伍的稳定和工资收入的稳定。劳动保险制度和社会福利补贴制度，保障了职工基本生产生活需求，提高了职工群众的生产积极性。一系列劳动标准和劳动安全卫生制度，对保证职工工作和休息权，维护劳动者的劳动生产安全与健康发挥了重要作用。这一系列法律法规的制定与实施，使工人阶级获得了在旧中国所没有的当家做主的社会经济地位，激发了他们当家做主的主人翁精神。在社会主义经济建设实践中，工人阶级在党的领导、工会的组织发动下，积极参与开展劳动竞赛、先进生产者和先进班组运动、技术革新和技术革命运动，并创造出了“鞍钢宪法”这样的我国独特的经验。

（三）计划经济时期的劳动工资和劳动保险管理，既有经验也有教训

为保证大规模经济建设，我国逐步建立了一套适应计划经济的包括统包统配在内的固定用工、高度集中的工资计划和严格统一工资标准的劳动工资制度，这既有其历史的必然性，也确实对国民经济发展起到重要的不可替代的作用。但由于制度逐渐僵化，在固定用工制度上形成能进不能出的“铁饭碗”式终身制，工资制度也失去灵活性，形成了“低、平、死”的弊端，劳动保险也失去了它固有的社会互济功能，变成了“企业保险”。这些都是在之后的经济体制改革中要解决的突出问题。计划经济时期，劳动工资管理方面也创造了很多经验，有些在当今社会主义市场经济条件下已经得到或者仍然值得继承和发扬，如20世纪五六十年代进行的两种劳动制度改革，为日后进

行的用工制度改革提供了经验基础，如我国独特的“鞍钢宪法”这样的民主管理经验，仍然值得在加强企业民主管理中借鉴吸收，计划经济时期建立的一系列劳动标准为改革开放时期的立法提供了基础。

【大事记】

1953 年

1 月 2 日，政务院发布《关于中华人民共和国劳动保险若干修正的决定》，同时公布修正后的《中华人民共和国劳动保险条例》。修正的主要内容有：①适当扩大实施范围；②酌量提高待遇标准。

9 月 7 日，中共中央发出《关于建筑工程工人有关增加工资福利的原则问题的决定》。

1954 年

4 月 1 日，政务院批准将劳动部劳动保护工作移交中华全国总工会统一管理，劳动部劳动保护局撤销。

5 月 6 日，政务院发出《有关生产的发明、技术改进及合理化建议的奖励暂行条例》。

7 月 14 日，政务院颁布《国营企业内部劳动规则纲要》，对职工的录用、调动和辞退，企业行政和职工的基本职责、工作时间以及处分等作了规定。

9 月 22 日，第一届全国人民代表大会第一次会议通过了我国第一部社会主义类型的宪法——《中华人民共和国宪法》。其中第 91 条规定：“中华人民共和国公民有劳动的权利。国家通过国民经济有计划的发展，逐步扩大劳动就业，改善劳动条件和工资待遇，以保证公民享受这种权利。”第 92 条规定：“中华人民共和国劳动者有休息的权利。国家规定工人和职员的工作时间和休假制度，逐步扩充劳动者休息和休养的物质条件，以保证劳动者享受这种权利。”

1955 年

8 月 31 日，国务院发布《关于国家机关工作人员全部实行工资制和改行货币工资制的命令》。

1956 年

3 月 23 日，国务院发出《关于处理厂矿企业长期性临时工的通知》，提出企业长期性临时工在编制定员范围内经主管部门批准，当地劳动部门同意，可按正式工人录用。

5 月 25 日，国务院发布“三项规程”（即《工厂安全卫生规程》《建筑安装工程安全技术规程》《工人职员伤亡事故报告规程》）以及《关于防止厂矿企业中矽尘危害的决定》。

7 月 4 日，国务院发布《关于工资改革的决定》《关于工资改革中若干具体问题的规定》《关于工资改革方案实施程序的通知》。这次工资改革的范围包括国营企业、供销合作企业、全行业公私合营前的公私合营企业、事业单位和国家机关。

12 月，中共中央发出《关于目前新公私合营企业工资改革问题的指示》，指出：新公私合营企业增加工资的绝对数不论城市和乡村都不能超过当地地方国营企业；根据需要和可能，规定适当的工资标准和工资等级制度，不要机械地套用国营企业的八级工资制。

1957 年

1 月，国务院发布《关于职工生活方面若干问题的指示》，要求逐年为缺房职工增建一部分住宅；在工业人口比较集中的城市，通盘安排机关、企业的上下班时间，实行优待月票的办法；对遇到特殊事故而生活上发生困难的职工，应给以适当的补助。

7 月 20 日，国务院发出《关于加强企业中的防暑降温工作的通知》。

10 月 25 日，国务院发布《关于高等学校和中等专业学校毕业生在见习期间的临时工资待遇的规定》，决定降低他们的工资待遇。

12 月 18 日，中共中央、国务院发出《关于制止农村人口盲目外流的指示》，要求一切用人单位不得擅自招用工人或者临时工。

1958 年

2 月 6 日，国务院全体会议修改并通过了《关于国营、公私合营、合作社营、个体经营的企业和事业单位的学徒的学习期限和生活补贴的暂行规定》。

3 月 7 日，国务院发布《关于工人、职员退职处理的暂行规定（草案）》。

5 月 30 日，刘少奇同志在中共中央政治局扩大会议上提出，我们国家应该有两种主要的教育制度和劳动制度同时并行。

1959 年

1 月 5 日，中共中央发出《关于立即停止招收新职工和固定临时工的通知》。

1960 年

7 月 24 日，中共中央批转劳动部、中华全国总工会、全国妇联党组《关于女工劳动保护工作的报告》，提出要加强妇幼卫生保健工作，建立健全女工劳动保护制度。

1961 年

1 月 14 日至 18 日，中共中央在北京举行八届九中全会，会议决定对国民经济实行“调整、巩固、充实、提高”的方针。

1962 年

4 月 10 日，国务院发布《关于企业职工福利补助开支办法的规定》，职工福利补助费仍按职工工资总额的 2. 5%提取。

6 月 1 日，国务院发布《关于精减职工安置办法的若干规定》，对精减下来的职工主要安置到农村去，其中老、弱、病、残职工凡是符合退休条件的做退休处理。

1963 年

3 月 30 日，国务院发布《关于加强企业生产中安全工作的几项规定》。

8 月 14 日，国务院发出《关于调整工资区类别和生活补贴的通知》。

1964 年

5 月至 6 月，中共中央在北京召开工作会议，肯定了刘少奇同志提出的关于两种劳动制度、两种教育制度的意见。

1965 年

1 月，国务院发布《关于发给职工生活补贴的几项规定》。

7 月，中共中央制定《国营工业企业工作条例（修改草案）》。

1966 年

1 月 8 日，国务院批转《劳动部关于搬迁企业单位职工工资和劳保福利待遇问题暂行处理办法》。

1970 年

12 月 11 日，中共中央发出《关于加强安全生产的通知》。

1971 年

11 月 30 日，国务院发出《关于调整部分工人和工作人员工资的通知》，只限于低工资职工，只以参加工作年限和现实工资级别为依据。同日，国务院发出《关于改革临时工、轮换工制度的通知》，规定常年性生产、工作岗位应该使用固定工，不得再招用临时工，已在这种岗位上使用的临时工，可以改为固定工。

1972 年

6 月 9 日，国务院发出《关于加强工资基金管理的通知》，规定各地区、各部门在下达职工计划的同时，必须下达职工工资总额计划，并抄送当地人民政府监督支付。

1975 年

9 月 30 日，国务院发出《关于调整国务院直属机构的通知》，决定将国家计委劳动局改为国家劳动总局，作为国务院的直属机构，由国家计委代管。康永和被任命为劳动总局局长。

9 月至 11 月，国务院召开全国劳动工资会议，会议讨论调整职工工资和工资制度改革问题。

1977 年

8 月，国务院发出《关于调整部分职工工资的通知》，调整办法按参加工作年限和工资级别划“杠”，同时对“杠”外职工规定升级面。

1978年

9月13日，中共中央发出《关于做好改革工资制度调查研究工作的通知》。

10月21日，中共中央发出《认真做好劳动保护工作的通知》。

11月25日，国务院批转财政部《关于国营企业试行企业基金的规定》。

第三篇
改革开放初期的劳动关系
（1978—1992年）

概　述

1978—1992 年，是我国启动改革开放的重要时期。1978 年，党的十一届三中全会实现了思想路线的拨乱反正，将全党的工作重点转移到社会主义现代化建设上来，作出改革开放的重大决策。1984 年，党的十二届三中全会通过《中共中央关于经济体制改革的决定》，进一步明确提出我国经济体制改革的目标和任务，确立了改革开放基本国策。这一时期，计划经济开始逐步向市场经济转轨，经济体制“双轨制”并存的特征较为明显。在理论意识形态领域，关于“计划”与“市场”的关系、新生事物姓“资”还是姓“社”等问题的争论贯穿始终。同时，经济体制改革在“摸着石头过河”中积累了宝贵经验，奠定了良好基础。

（一）重新确立按劳分配原则，启动企业工资制度改革

粉碎“四人帮”后，邓小平、李先念等领导同志先后指出了恢复和坚持按劳分配原则的重要性，在指导思想上为按劳分配正名。五次全国性的按劳分配理论讨论会对按劳分配理论研究的创新和发展起了很大的推动作用，理论学术界思想空前活跃，商品经济、市场经济条件下的按劳分配理论有了新的突破和发展，这为企业工资制度改革创造了良好的理论基础和舆论氛围。贯彻按劳分配原则、打破“大锅饭”是当时经济体制改革的重要内容。农村承包责任制和城镇企业经济责任制改革积极推进，企业工资改革试点如雨后春笋般涌现，社会上涌现出一批先富起来的人。

企业工资改革与企业改革及经济体制总体改革同步进行。改革的主要任务是贯彻落实商品经济条件下的按劳分配原则、打破“大锅饭”，赋予并逐步扩大企业工资分配自主权。改革工资制度迈出的第一步是全面恢复实行奖励

和计件工资制度；1983年调整企业职工工资采取“两挂钩”“一浮动”和“调改结合”的原则；1984年国务院对企业奖金分配规定了新的办法，在实现利改税的基础上实行“奖金不封顶，征收奖金税”。随着经济体制改革的深入，分配制度改革逐步推进。

（二）改革国家与企业的分配关系，推行企业工资总额同经济效益挂钩制度

计划经济体制的企业工资制度存在着严重的“低、平、乱、死”问题，其根本问题是“企业吃国家大锅饭”，按劳分配原则得不到贯彻落实。1985年，国家在“利润留成”“两步利改税”“拨改贷”等改革的基础上，对国营企业工资制度进行了历史性的改革，推行了按劳分配新模式：对国营大中型企业实行职工工资总额同企业经济效益挂钩浮动制度，建立了工资随经济效益浮动的能增能减机制，改革了国家与企业的工资分配关系。工效挂钩制度具有中国特色，符合经济体制转轨时期的特点，为当时企业的发展提供了动力，注入了活力，促进企业搞活内部分配，使按劳分配原则得到更好的贯彻落实。

（三）构建企业工资分级分类管理体制，逐步扩大企业工资分配自主权

计划经济体制下，国家对企业工资分配实行“国家统一制定工资制度、统一标准和统一调资”。改革初期在部分企业恢复了计件工资和奖金制度，随后也实施了奖金分配新办法，但国家仍然实行奖金和计件超额工资的“封顶”政策，国家统一计划管理企业工资的体制没有根本改变，企业工资分配自主权有限。随着企业经营自主权的逐步扩大，在1985年实行工效挂钩改革的同时，构建了工资分级分类管理体制。国家不再统一安排企业职工工资改革和调整，而是根据企业所有制、行业不同以及企业改制、竞争程度不同，实行分级管理、分类调控和分类指导的政策。企业作为按劳分

配主体的地位得到了确立，企业工资分配自主权得到进一步扩大，企业在核定的工资总额内，可以根据有关规定在企业内部进行自主分配。

（四）打破旧的等级工资制桎梏，进行企业内部工资制度改革探索

改革之初，政府就重点提出企业内部工资分配要打破平均主义，体现奖勤罚懒、奖优罚劣，扩大工资差距，拉开档次，充分体现多劳多得、少劳少得；体现脑力劳动和体力劳动、复杂劳动和简单劳动、熟练劳动和非熟练劳动、繁重劳动和非繁重劳动之间的合理差别；充分调动劳动者的积极性。实行工效挂钩后，企业内部普遍实行浮动工资，但是企业的等级工资制依然如初，制度僵化、功能不全，与生产发展脱节，存在人岗不分、劳酬不符问题。1989—1992 年间，在国家政策指导下，各类企业开始打破八级工资制，进行自主制定和选择内部工资制度探索，许多企业相继实行了结构工资制、岗位技能工资制、岗位绩效工资制等。

这一时期，不仅按劳分配原则得以重新确立，而且在实践中不断丰富和发展了按劳分配，其理论创新和改革经验为后来进一步提出按劳分配为主体、多种分配方式并存的分配原则奠定了坚实的理论和实践基础。实行企业工资同经济效益挂钩、分级分类工资管理体制，是经济体制转轨时期的成功创举，有效解决了当时经济体制“双轨制”并存过程中所出现的各种矛盾和问题，不仅搞活了企业，有利于对企业工资分配实施宏观调控，培育企业工资分配的自我约束机制，同时也建立了企业职工工资正常增长机制，增强了搞活企业的动力，调动了劳动者的积极性。这个时期的工资改革是经济体制转轨过程中的产物，不可避免地带有时代的烙印，带有计划经济体制的痕迹。

（五）改革国企用工制度，建立人员能进能出机制

国有企业固定用工制度的主要弊端是阻碍劳动力的合理流动，不利于劳动力资源的有效配置，同时也造成了企业职工的“铁饭碗”意识，不利于劳

动者生产积极性的提高。因此，改革劳动用工制度，首先必须从破除“铁饭碗”开始，而基本改革方向就是实行劳动合同制度，建立能进能出机制。1981年，中共中央42号文件提出要实行合同工、临时工、固定工等多种形式的用工制度，逐步做到人员能进能出。这是党中央、国务院第一次提出实行不同形式的用工制度。1983年，劳动人事部召开了部分省市试行劳动合同制座谈会，并于会后下发了《关于积极试行劳动合同制的通知》，正式开始在国营企业进行劳动合同制度的改革和试点工作。这是中央政府关于实行劳动合同制的第一个专项文件。在广泛试点的基础上，1986年7月，国务院发布《国营企业实行劳动合同制暂行规定》，从当年10月1日起，国营企业以及国家机关事业单位和人民团体从社会上招用工人都要实行劳动合同制。到1986年年底，全国29个省、自治区、直辖市均在不同范围内试行了劳动合同制。进入20世纪90年代，国家开始进一步深化用工制度改革，对新增工人和原有固定工实行统一的全员劳动合同制。1992年2月，劳动部发出《关于扩大试行全员劳动合同制的通知》，提出试行全员劳动合同制的要求，建立国有企业职工能进能出机制的用工制度改革目标初步实现。

（六）改革统包统配的劳动管理体制，赋予企业用人自主权

随着固定工制度改革逐步深入，原先国营企业统包统配的劳动管理体制逐步废止，企业逐步获得了越来越充分的用人自主权，整个改革开放初期，国营企业的用人自主权呈现出一个典型的从增量改革到存量改革的渐进过程。20世纪80年代初期，劳动合同制试点及推广主要是在全民所有制企业和县以上集体所有制单位的新招工人中试行，属于劳动力资源的增量改革。进入90年代，国家开始进一步深化用工制度改革，对新增工人和原有固定工实行统一的全员劳动合同制，使企业全体职工都按照国家规定，在平等自愿、协商一致的基础上与企业签订劳动合同，确立与企业的劳动关系，即存量改革和增量改革并行。1992年7月，国务院颁布《全民所有制工业企业转换经营机制条例》，进一步明确了企业的用工自主权，国家不再下达用人计划。该条例

规定，企业享有劳动用工权。企业有权按照面向社会、公开招收、全面考核、择优录用的原则，自主决定招工的时间、条件、方式、数量。企业有权决定用工形式。企业可以实行合同化管理或全员劳动合同制。《全民所有制工业企业转换经营机制条例》的发布，使国有企业在职工招聘、合同管理、岗位管理、解聘等环节都获得较为充分的用人自主权。

（七）建立失业保险制度，为用工制度改革提供保障

在改革固定工制度、赋予国有企业充分用工自主权的同时，国家十分重视与用工制度改革相辅相成的包括失业保险在内的配套制度改革，以保障企业职工的合法权益，确保企业用工制度改革得以顺利推进。1986 年 7 月，国务院发布《国营企业辞退违纪职工暂行规定》。按照规定，企业对严重违反劳动纪律，影响生产、工作秩序的职工以及犯有其他严重错误的职工，可以辞退。在他们待业期间，按照规定发给待业救济金。同时，国务院发布《国营企业职工待业保险暂行规定》，建立了失业保险制度（当时称为“待业保险”）。对象范围限于国营企业的四种人员：宣告破产企业的职工，濒临破产企业在法定整顿期间被精减的职工，企业终止、解除劳动合同的工人，以及企业辞退的职工。《国营企业职工待业保险暂行规定》的实施，标志着我国失业保险制度的正式建立。1992 年国务院发布的《全民所有制工业企业转换经营机制条例》也明确规定，对被解除劳动合同、辞退和开除的职工，待业保险机构依法提供待业保险金。1986—1992 年这一时期，成为我国失业保险制度酝酿形成和初步运行时期。

（八）探索建立劳动争议处理制度，维护职工和企业的合法权益

改革开放之前，主要依靠信访制度解决劳动争议。党的十一届三中全会以后，随着我国民主法治建设以及改革开放实践的发展，同时也为了适应劳动争议案件不断增加的状况，我国的劳动争议处理制度得以恢复和初步发展。1987 年 7 月，国务院发布《国营企业劳动争议处理暂行规定》，规定了劳动争

议的受案范围包括因履行劳动合同发生的争议以及因开除、除名、辞退违纪职工发生的争议，构建了处理劳动争议的基本程序，即所谓的“一调一裁两审”处理机制。1987 年 10 月，党的十三大报告在谈到加强基层民主制度建设时指出，为了依法制止滥用权力和自由的行为，应当建立包括“劳动仲裁制度”在内的若干制度。劳动部和各地劳动部门积极响应党中央、国务院的号召，在劳动部门内部组建劳动争议处理机构，选调合格的工作人员，并先后于 1987 年和 1989 年进行了两次全国仲裁干部业务培训。同时，在劳动部的指导下，各地创造性地开展劳动争议处理工作。1991 年 11 月 28 日，劳动部办公厅将上海市劳动局制定的《劳动争议仲裁员聘任办法（试行）》和《劳动争议仲裁庭办案规则（试行）》转发给各省、自治区、直辖市。这两个文件对在全国开展劳动争议仲裁庭的建设、劳动争议仲裁员聘任的建设都起到了重要的推动作用。通过恢复建立劳动争议处理制度，对保护国营企业及其劳动者的合法权益，协调劳动关系，维护国营企业正常生产秩序和社会稳定起到了积极作用。

总的来看，这一时期，国家从用工体制上改革了固定工制度，初步建立了既相对稳定又能合理流动的企业用人机制，调动了企业和职工的积极性；从资源配置上推动了劳动力市场的建设，促进了劳动力市场的发育，初步实现了劳动力资源的市场化配置，有力地推进了整个国营企业改革的进程。但是，这一时期的用工制度改革并没有彻底解决“铁饭碗”的问题，也没有完全形成能进能出的用工机制，因此，加大劳动合同制的实施范围和力度，深入推行企业全员劳动合同制，仍然是深化劳动用工制度改革、推进整个国营企业改革与发展的一项重要而紧迫的任务。

专题 5

按劳分配原则的重新确立和企业工资制度改革探索

【背 景】

1978—1992 年，是我国确立改革开放基本国策并进行改革开放实践的重要时期。1978 年 12 月，我党召开的十一届三中全会是新中国成立以来具有深远意义的伟大转折，开启了我国经济政治社会发展的新篇章。这次会议经过思想路线的拨乱反正，恢复了党的民主集中制的传统，结束了多年来“四人帮”“左”的严重干扰和影响，将全党的工作重点转移到社会主义现代化建设上来，作出改革开放的重大决策。会议指出，现在我国经济管理体制的一个严重缺点是权力过于集中，应该有领导地大胆下放，让地方和工农业企业在国家统一计划的指导下有更多的经营管理自主权。1979 年 4 月，党的中央工作会议提出，要以计划经济为主，同时充分重视市场调节的辅助作用，扩大企业自主权，把企业经营好坏同职工的物质利益挂起钩来；按照统一领导、分级管理的原则，明确中央地方的管理权限；实行按劳分配，用经济手段管理经济。1984 年 10 月召开的党的十二届三中全会通过了《中共中央关于经济体制改革的决定》，又进一步提出我国经济体制改革的具体目标和任务。决定指出，必须把马克思主义基本原理同中国实际结合起来，进一步贯彻执行对内搞活经济、对外实行开放的方针；改革是为了建立充满生机的社会主义经济体制；增强企业活力是经济体制改革的中心环节。决定还提出要建立多种形式的经济责任制，认真贯彻按劳分配原则。经济体制改革先从农村开始，随后以城市为重点的整个经济体制改革全面展开。

改革开放初期，经济理论界进行的按劳分配大讨论为重新确立按劳分配原则和改革工资制度提供了理论基础。粉碎“四人帮”后，思想理论战线的一项重要任务就是打破政治禁忌，为按劳分配正名。邓小平、李先念等国家领导同志先后指出了恢复和坚持按劳分配原则的重要性。同时，我国经济理论界分别于 1977 年 4 月、6 月、10—11 月以及 1978 年 10—11 月召开了四次全国性的按劳分配理论讨论会，批驳了“四人帮”在按劳分配问题上的错误论断，重新深入探讨马克思主义按劳分配的实质与精髓。这四次按劳分配理论讨论会影响范围逐渐扩散到全国，受到邓小平同志的高度关注与支持，为后来按劳分配原则的重新确立和工资分配制度改革创造了有利的思想和理论条件。随着改革开放的推进，经济理论界于 1983 年召开了第五次全国按劳分

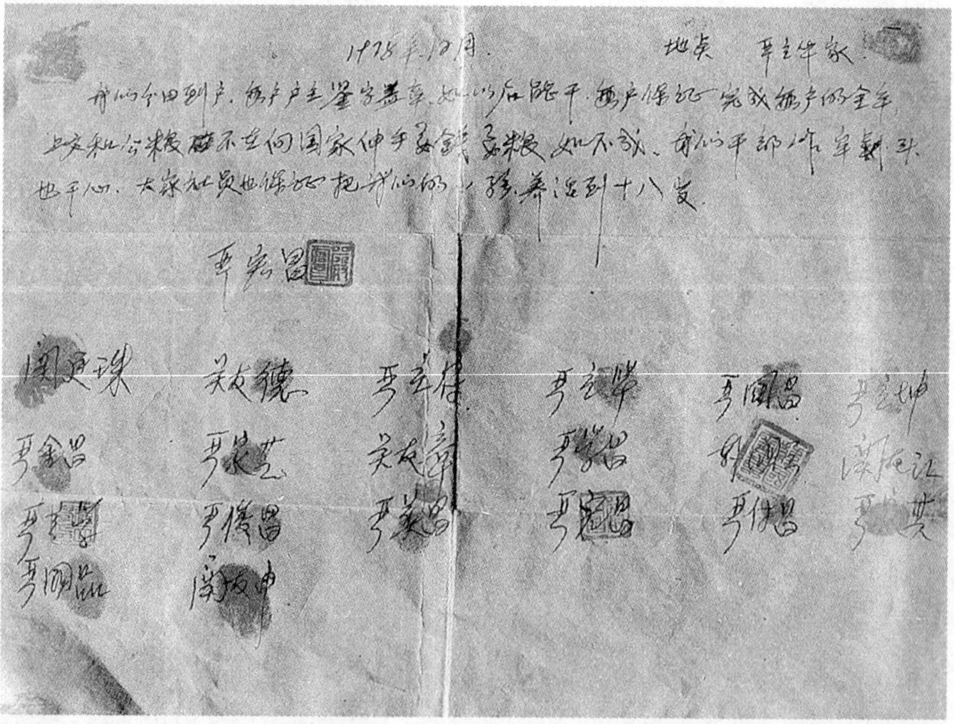
1978年12月　地点　严立华家

我们分田到户，每户户主签字盖章，如以后能干，每户保证完成每户的全年上交和公粮，不在向国家伸手要钱要粮。如不成，我们干部作牢杀头也干心，大家社员也保证把我们的小孩养活到十八岁。

严宏昌

1978 年冬天，安徽省凤阳县小岗村的 18 位农民以“敢为天下先”的精神，在一纸分田到户的“秘密契约”上按下鲜红的手印，实行了农业“大包干”。自此拉开了中国农村改革的序幕，小岗村扬名全国

配理论讨论会。这次讨论会不仅对按劳分配理论问题，而且对工资改革问题进行了热烈讨论，对当时工资制度的弊端、工资改革的基本原则和总体方向、企业在按劳分配中的作用、按劳分配用于计量的“劳”是什么形式以及农村个人收入分配的新变化等问题进行了深入讨论。五次全国性的按劳分配理论讨论会对按劳分配理论研究的创新和发展起到了很大的推动作用，理论学术界思想空前活跃，按劳分配理论取得新的突破和发展，开拓了收入分配政策的新思维。

收入分配改革率先在农村进行。自 1978 年安徽省凤阳县小岗村包产到户开始，到 20 世纪 80 年代中期，广大农村基本实行了家庭联产承包责任制。城市经济体制改革以国营企业改革为中心环节。改革先从“放权让利、利润留成”开始，接着推行经济责任制，再接着推行“两步利改税”，不断调整国家与企业之间的分配关系。1986 年，全国普遍推行企业经营承包制度，到 1987 年年底，国营企业普遍实行了承包制和厂长负责制。这一时期对小型国企实行租赁经营，并开始了股份制改造和企业集团化的改革试点。同时，国家宏观分配管理体制也进行了改革。在财政体制方面，1981 年实现“分灶吃饭”，1985 年起进行“划分税种、核定收支、分级包干”的分税制探索；在计划管理体制方面，逐步缩小指令性计划范围，扩大市场调节范围；在金融体制方面，恢复发展了专业银行和其他金融机构，并实行“拨改贷”政策。这一时期，在“鼓励一部分人先富起来，先富带动后富”的思想指导下，我国出现了一批先富裕起来的万元户，其中既有农村实行承包责任制以后的劳动致富专业户，也有“下海”率先致富的个体工商业和民营企业家。非国有经济也逐步恢复和发展起来，尤其是乡镇企业异军突起。从 80 年代开始，对国营企业工资制度进行改革，企业内部工资分配开始冲破旧体制的束缚，实行了符合企业实际情况的灵活多样的分配方式，初步搞活了工资分配。

这一时期，经济体制正处于转轨初期，计划经济与市场调节相结合的“双轨制”并存特征比较明显，企业工资改革面临的情况错综复杂。从党的十一届三中全会到 1992 年，我国经济体制改革实践经历了“计划经济为主，市场调节为辅”（1978—1983 年）、有计划的商品经济（1984—1987 年）和社会主义商品经济三个阶段。这一时期，传统的计划经济体制主体仍然得到保留，同时新兴的市场机制作用逐渐扩大。国家推行了减少指令性计划比例、扩大市场调节范围、扩大企业自主权、推行价格双轨制等一系列改革，市场调节的领域和作用逐步扩大。改革之初的双轨制给传统经济注入活力和动力，但同时也有其局限性和弊端，企业效率低下、政企不分问题仍然存在。在企业工资制度改革方面，由于制度上多年累积的矛盾甚多，如当时存在着工资水平普遍偏低、平均主义严重、工资标准混乱、管理体制僵死等问题，严重掣肘着改革的推进；同时，改革开放初期按劳分配原则尚未得到完全落实，思想观念上仍然将平均主义与社会主义画等号，对改革过程中出现的新事物是姓“资”还是姓“社”等问题莫衷一是，容易产生思想混乱，增加了工资改革的阻力。

【政策要点】

重新确立按劳分配原则

新中国成立后，我们党就确立和实行了按劳分配原则。然而，在“文化大革命”期间，这一原则却被“四人帮”污蔑为“资产阶级法权”。1976 年 10 月“四人帮”被粉碎，我们党和经济理论界对按劳分配原则进行正名。邓小平同志早在 1975 年 8 月就指出：“坚持按劳分配原则，这在社会主义建设中始终是一个很大的问题。如果不管贡献大小、技术高低、能力强弱、劳动轻重，工资都是四五十块钱，表面上看来似乎大家是平等的，但实际上是不符合按劳分配原则的，这怎么能调动人们的积极性？”在揭批“四人帮”的过程中，当时的中央领导同志逐步认识到恢复和坚持按劳分配原则的重要性。1977 年 8 月，中共十一大报告提出：“对于广大人民群众，在思想教育上大力提倡共产主义劳动态度，在经济政策上则要坚持实行各尽所能、按劳分配的社会主义原则，并且逐步扩大集体福利。要在发展生产的基础上，逐步改善人民生活。”五届全国人大政府工作报告也专门就这一问题进行了论述：“在整个社会主义历史阶段，必须坚持不劳动者不得食、各尽所能、按劳分配的原则。执行这个原则，要坚持无产阶级政治挂帅，加强思想政治工作，教育人们树立共产主义劳动态度，全心全意地为人民服务。在分配上，既要避免高低悬殊，也要反对平均主义。实行多劳多得，少劳少得。”邓小平同志在 1978 年 3 月关于《坚持按劳分配原则》的谈话中指出：按劳分配的性质是社会主义的，不是资本主义的。我们一定要坚持按劳分配的社会主义原则。按劳分配就是按劳动的数量和质量进行分配。根据这个原则，评定职工工资级别时，主要是看他的劳动好坏、技术高低、贡献大小。政治态度也要看，但要讲清楚，政治态度好主要应该表现在为社会主义劳动得好，作出的贡献大。处理分配问题如果主要不是看劳动，而是看政治，那就不是按劳分配，而是按政分配了。总之，只能是按劳，不能是按政，也不能是按资格。同年 5 月，《人民日报》发表的题为《贯彻执行按劳分配的社会主义原则》的文章鲜明地提出：“按劳分配是社会主义公有制的产物，又是社会主义公有制的实现形式”，重新明确了我国在社会主义时期必须坚持按劳分配原则的重要意义和作用。这篇文章的发表标志着按劳分配的名誉得到正式恢复，按劳分配原则得到重新确立。

1984 年 10 月，《中共中央关于经济体制改革的决定》要求：“建立多种形式的经济责任制，认真贯彻按劳分配原则。”该决定指出：“随着利改税的普遍推行和多种形式经济责任制的普遍建立，按劳分配的社会主义原则将得到进一步的贯彻落实。这方面已经采取的一个重大步骤，就是企业职工奖金由企业根据经营状况自行决定，国家只对企业适当征收超限额奖金税。今后还将采取必要的措施，使企业职工的工资和奖金同企业经济效益的提高更好地挂起钩来。在企业内部，要扩大工资差距，拉开档次，以充分体现奖勤罚懒、奖优罚劣，充分体现多劳多得、少劳少得，充分体现脑力劳动和体力劳动、复杂劳动和简单劳动、熟练劳动和非熟练劳动、繁重劳动和非繁重劳动之间的差别。”该决定还全面系统地阐述了允许一部分人和一部分地方先富起来的必要性和重要性，指出：平均主义思想是贯彻执行按劳分配原则的一个严重障碍，平均主义的泛滥必然破坏社会生产力。当然，社会主义社会要保证社会成员物质、文化生活水平的逐步提高，达到共同富裕的目标。但是，共同富裕决不等于也不可能是完全平均，决不等于也不可能是所有社会成员在同一时间以同等速度富裕起来。如果把共同富裕理解为完全平均和同步富裕，不但做不到，而且势必导致共同贫穷。只有允许和鼓励一部分地区、一部分企业和一部分人依靠勤奋劳动先富起来，才能对大多数人产生强烈的吸引和鼓舞作用，并带动越来越多的人一浪接一浪地走向富裕。由于一部分人先富起来产生的差别，是全体社会成员在共同富裕道路上有先有后、有快有慢的差别，而绝不是那种极少数人变成剥削者，大多数人陷入贫穷的两极分化。鼓励一部分人先富起来的政策，是符合社会主义发展规律的，是整个社会走向富裕的必由之路。

按劳分配原则的重新确立和贯彻实施，对改革开放初期农村承包责任制、企业经济责任制和工资分配制度改革起到了关键性的作用。鼓励一部分人先富起来的政策，在改革开放初期有力地推动了沿海地区经济的快速发展，一部分人的收入水平大幅提高，平均主义的分配体制被打破，劳动者的积极性和劳动效率大为提高。

全面恢复与改进奖励和计件工资制度，
改革企业职工工资调整办法

20世纪80年代初期，我国职工工资分配体制依然沿用高度集中统一的等级工资制，即对国营企业工人实行八级工资制（区分不同产业、不同地区和不同技术等级），对企业职员、国家机关和事业单位实行职务等级工资制（十三类职务，分别按照七类地区、四类产业、每一产业划分四类企业确定工资标准）。存在的主要问题是“低、平、乱、死”“脑体倒挂”。工资标准多而杂乱，制度高度集中且统一僵化，职工工资长期水平低下且多年未做调整，平均主义和“脑体倒挂”现象严重。

随着思想战线的拨乱反正和按劳分配名誉的恢复，国家对工资政策开始进行调整，1978年5月，国务院发布《关于实行奖励和计件工资制度的通知》，这是贯彻执行按劳分配原则、改革工资制度迈出的第一步。国务院通知要求：①具备条件的企业先行试点，然后再逐步推广，各部门当年实行奖励和计件工资制度的单位，最多不要超过所属企业的30%；②要规定合理的奖励和计件工资办法，奖励办法要简便易行，奖励条件要明确具体，奖励名目不宜繁多，一般可实行超产奖、质量奖，奖励期限可以根据生产和工作特点，分别实行月奖或季奖，企业党政主要领导干部不实行奖励制度；③要严格控制奖金总额和计件超额工资，实行奖励制度的企业，在全面完成国家计划的前提下，奖金总额的提取比例暂定为不超过实行奖励制度的职工标准工资总额的10%，少数企业经批准不超过12%，实行计件工资制度的企业和实行提成工资制度的服务行业，计件超额工资和提成工资部分控制在这些工人标准工资总额的20%以内。

恢复奖励和计件工资制度，对调动职工的积极性、促进生产的发展起了一定的积极作用，但是也出现了平均发奖和多发滥发的现象。为此，1981年1月，国务院发出《关于正确实行奖励制度、坚决制止滥发奖金的几项规定》，实行了奖金和计件超额工资的“封顶”政策，即规定企业全年发放的各种奖金的最高限额（不包括创造发明奖、原材料节约奖等）不得超过本企业两个月的标准工资总额，个别经济指标完成突出好的企业，经批准最多不得超过三个月的标准工资总额。

随着利改税的实施，1984年4月，国务院发出《国营企业发放奖金有关问题的通知》，对企业奖金分配规定了新的办法，奖金同企业经济效益挂钩，实行“奖金不封顶，征收奖金税”的政策。全年奖金总额在两个半月标准工资以内的免征奖金税，超出部分征收奖金税；1985年，国家将奖金税的起征点提高到四个月标准工资，并相应调整了税率；1988年，国家将奖金税的起征点放宽到四个半月标准工资。

1977—1989年，国家几乎每年都安排调整工资。1983年，国家对企业职工普调工资首次打破了传统办法，采取了“两挂钩”“一浮动”和“调改结合”的原则。“两挂钩”就是企业调整工资要和经济效益挂钩，职工升级要和本人贡献挂钩。“一浮动”是指职工经过考核升级后，所升的级别暂不固定，经过两三年考核合格才能固定，考核不合格，所升的级别还要降下来。“调改结合”是对有条件进行工资制度改革的企业，经批准，允许从企业自有资金中拿出人均 1.5 元进行工资改革，重点是简化归并工资标准，适当提高工资水平。

国家关于奖金和计件工资的一系列政策，部分打破了僵化的工资分配体制和分配的平均主义，各地出现了对计件工资制度和奖金分配的多种创新，有利于保证国家计划任务的完成和利税收入的增加，但是没有触及“国家统一标准、统一调资”的工资分配管理体制和等级工资制度，工资分配存在的问题没有得到根本解决。

实行企业工资总额同经济效益挂钩制度，改革工资管理体制

经过解放思想和按劳分配大讨论，人们逐渐认识到以国家作为分配主体，直接按个人劳动投入进行分配而不与企业经济效益相联系的按劳分配模式是行不通的，必须从社会主义存在商品经济和价值规律的实际情况出发，建立新的按劳分配模式。首先需要处理好国家与企业的分配关系，再由企业按照劳动者的贡献进行内部分配，处理好企业与职工的分配关系，也就是需要实行两级分配。1984 年 10 月，《中共中央关于经济体制改革的决定》明确指出：“企业吃国家大锅饭，职工吃企业大锅饭，严重压抑了企业和广大职工群众的积极性、主动性、创造性。”要想解决这个问题，“主要应该解决好两个方面的关系问题，即确立国家和全民所有制企业之间的正确关系，扩大企业自主权，确立职工和企业之间的正确关系，保证劳动者在企业中的主人翁地位。”随着经济体制改革的深入，1985 年 1 月，国务院颁布《关于国营企业工资改革问题的通知》，对国营企业工资制度进行了历史性的改革，推行

了按劳分配新模式——对国营大中型企业实行职工工资总额同企业经济效益挂钩制度。

通知要求，从 1985 年开始，在国营大中型企业中实行职工工资总额同企业经济效益按比例浮动的办法。工资总额同经济效益挂钩的指标，国家对省、自治区、直辖市和国务院有关部门，一般应以 1984 年的实际上缴税利作为工资总额的挂钩指标。省、自治区、直辖市和国务院有关部门在核定所属企业工资总额和经济效益挂钩指标时，应从实际出发，选择能够反映企业经济效益和社会效益的指标作为挂钩指标，其他经济指标可以作为考核指标，并相应规定工资总额增减的比例。国家对企业工资实行分级管理的体制。国家负责核定省、自治区、直辖市（包括计划单列市，下同）和国务院有关部门所属企业的全部工资总额及其随同经济效益浮动的比例。每个企业的工资总额和浮动比例，由省、自治区、直辖市和国务院有关部门在国家核定给本地区、本部门所属企业的工资总额和浮动比例范围内逐级核定。企业与国家机关、事业单位的工资改革和工资调整脱钩。企业实行工资总额随同本企业经济效益浮动办法以后，企业职工工资的增长应依靠本企业经济效益的提高，国家不再统一安排企业职工的工资改革和工资调整，企业之间因经济效益不同，工资水平也可以不同。

实行工效挂钩，建立了工资随经济效益浮动能增能减机制，改革了国家与企业的工资分配关系及管理体制，确立了企业作为按劳分配主体的地位，国家不再统一安排企业职工的工资改革和工资调整。企业也拥有了一定的工资分配自主权，促进企业内部全面落实按劳分配原则，试行了灵活多样的工资分配方式，在当时极大地激发了经营者和劳动者的积极性，提高了劳动生产率。经过不断总结经验和改进完善，工资同企业经济效益挂钩办法日趋成熟，为企业的发展提供了重要的动力和活力。但是这项改革依然有其局限性，政策执行过程中出现了鞭打快牛、苦乐不均的现象。

【典型事件】

➢ 五次全国按劳分配理论讨论会始末

“文化大革命”期间，按劳分配原则被“四人帮”污蔑为“资产阶级法权”，“四人帮”散布种种谬论，给人们的思想造成极大的混乱。粉碎“四人帮”后，思想战线的重要任务之一就是对按劳分配进行正名。1977—1984年，理论界召开了五次全国范围的按劳分配理论讨论会。按劳分配理论讨论会先从批驳“四人帮”在按劳分配问题上的错误论断开始，重新探讨了马克思主义按劳分配的实质与精髓，再深入探讨了工资改革及农村家庭联产承包责任制中的个人分配等实践问题。

1977年4月13日至14日，国家计委经济研究所、中国社科院经济研究所、北京市委党校、北京大学、北京师范大学、北京经济学院、国家劳动总局等单位在北京召开第一次按劳分配理论讨论会。集中揭发批判了“四人帮”反党集团在分配问题上散布的“按劳分配是由两种所有制的存在决定的”“按劳分配造成两极分化，瓦解社会主义经济”“资产阶级法权在分配方面还占统治地位”等谬论。

1977年6月22日至23日，国家计委经济研究所、中国社科院经济研究所、北京市委党校、北京经济学院等单位召开了关于按劳分配问题的第二次讨论会。围绕按劳分配与物质刺激的界限、按劳分配是不是产生资本主义和资产阶级的经济基础等问题，继续展开了讨论。

邓小平同志复出以后，大力支持按劳分配理论讨论。邓小平同志的态度对按劳分配理论两次讨论会的召开起到了直接的推动作用。与此同时，许多报刊也相继发表了大量有关按劳分配问题的文章。苏绍智同志和冯兰瑞同志在第二次按劳分配理论讨论会发言稿的基础上，撰写了《驳姚文元按劳分配产生资产阶级的谬论》一文，在1977年8月9日《人民日报》上发表，引起了邓小平同志的注意。

1977年10月25日至11月1日，在北京召开了第三次按劳分配理论讨论会。此次讨论会参会人员相比前两次大大增加，参加讨论会的有 135 家在京单位的 500 余名理论和实际工作者，有来自 23 个省、自治区、直辖市的 120 多家单位的 280 余名理论工作者，还有部分哲学工作者、法学工作者。与会者人数达 1 100 多人。会议收到的书面发言稿、资料、调查报告共计 76 篇。大会鼓励采用递条子的办法发表自己的意见，由大会主席随时宣读，百家争鸣。对于如何完整准确地理解马克思主义关于按劳分配理论的问题以及按劳分配与“资产阶级法权”的问题，与会人员进行了热烈讨论。会议还对按劳分配与劳动报酬形式问题，奖金、计件工资等按劳分配的实现形式进行了讨论。这些今天看来是技术性的问题，在当时却和政治紧密地联系在一起，其中一些同志提出应当为奖金恢复名誉，恢复奖金制度，这在当时引起了很大的震动。

在前几次按劳分配理论讨论会的基础上，国务院研究室冯兰瑞同志执笔，经邓小平同志修改，1978 年 5 月 5 日《人民日报》以特约评论员的名义发表了《贯彻执行按劳分配的社会主义原则》一文，标志着按劳分配的名誉得到正式恢复。文章的发表，澄清了在按劳分配问题上被“四人帮”搅乱了的许多理论是非，突破了“两个凡是”，当年召开的全国劳动局长座谈会就将这篇文章作为学习文件，组织代表学习。

1978 年 10 月 25 日至 11 月 3 日，中央工作会议前夕，更大规模的第四次全国按劳分配理论讨论会在京召开。第四次全国按劳分配理论讨论会不仅从理论上进行了论证，而且从实践经验的角度进行了总结，使经济理论讨论在广度和深度上都进入了一个新的阶段。参加会议的有中央和 28 个省、自治区、直辖市的研究单位、大专院校、新闻出版单位以及其他有关部门的经济理论工作者和实际工作者 500 多人。会议收到论文、资料、调查报告和发言稿 108 篇。到会人员分为三个分会场进行了讨论，第一分会场讨论了按劳分配规律与物质利益原则问题，第二分会场讨论了劳动报酬形式问题，第三分会场讨论了农业中的按劳分配问题。时任中国社科院副院长的于光远在讨论会开幕式和闭幕式上讲了话。于光远在谈到按劳分配规律与物质利益原则时指出，规律是不以人的意志为转移的，在社会主义制度下贯彻按劳分配原则，社会主义生产就能上去，社会主义制度就能巩固和发展。物质利益范围比按劳分配要大。于光远在谈到农业问题时说，搞生产队所有制还是搞大队所有制，判断进步与否的标准只有一条，看它是否能够促进生产力的发展。分组讨论中，就按劳分配规律与物质利益原则问题，与会人员讨论认为，按劳分配是社会主义制度下支配个人消费品的客观规律。就劳动报酬形式问题，围绕计件工资、奖金、计时工资等进行了较为深入的讨论。针对计件工资的适用范围问题，一些与会者认为不应该限制于笨重体力劳动和手工操作工种，凡是有件可计的工种都可以实行计件工资。对于奖金的本质和职能、综合奖和单项奖、奖金级差和得奖条件、企业领导干部是否也应该实行奖金制度等问题，均进行了深入讨论。就农业中的按劳分配问题，会议讨论认为，当前农业分配上的主要倾向仍然是平均主义，工分级差太小，不能反映社员劳动的实际差别；关于农业劳动计酬形式问题，当时实际存在四种形式：死分死记，即“人头分”；底分活评；“大寨式”评工计分法；定额记工法。相当部分与会者认为，体现按劳分配原则的定额管理、评工计分制度应该积极完善和推广。

1983 年 7 月 18 日至 24 日，政治经济学社会主义部分研究会在北京召开了第五次全国按劳分配理论讨论会。出席会议的代表 252 名，提交大会的论文 147 篇。第五次全国按劳分配理论讨论会距离第四次会议将近五年。时隔五年之后，各项事业获得了很大的发展。第五次全国按劳分配理论讨论会除了继续关注按劳分配理论问题之外，对于我国工资改革问题以及农村家庭联产承包责任制的收入分配问题尤为关注。在按劳分配理论方面，就所有制与分配方式的关系问题，与会者认为一种所有制就有一种分配方式。我国目前的生产力状况决定了我国当前只能是多种所有制并存，因而也只能是多种分配方式并存。对于按劳分配的层次性问题，有人认为在国家所有制内按劳分配有两级分配关系，国家对企业、企业对劳动者均是按劳分配关系。第五次全国按劳分配理论讨论会对工资制度改革进行了广泛的讨论。重点讨论了两个问题：一是当时工资制度的弊病；二是我国工资制度改革的方向。不少代表认为，当时工资制度的主要问题是“死”和“平”。改革的方向是，必须克服平均主义，贯彻按劳分配原则，使职工的劳动收入同社会经济效益、本企业经营好坏和个人劳动贡献大小紧密地结合起来。会上还讨论了增加职工工资的具体途径、浮动工资和知识分子的劳动报酬。第五次全国按劳分配理论讨论会对农村家庭联产承包责任制的分配性质问题进行了重点讨论。绝大多数同志认为，这种分配方式是符合社会主义分配原则的，它能较好地处理社会主义国家、集体和个人三者之间的物质利益关系。

五次关于按劳分配理论的大讨论，是冲破“文化大革命”带给人们精神枷锁的第一次大规模讨论，实际上是经济思想领域拨乱反正、解放思想的大讨论，其思想解放意义和实践意义甚至大于其学术意义。通过按劳分配问题大讨论，重新确立了按劳分配原则，也促进了马克思主义按劳分配理论的新发展，为工资制度改革奠定了重要的理论基础。

➢ 企业工资分级分类管理体制的形成

改革开放前，企业工资分配实行中央集中统一管理体制，即工资分配权力集中在国家，工资制度、工资标准由国家统一制定；工资调整、职工升级由国家统一出政策，统一安排。各地区的工资管理职能是在本地区执行国家有关政策，企业则严格按照国家规定的工资标准支付每个职工的工资。改革开放后，在改革工资管理体制方面，首先是从扩大企业自主权开始的。1982 年，中共中央、国务院发布《国营工厂厂长工作暂行条例》，其中规定企业厂长每年有 1%的升级权。1984 年 5 月，国务院又在《关于进一步扩大国营工业企业自主权的暂行规定》中将 1%的厂长升级权扩大为 3%。随着 1984 年第二步利改税的实行，企业奖金由过去限额控制改为超限额征收奖金税的形式。企业在分配上有了更大的自主权，可以发放奖金，也可以实行浮动工资、浮动升级、计件工资、岗位津贴等。1985 年 1 月，国务院颁布《关于国营企业工资改革问题的通知》，明确规定企业工资分配实行分级管理的体制。后来，经过不断实践探索和改革完善，逐渐形成了企业工资分级分类管理体制。

工资分级分类管理，即工资分配实行分级决策、分类调控。国家负责制定重大的影响全局的工资分配政策；地方政府实施国家政策并制定一般性的、地区性的工资政策；企业依法拥有内部工资分配自主权。同时，各级政府对不同类型企业实行不同的调控办法。

工资分级管理总的要求是：分级管理，逐级负责，各司其职，各负其责。其具体构架为：中央政府统一制定企业工资分配宏观政策目标，制定全国企业工资制度改革的基本政策，直接调控中央企业的工资分配，指导地区履行分级调控的职责，制定个人所得税等再分配政策，实现工资分配宏观总量平衡和结构协调，保障工资水平在经济效益提高的基础上均衡增长。地方政府负责贯彻实施国家有关政策和措施，制定和实施本地区企业工资制度改革方案，调控本地区企业工资总额，拟定企业经营者收入分配办法，指导本地区企业工资分配。进入20世纪90年代后，各地方建立并实施工资指导线制度、劳动力市场工资指导价位制度、人工成本预测预警制度及最低工资保障制度。企业可以根据有关法律法规和政策进行工资分配。非国有企业可依法自主确定工资制度、工资分配总量和工资水平。国有企业拥有内部工资分配自主权，但其工资总额和负责人的工资要接受政府的调控和管理。

工资分类管理是政府根据企业所有制性质、行业不同，以及企业改制进程、参与市场竞争程度不同，实行分类调控和分类指导的政策。非国有企业按照国家有关法规政策可以自主进行工资分配，企业根据效益编制工资总额使用计划，并报劳动行政部门备案。政府对国营企业的工资总额和水平进行宏观调控：大部分国营企业实行工资总额同经济效益挂钩办法；小部分国营企业实行工资总额计划管理或工资总额包干办法；产权多元化、内部法人治理结构比较完善的公司制企业，按照“两低于”原则自主决定企业工资总额和水平，依法进行工资分配，其工资分配计划报劳动行政部门备案。

政府对实行工效挂钩办法的国营企业也采取了分类管理政策，允许企业根据其实际情况实行多种多样的挂钩办法。当时政策要求：工业企业一般可以实行工资总额同上缴税利挂钩；产品单一的企业可以同最终产品的销量挂钩；交通运输企业可以同周转量或运距运量挂钩；商业服务企业可以同销售额或营业额、上缴税利挂钩，还要考核执行政策、服务质量等指标；建筑、煤矿企业实行百元产值工资含量包干和吨煤工资包干。不论实行何种挂钩办法，都必须以保证完成国家下达的计划任务和正确执行国家的经济政策作为前提。企业工资总额同经济效益挂钩浮动的比例，国家对省、自治区、直辖市和国务院有关部门，以人均上缴税利为主，同时考虑国家投资比例、百元工资税利率、劳动生产率的高低等情况分别确定。一般上缴税利总额增长 1%，工资总额增长 0.3%～0.7%，某些特殊行业和地区可以超过 0.7%，但最多不得超过 1%。上缴税利下降时，工资总额要相应下浮。为了保证职工的基本生活，下浮工资总额的比例可做适当限制。20 世纪 80 年代及 90 年代初，工效挂钩办法灵活多样并不断创新。

1. 从挂钩指标上划分，可分为三类：一是工资总额与价值量指标挂钩，主要有工资总额与实现税利挂钩、工资总额与上缴税利挂钩、工资总额与实现利润挂钩、工资总额与产值挂钩（仅限于建筑施工企业的“百元产值工资含量包干”）、工资总额与销售额（营业额）挂钩、工资总额与创汇额挂钩、工资总额与净产值挂钩、企业净收入分成制、除本分成制。二是工资总额与实物量（工作量）指标挂钩，主要有煤矿企业实行的吨煤工资包干，金属矿山、非金属矿山企业实行的吨矿工资包干，黄金生产企业实行的每两（或每克）黄金工资包干，建材企业实行的单位产品（水泥、玻璃、砖瓦）工资包干，铁路运输企业实行的换算吨公里工资包干，港口装卸企业实行的换算吞吐量工资包干，邮电企业实行的工资总额同邮电业务总量（按不变价格计算）挂钩，交通运输企业实行的工资总额同换算周转量挂钩，民航企业实行的工资总额同航空换算周转量挂钩。三是工资总额同两个或两个以上的经济指标复合挂钩，复合挂钩指标一般选用一个价值量指标、一个实物量或工作量指标，这样比较有利于综合考察企业的经济效益和社会效益。

2. 从参与挂钩的工资构成上划分，可分为工资总额挂钩和“分挂”两种形式。工资总额挂钩即企业全部工资（奖金进入成本并核入工资总额基数）同经济效益挂钩；“分挂”是将在成本中列支的基本工资同经济效益挂钩，奖励基金随着企业利润浮动，从企业利润留成中支付。

3. 从工资列支渠道划分，可分为“总挂总提”和“总挂分提”两种形式。“总挂总提”是指核入工资总额的奖励基金进入成本，且新增效益工资全部在成本中列支的挂钩办法。1988 年以前，多数企业实行了这种挂钩形式。“总挂分提”是指奖励基金核入工资总额基数，但不进入成本，仍在企业留利中列支，而新增效益工资则按核定工资总额基数中的基本工资和奖金的比例，分别在成本和留利中列支。1989 年以后，有一部分企业采取了这种挂钩形式。

4. 从挂钩程度上划分，可分为“全挂钩”和“半挂钩”两种形式。“全挂钩”是指企业工资全部随同经济效益浮动。“半挂钩”是指企业奖励基金随同利润浮动，基本工资仍由国家安排。1984 年实行“两步利改税”后，企业基本上采取“半挂钩”形式。随着改革的深入，“半挂钩”过渡到“全挂钩”。

5. 部门、地区总挂钩。部门总挂钩是指国家对国务院各产业部门及有关直属企业的其他部门实行部门所属全部企业工资总额同经济效益总挂钩，即实行全部企业职工工资总额同该部门的经济效益按比例浮动的办法。地区总挂钩是针对当时存在的工资调控不力等问题而采取的办法，旨在加强国家在工资总额方面的宏观调控和调节，进一步明确中央和地方工资管理职责。1989 年，按照国务院国发［1989］25 号文件精神，福建省、云南省实行了总挂钩办法。后来，地区总挂钩办法逐渐取消。

至 20 世纪 80 年代末，国营大中型企业基本都实行了工效挂钩办法，企业的经济效益也有明显的提高。如 1985—1988 年，经国家批准的挂钩企业上缴税利平均每年递增 13. 5%，工资总额平均每年递增 11. 3%，两者比例为 1∶0. 84；而同期面上企业上缴税利平均每年递增 6. 8%，工资总额平均每年递增 15. 5%，两者比例为 1∶2. 3。

由于实行了企业工资分级分类管理体制，扩大企业内部工资分配自主权得以实现，企业的工资分配方式和办法也开始搞活了，企业内部打破平均主义，拉开工资差距，充分体现多劳多得、少劳少得，调动了劳动者的积极性。

➢ 打破“大锅饭”，搞活企业内部工资分配

计划经济体制时期的企业工资制度高度集中统一僵化，企业没有任何内部分配权限。职工工资水平低且多年未做调整，平均主义、“大锅饭”严重，“脑体倒挂”问题突出。粉碎“四人帮”后，进行了改革开放，按劳分配原则重新确立。针对企业工资分配存在的平均主义、吃“大锅饭”等问题，政府重点提出要扩大企业内部工资分配自主权，贯彻执行按劳分配原则，工资分配要体现奖勤罚懒、奖优罚劣，体现多劳多得、少劳少得，体现脑力劳动和体力劳动、复杂劳动和简单劳动、熟练劳动和非熟练劳动、繁重劳动和非繁重劳动之间的合理差别，充分调动劳动者的积极性。经过“放权让利”“经营责任制”“两步利改税”和承包制等改革，国家与企业的分配关系不断得到调整，企业分配自主权也不断扩大。实行工效挂钩后，企业工资分配主体地位得到进一步的确立。企业可以根据实际情况，自行研究确定实行灵活多样的分配方式。比如，当时企业实行浮动工资、浮动升级十分盛行。国家要求企业主管部门和劳动人事部门帮助企业及时总结工资分配的好经验、好办法，择优推广。政策要求：企业可以把工资总额随同经济效益提高增加的工资，连同现行奖金的大部分用来改革工资制度，留下的少量奖金主要用于奖励少数在生产、工作中有技术革新、发明创造和突出贡献的职工。允许具有相同学历、资历的人，随所在企业经济效益的不同和本人贡献大小，工资收入出现差距。不论实行什么分配方式和工资制度，都必须同建立健全以承包为主的多种形式的经济责任制紧密结合起来，层层落实，明确每个岗位、每个职工的工作要求，使职工的劳动报酬同其劳动贡献密切地挂起钩来。国营小型企业按照国家有关规定，继续实行全民所有、集体经营、照章纳税、自负盈亏的办法，在缴足国家税收、留够企业发展基金以后，由企业自主进行分配。1988 年出台的《全民所有制工业企业法》第一次以法律形式明确规定了企业内部分配自主权，从而为企业搞活内部分配制度创造了条件。随着企业内部

分配自主权的下放，企业进行了内部工资分配的改革探索，企业内部工资分配方式和办法不断创新，可谓多姿多彩，成为当时改革开放一道亮丽的风景线。这些分配方式包括：

1. 实行浮动工资。这是一种把职工个人的劳动报酬与企业经营好坏以及职工劳动贡献大小紧密联系起来，并且随之上下浮动的工资形式。它的特点，一是职工工资的一部分或全部是浮动的，而不是固定不变的，具体浮动办法包括全额浮动、部分浮动和小额浮动（基本工资不动，只对奖金部分浮动）三种；二是工资浮动的直接依据是职工个人劳动贡献大小；三是工资浮动还取决于企业（车间或其他经济核算单位）的经营收益情况。浮动工资较早是由辽宁省丹东日用五金厂开始实行的，并取得明显效果，随后企业纷纷仿效，并结合自身情况进行改进和创新。浮动工资不仅工资水平是浮动的，而且可以实行浮动升级和浮动工资标准等新形式。浮动升级是在职工现有工资等级的基础上，根据企业经济效益情况以及职工的技术业务水平、劳动熟练程度、劳动态度与贡献等因素，用企业自有资金对职工进行考核升级，并随企业经济效益的变动而浮动。这种升级在本单位内有效，并每隔一段时间对职工进行一次考核，达不到升级要求的再降回原工资等级。浮动工资标准是在当时计划经济体制下企业自行调整工资标准的一种变通办法。基本做法是：企业在国家规定的参考工资标准的弹性幅度内自行规定一个上限和下限，根据企业经营状况和职工的技术等级、劳动贡献等因素，在规定的幅度内上下浮动。企业经济效益好有支付能力，即实行较高的工资标准；反之，企业经济效益下降，则实行较低的工资标准。浮动的工资标准只在本企业内有效。例如，天津市河东区沈庄子街办事处对所属 104 家集体企业实行浮动工资标准，将原来的固定工资制改为五类三级浮动工资制。即将每人每月平均利润和工资等级都分成五个档次，达到利润最高档次要求的执行一类工资标准，达到第二档次要求的执行二类工资标准，以此类推。确定企业实行哪一类工资标准后，每半年考核评定一次，随着各企业实现利润的增减，工资标准上下浮动，职工个人等级工资额随之变化。

2. 除本分成制试点。1980 年，四川省、广东省在个别国营企业中试点了除本分成制办法。1981 年，四川省成都市西城区工业二局陆续对所属 89 家集体企业进行“除本分成”试验。具体内容是从企业销售收入中扣除在职职工工资以外的一切成本费用后，由企业和职工按照上级核定的比例对企业净收入进行分成（最初按比例法分成，后来改为按分级超额累进/累退法分成），分成后形成的工资总额按一定形式在职工之间分配。由于试点效果较好，1983 年，四川省决定在全省集体企业中推广并在国营企业中试点。在向集体企业推广除本分成制的同时，一些国营企业也进行了大胆尝试。四川省沐川县国营农机厂从 1983 年 1 月起实行“除本分成”，一举打破“大锅饭”，充分调动了工人的积极性。实行一年，工业总产值创历史最高水平，实现扭亏为盈，全员劳动生产率增长 329%。后来，在江苏、湖北、湖南、广东、浙江、河北、黑龙江等十几个省推行了除本分成制。

3. 岗位技能工资制试点。计划经济体制下的八级工资制偏重职工的劳动技能，与劳动贡献和工作态度等脱钩，加上工资标准长期不动或者普调升级，造成了工资等级与技术等级脱节，大大挫伤了职工的劳动积极性。20 世纪 80 年代后期，一些企业在实行工资总额与经济效益挂钩后，开始了岗位技能工资制度改革试点。起步较早、影响较大、成效突出的有兰州连城铝厂、上海宝山钢铁总厂、株洲化工厂、太原橡胶厂等。这些企业试点的共同经验，一是进行岗位劳动测评，二是严格实行全面考核，三是在新的工资分配制度中设置岗位工资、技能工资单元并以其为主体。这些改革试点建立了岗位靠竞争、报酬靠贡献的机制，调动了职工的积极性，稳定了生产一线队伍，促进了企业经济效益的增长。

4. 创新计件工资和奖金分配。1978 年 5 月，国务院发布《关于实行奖励和计件工资制度的通知》，正式恢复奖励和计件工资制度。1980 年发布的《国营企业计件工资暂行办法》对计件工资进行了规范，推动了计件工资的更大发展。1979 年 7 月后，企业的基金制改为利润留成制，企业利润留成的一部分用于职工奖励基金。随着企业利润留成制度发生变化和第二步“利改税”，用于奖金总量的比重逐渐增加，奖金同企业经济效益挂起钩来。如首都钢铁公司从1981年起结合上级下达的利润包干任务，创造了“利润层层包干，联利计奖”的奖金分配办法。根据责、权、利相结合的原则，将利润包干指标层层分解、层层包干。按照不同厂矿、处室的工作特点和增利的难度，分别制定考核条件和计奖办法。如对炼铁厂考核物料能耗情况，对销售处考核销售情况，对行政处考核节约开支、提高服务质量情况等。包干范围从奖励基金扩大到福利基金的一部分，并将分配自主权进一步下放到厂矿、车间。1979—1983年，一度出现企业多发、滥发奖金，奖金和计件超额工资总量增长过快现象，国务院多次发文重申奖金分配条件及标准并实行奖金封顶。1984年，奖金封顶取消并开征奖金税。这一期间企业结合经营责任制，对内部奖励制度进行了有益探索。其后，大部分企业试行了奖金与经济效益挂钩办法，部分企业试行了工资总额与经济效益挂钩办法，计件工资出现了全额无限计件工资、全额有限计件工资、超额有限计件工资、累计计件工资、间接计件工资、集体计件工资等多种形式。1987年和1988年，国家两次调整奖金税。此后，企业的奖金水平不再由国家统一规定，而是由企业随同经济效益的增减而浮动。

除了上述几种工资制度和形式外，企业还根据自身特点自发创造了结构工资、薪点制工资、定额工资、提成工资等许多其他工资制度和形式。企业内部分配制度改革与创新是在国家计划经济体制和国营企业改革的背景下，企业自发在内部贯彻落实按劳分配原则的结果，是一个持续探索的过程。这些改革与创新打破了计划经济体制下等级工资制度“平均主义”“大锅饭”的局面，极大地激发了职工的积极性和创造性，对于提高企业活力和经济效益起到了有力的推动作用。这些改革探索为日后建立现代企业制度和市场化分配体制提供了思路，积累了经验。

【成就与评价】

（一）重新确立按劳分配原则并在改革实践中不断创新，奠定了经济体制改革的指导思想和目标方向

我国改革开放初期，通过解放思想，冲破了阻碍生产力发展的种种思想束缚，不仅按劳分配原则得以重新确立，而且将马克思主义的按劳分配理论同中国社会主义初级阶段的实际情况相结合，在实践中不断丰富和发展了按劳分配，为中国经济体制改革和工资制度改革提供了指导思想，指引了目标。经济体制改革和收入分配制度改革正是在按劳分配理论讨论和创新的过程中不断地“摸着石头过河”，取得了骄人的成就。我国从社会主义初级阶段的实际出发，突破了传统的按劳分配理论，创造性地把按劳分配同商品经济、市场经济联系起来，把按劳分配同经济体制改革结合起来，把按劳分配同一部分人先富起来实现共同富裕目标与坚持社会主义道路结合起来，根据当时的经济条件推行了按劳分配新模式：对农村实行家庭联产承包责任制；对城市企业实行经营责任制；对国有企业实行工资总额同经济效益挂钩制度。这一时期按劳分配理论创新和改革实践，极大地解放了生产力，调动了劳动者的积极性，为后来进一步提出按劳分配为主体、多种分配方式并存的分配原则奠定了坚实的思想理论和实践基础。

（二）实行企业工资同经济效益挂钩、分级分类工资管理体制，增强了搞活企业的动力，调动了劳动者的积极性

实行企业工资同经济效益挂钩、分级分类工资管理体制是经济体制转轨时期的成功创举，是我国工资改革过程中的一个里程碑，有效解决了当时经济体制“双轨制”并存过程中出现的各种矛盾和问题，并且为进一步建立社会主义市场经济工资收入分配制度打下了良好的制度和机制基础。它改变了计划经济按劳分配模式，把市场机制引入工资分配，发挥了工资经济杠杆作用，打破了工资分配方面企业吃国家“大锅饭”的状况，为搞活搞好企业内

部分配创造了条件。企业由过去无论经济效益好坏都等着国家统一安排增加工资，逐渐走上靠自己挣出钱来增加职工工资的路子，建立了企业职工工资正常增长机制，不仅有利于调动企业和职工的积极性，而且有利于对企业工资分配进行宏观调控，培育企业工资分配的自我约束机制。

（三）为深化企业工资改革进行了探索，积累了经验

这个时期的工资改革是在改革开放大的背景下进行的，改革过程中的许多有益探索可以为今后的改革提供借鉴。一是企业工资改革要从我国国情出发，从各地经济发展不平衡的实际情况出发，从各行业、各企业的实际情况出发，不搞“一刀切”。二是必须坚持按劳分配原则，实行以按劳分配为主体、其他分配方式为补充的分配制度；既要注重效率，又要注重公平；既要克服平均主义，又要防止收入差距悬殊；既要允许一部分人先富起来，又要实现全体人民共同富裕。三是要处理好国家、企业和职工个人的分配关系，处理好生产与消费的关系，处理好积累与消费的关系，处理好中央与地方、行业之间的关系。四是建立健全工资宏观调控体系，形成和巩固企业自我约束机制，企业工资分配自主权的扩大要与宏观调控体系的健全程度和企业自我约束机制的形成过程相适应。五是要以提高经济效益为中心，以搞活搞好企业为重点，充分调动职工的劳动积极性，提高劳动生产率，实现职工工资同企业经济效益共同增长。六是工资改革要与经济体制其他方面的改革配套进行，要与劳动制度、保险制度、价格、金融、住房、财政、税收等各方面改革相互衔接配套，防止单兵突进。改革既不能超前，也不能滞后。改革方法要既积极又稳妥，要先立后破，先试点，后推广，善于运用典型引路，点面结合，切忌一哄而起。当然，这个时期的工资改革是经济体制转轨过程中的产物，不可避免地带有时代的烙印，带有计划经济体制的痕迹。目前，我国实行社会主义市场经济，进一步建立健全符合新时代要求的工资调控体系仍然是艰巨而复杂的任务。

【大事记】

1977 年

4 月 13 日至 14 日，在北京召开了第一次按劳分配理论讨论会，批判了“四人帮”在按劳分配问题上散布的种种谬论。

6 月 22 日至 23 日，召开了第二次按劳分配理论讨论会。在第一次讨论会的基础上，围绕按劳分配与物质刺激的界限、按劳分配是不是产生资本主义和资产阶级的经济基础等问题，继续展开了讨论。

8 月 10 日，国务院发出《关于调整部分职工工资的通知》，给 1966 年前参加工作的二级工和 1971 年前参加工作的一级工调整工资，另外给十八级以下干部和其他职工安排了 40%的升级面。

10 月 25 日至 11 月 1 日，在北京召开了第三次按劳分配理论讨论会。会议围绕如何完整准确地理解马克思主义关于按劳分配理论的问题、按劳分配与“资产阶级法权”的问题、按劳分配与劳动报酬形式的问题等展开讨论。

1978 年

1 月，著名经济学家于光远在北京作了题为《谈谈社会主义公有制和按劳分配问题》的报告，较为全面深入地阐述了按劳分配问题。

3 月，邓小平同志发表《坚持按劳分配原则》的谈话；5 月，《人民日报》发表题为《贯彻执行按劳分配的社会主义原则》的文章，重新明确了我国在社会主义时期必须坚持按劳分配原则的重要意义和作用。

10 月 25 日至 11 月 3 日，经济理论界在北京举行了第四次按劳分配理论讨论会。会议围绕按劳分配规律与物质利益原则问题、劳动报酬形式问题和农业中的按劳分配问题等展开了深入讨论。

12 月 23 日，邓小平同志在中共中央工作会议闭幕会上发表《解放思想，实事求是，团结一致向前看》的讲话，其中明确要求要研究新情况，解决新问题。强调当时在管理制度上要特别注意加强责任制，提出要扩大管理人员权限，要严格考核，赏罚分明；强调在经济政策上要允许一部分地区、一部分企业、一部分工人农民先富起来。这些问题与按劳分配问题紧密相关。

1979 年

9 月，党的十一届四中全会通过的决定指出，农村“可以定额计分，可以评工计分，也可以包工到组，联产计酬”。

1980 年

3 月以后，各地开始实行生产责任制和定额计酬制。

1982 年

4 月 10 日，国务院发布《企业职工奖惩条例》。

1983 年

4 月 24 日，国务院批准颁发了《关于国营企业利改税试行办法》，在国营大型企业中进行了第一步“利改税”。

7 月 18 日至 24 日，政治经济学社会主义部分研究会在北京召开了第五次按劳分配理论讨论会。这次讨论会除了继续关注按劳分配理论问题之外，对我国工资改革问题以及农村家庭联产承包责任制的收入分配问题尤为关注。

1984 年

10 月，党的十二届三中全会通过《中共中央关于经济体制改革的决定》，指出要认真贯彻按劳分配原则，使企业职工的工资、奖金同企业经济效益的提高更好地挂起钩来。

1985 年

1 月，国务院发布的《关于国营企业工资改革问题的通知》规定，在有条件的全民所有制企业逐步推行职工工资总额随本企业经济效益浮动的办法，把职工和经营者的工资、奖金同所在企业的经济效益高低、本人贡献大小挂起钩来，彻底解决企业吃国家“大锅饭”、职工吃企业“大锅饭”的问题。

6 月，中共中央、国务院发出的《关于国家机关和事业单位工作人员工资制度改革问题的通知》明确提出，国家机关、事业单位实行“以职务工资为主要内容的结构工资制”，将国家机关、事业单位的工资区类别与企业的工资区类别统一起来。

7 月 13 日，劳动人事部、财政部、国家计委、国家经委、中国人民银行联合发布《关于印发国营企业工资改革试行办法的通知》。

7 月 23 日，劳动人事部发布《关于印发国营大中型企业职工工资标准的通知》。

9 月 24 日，国务院发布《工资基金暂行管理办法》。

1987 年

10 月 25 日，党的十三大报告第一次提出以按劳分配为主体、其他分配方式为补充的原则，提出了允许合法的非劳动收入，要在促进效率的前提下体现社会公平等。

1988 年

4 月 13 日，第七届全国人民代表大会第一次会议通过《中华人民共和国全民所有制工业企业法》，明确了全民所有制企业的权利和义务。

1989 年

3 月 30 日，国务院发布《关于进一步加强工资基金管理的通知》。

11 月 23 日，劳动部、财政部、国家计委印发《国营企业工资总额同经济效益挂钩实施办法》的通知。

1991 年

10 月 5 日，劳动部、国家税务总局印发《城镇集体所有制企业工资同经济效益挂钩办法》。

1992 年

1 月 7 日，《劳动部关于岗位技能工资制试点工作的通知》发布，《岗位技能工资制试行方案》颁布实施。

5 月 20 日，劳动部下发《关于搞好岗位技能工资制试点工作有关问题的意见》。

10 月 10 日，劳动部、国家计划委员会、国家经济体制改革委员会、国务院经济贸易办公室印发《关于国家试点企业集团劳动工资管理的实施办法（试行）》。

专题 6

有计划、有步骤地改革劳动用工制度

【背　景】

改革开放前，在高度集中的计划经济管理体制下，我国国营企业普遍实行以固定工为主的用工制度。固定工制度的主要特点是国家依靠行政手段，直接控制企业的用工数量、用工形式和用工方法，把劳动者统一分配到企业，使劳动者和企业保持终身固定的劳动关系。劳动者一旦分配到企业，就终身保持国家职工身份，职工即使违反劳动纪律，企业也不得辞退，直到退休。这种用工制度在当时特定的历史条件下，对国民经济的恢复和发展曾经起过重要的历史作用，与新中国成立初期国家集中力量建设工业化基础的要求是相适应的。但是，随着社会主义商品经济的逐步建立和发展，这种用工制度的弊端暴露得越来越明显。主要表现在三个方面：首先，造成企业用工机制僵化，企业需要的人进不来，不需要的人出不去，形成职工能进不能出、工资能升不能降的局面，难以通过劳动用工管理提高劳动生产率；其次，造成了企业职工的“铁饭碗”和“大锅饭”意识，不利于调动和发挥劳动者的生产积极性和主动性；最后，客观上阻碍了劳动力的合理流动，不利于劳动力资源的有效配置，最终束缚了社会生产力的发展。

党的十一届三中全会召开以后，随着我国经济体制改革和国营企业改革的深入进行，劳动制度改革作为其中的重要内容也被摆上了议事日程。这个时期，国民经济结构调整步伐的加快，促使国营企业内部管理尤其是用工形式发生了变化。同时，外资企业、民营企业等非国营企业开始出现并逐步发展，对劳动力生产要素的需求和自由流动提出了更多更高的要求，市场化的劳动力资源配置方式开始出现。20 世纪 80 年代，广东、上海等地率先对企业新招收工人试行劳动合同制度，取得明显效果。1983 年 2 月，劳动人事部发出《关于积极试行劳动合同制度的通知》。1986 年 7 月，国务院发布《国营企业实行劳动合同制暂行规定》等四个规定，标志着我国劳动制度改革进入全面实施阶段。劳动合同制的试行，从根本上改变了我国沿用 40 余年的企业固定工制度，打破了国家以行政方式配置劳动力资源的格局，初步形成了企业自主用工、劳动者自主择业的机制。

然而，劳动合同制这一新生事物从开始探索、局部试点到逐步推广，曾引起国内理论界的热烈讨论甚至质疑。1984 年，针对劳动合同制问题，有的经济学家提出，“企业吸收一部分职工是可以的，如果把合同制作为普遍的劳动制度，企业的全部职工都成为合同工，是违背社会主义原则的”，“建议实行正式工、合同工、临时工相结合的劳动制度，以加强职工群众的主人翁责任感”。1986 年，中国社科院经济研究所举行“劳动力性质问题讨论会”，经济理论界许多人围绕“社会主义条件下劳动力是不是商品”“劳动合同制下是否存在雇佣关系”等热点问题，对当时国有企事业单位用人机制的弊端、社会主义条件下劳动力能否成为商品、劳动力成为商品是否必然出现剥削、承认社会主义劳动力的商品属性有何意义等问题进行了热烈讨论。通过讨论，国内理论界对社会主义条件下劳动力成为商品的理论意义和实践意义有了基本共识。大家认识到，在过去计划经济条件下，以固定工制度为基础的劳动用工制度在给予劳动者一定生活保障的同时，从长期而言阻碍了作为生产要素之一的劳动力的合理流动和优化配置，其结果必然是劳动效率的严重低下和经济的长期短缺。改革开放和发展商品经济的目的，就在于充分利用市场机制实现包括劳动力资源在内的资源优化配置。劳动者作为其自身人力资本的拥有者，其价值只有在市场中通过交换才能得以实现，因此劳动者应能够自由地进入和退出企事业单位，而企事业单位作为用人单位也必须根据劳动者的人力资本价值大小和稀缺程度等因素来选择劳动者。只有这样，劳动力资源才能得到优化配置和合理使用，商品经济才能迅速发展。同时，既然社会主义条件下的劳动力仍然是商品，那么就必须建立劳动力市场，确认其法律关系和要素，并对劳动力的价格调控、交换模式、市场运作等作出明确的法律规定，建立完善的社会保障法律体系。这样，以劳动合同制实行为基本内容、以赋予企业更多用工自主权为核心内容的劳动用工制度改革就迫在眉睫。

改革开放初期，以企业用人自主权逐步扩大为主线，我国国营企业劳动用工制度改革呈现出一个典型的从增量改革到存量改革的渐进过程。这一过程可以划分为两个阶段：第一阶段，从党的十一届三中全会召开到 20 世纪 80 年代。这一阶段改革的主要内容是对劳动合同制进行探索、试点及推广，劳动合同制主要是在全民所有制企业和县以上集体所有制单位的新招工人中试行，属于劳动力资源的增量改革，企业获得的用人自主权非常有限。第二阶段，进入 20 世纪 90 年代后。这一阶段伴随社会主义市场经济体制的确立，国家开始进一步深化用工制度改革，对新增工人和原有固定工实行统一的全员劳动合同制，试图使企业全体职工都按照国家规定，在平等自愿、协商一致的基础上与企业签订劳动合同，确立与企业的劳动关系，即存量改革和增量改革并行。以 1992 年国务院发布的《全民所有制工业企业转换经营机制条例》为标志，企业从制度层面获得了较为充分的用人自主权，在逐步实行劳动合同制的同时，企业也获得了公开考评、择优上岗、实行合理劳动组合的权力。

【政策要点】

特殊行业推行农民轮换工制度和农民合同制

农民轮换工制度和农民合同制主要是指一些特殊行业的企业，由于生产一线劳动力紧张，从城市招工有困难，采取同若干农村社、队商定劳动力协作区的办法，由协作区选择条件适当的农民到企业当轮换工，根据生产性质和工作需要，分别规定一定的做工期限，一般是 1～2 年，期满后回农村社、队务农，由农村社、队另派一批农民到企业当轮换工。农民轮换工制度是在我国试行亦工亦农制度的过程中，逐步在矿山、化工、建筑、装卸以及森林、地质勘探等行业或部分工种内推行的一种新的用工制度。改革开放初期，国家在改革劳动制度过程中，再次提出在矿山企业和有毒有害作业岗位实行农民轮换工制度和农民合同制。1980 年 8 月，中共中央批转的全国劳动就业工作会议文件强调，某些行业或工种可以根据实际需要改革用工制度，有毒有害工种可以减少劳动时间或定期轮换。把推行农民轮换工制度和农民合同制作为改革特殊行业用工制度的一种途径。1984 年 6 月，国务院发布《矿山企业实行农民轮换工制度试行条例》，对农民轮换工招收条件以及在企业工作期间的待遇作了明确规定。可以说，改革开放初期，农民轮换工制度和农民合同制虽然只是局部实行，但意义重大，在一定程度上撼动了长期以来固定工制度一统天下的局面，使一些特殊行业在用工形式上更加灵活，建立了新的用工机制，也为用工制度的全面改革进行了有益的探索和实践。

国营企业新招工人全面实行劳动合同制

1984 年 5 月，国务院发布《关于进一步扩大国营工业企业自主权的暂行规定》以后，传统劳动制度包得过多、统得过死和劳动力能进不能出的弊端明显暴露出来，越来越难以适应改革开放的新形势。针对这些问题，在改革试点的基础上，以 1986 年 7 月国务院发布的《国营企业实行劳动合同制暂行规定》为标志，正式在国营企业新招工人中全面推行劳动合同制。按照规定，国营企业从社会上招收工人都要实行劳动合同制。用工形式包括长期工、短期工、临时工和季节工等。新招用的劳动合同制工人的工资福利待遇，应当与本企业同工种、同岗位原固定工保持同等水平。对原有职工和统一分配的技工学校毕业生、城镇退伍兵，仍按原有制度执行。

搞活国营企业固定工制度

随着对国营企业新招用的工人逐步实行劳动合同制，劳动合同制工人的绝对量不断增加，但数量巨大的企业原有职工仍然实行着固定工制度。不把固定工制度搞活，并逐步向劳动合同制过渡，企业劳动制度就很难发生根本变化。因此，从1984年开始，劳动人事部着手研究搞活固定工制度问题，并在一些地方和企业进行了改革探索。1987年9月，劳动人事部在青岛召开全国搞活固定工制度试点工作会议，研究部署在全国范围内全面开展搞活固定工制度的试点工作。会议认为，劳动制度改革的目标模式是，应将以固定工为主体的用工制度逐步改变为多种用工形式并存的劳动合同制，无论是长期工、短期工、临时工、季节工，都必须与企业签订劳动合同，实现企业与劳动者的相互选择，把职工队伍相对稳定和合理流动统一起来，建立起有中国特色的社会主义劳动制度体系。会后，全国普遍开展了搞活固定工制度的试点工作。根据各地、各企业的不同情况，主要采取三种形式：①通过优化劳动组合、择优上岗、合同化管理，把生产上不需要的富余人员撤离下来，由企业内部消化安置。②把劳动制度改革与工资、保险福利以及人事制度改革结合起来，实行综合配套改革。具体做法是：劳动制度改革的重点是实行优化劳动组合、择优上岗、合同化管理等；工资制度改革的重点是实行工资总额与经济效益挂钩办法；人事制度改革是改变干部终身制，坚持条件公开、平等竞争、经过考核、择优上岗的原则，实行企业干部聘任制；保险福利制度改革的重点是解决保险社会化问题。③在优化劳动组合的基础上，在职工中全面实行劳动合同制，允许企业辞退富余人员，也允许富余人员辞职。

全面试行全员劳动合同制

在对国营企业新招用工人实行劳动合同制和进行搞活固定工制度试点的基础上，从20世纪90年代初期开始，在企业全部职工中试行全员劳动合同制。

为配合国营企业转换经营机制，1992年2月，劳动部发出《关于扩大试行全员劳动合同制的通知》，明确提出了企业用工制度改革的目标和方向，并规定了有关政策。同年9月，劳动部就扩大试行全员劳动合同制过程中遇到的政策问题，发出《关于试行全员劳动合同制有关问题处理意见的通知》。其主要内容是：①试行全员劳动合同制遵循的基本原则，一是实事求是，从实际出发。试行时要根据地区和企业实际情况，因地因厂制宜。二是坚持典型引路。各地区要宣传行之有效的典型经验，用典型引导企业改革，以保证试点工作积极稳妥地开展。三是社会效益与经济效益相结合。通过改革，既要提高企业经济效益，又要维护职工合法权益，促进社会稳定。②试行全员劳动合同制的重点范围是国营大中型企业和新建国营企业，其他有条件的企业也要积极试行。在企业内部，试行全员劳动合同制的范围包括企业干部、固定工、劳动合同制工人以及其他工人。试点企业中的新进职工，包括按国家规定统一分配的大、中专毕业生，城镇复员退伍军人，军队转业干部以及外单位流动进入企业的原固定职工，均试行全员劳动合同制。③试点企业的工人和干部均应与企业签订劳动（聘任）合同，要打破干部、工人的身份界限，做到能上能下，择优聘任。工人可以被聘为干部，干部落聘可以当工人。聘任干部要在确定劳动关系的前提下明确岗位职责。被聘任到干部岗位的工人，享受干部岗位（职务）的政治、经济待遇。落聘干部到什么岗位，就享受什么岗位的待遇。④坚持配套改革。劳动、人事、工资、保险、福利制度配套改革是一项系统工程，彼此相互联系、相互依存，只搞单项改革难以得到巩固和发展。试点企业职工的社会保险待遇，应本着逐步打破固定职工与劳动合同制职工身份界限的原则进行改革。这两类人员的养老、工伤、医疗等各项保险待遇应统一起来，以利于全员劳动合同制的推行。完善待业保险制度，扩大待业保险范围。终止、解除劳动合同的职工，在到劳动部门办理待业登记后，可按规定领取待业保险待遇。在改革过程中，把试行全员劳动合同制与推行岗位技能工资制和退休费用社会统筹及工效挂钩等工作紧密结合起来，协调配套，相互促进。⑤妥善安置富余人员。试点企业对于富余人员的安置，应按照“企业内部消化为主，社会调剂为辅”的原则，通过发展第三产业、厂内培训、厂内待业、提前退休、厂际交流和自谋出路等多种办法，做好富余人员安置工作。有条件的地区要结合改革进行在企业外部安置富余人员的试验，逐步建立起企业与职工能正常解除劳动关系的管理机制。

这些改革措施的不断推进，为 1995 年正式实施《中华人民共和国劳动法》(以下简称《劳动法》)，依法对全国范围内的所有企业和职工实行劳动合同制，打下了良好的基础。

确立和扩大企业劳动用工自主权

为配合在国营企业新招用工人中普遍推行劳动合同制，1986 年 7 月，国务院发布《国营企业招用工人暂行规定》和《国营企业辞退违纪职工暂行规定》，改革国营企业招工制度，赋予企业辞退违纪职工的权力。一是实行面向社会择优录用的招工制度。按照规定，一律废除退休工人“子女顶替”和“内招”职工子女的办法；企业招用工人，应贯彻公开招收、自愿报名、德智体全面考核、择优录用的原则。要求企业应向社会公布招工简章，符合报考条件的人员均可报考；考核内容和标准可根据生产、工作的需要分别确定；经过考核合格者的名单应张榜公布，公开录用。二是企业有权辞退违纪职工。为整顿和加强企业劳动纪律，按照规定，企业对严重违反劳动纪律，影响生产和工作秩序的职工；违反操作规程，损坏设备、工具，造成经济损失的职工；服务态度很差，损害消费者利益的职工；不服从正常调动的职工；贪污、盗窃、赌博、营私舞弊，不够刑事处分的职工；无理取闹，打架斗殴，严重影响社会秩序以及犯有其他严重错误的职工，经教育或行政处分仍然无效，可以辞退。

为进一步建立与市场经济体制相适应的充满活力的企业经营机制，1992 年 7 月，国务院发布《全民所有制工业企业转换经营机制条例》，赋予企业 14 项经营自主权，其中第 17 条明确规定企业享有劳动用工权。其主要内容是：第一，企业可自主决定招工时间、条件、方式、数量。第二，企业有权决定用工形式。企业可实行合同化管理或者全员劳动合同制。企业可以与职工签订有固定期限、无固定期限或者以完成特定生产工作任务为期限的劳动合同。企业和职工按照劳动合同规定，享有权利和承担义务。第三，企业有权在做好定员、定额工作的基础上，通过公开考评、择优上岗，实行合理的劳动组合。对于富余人员，企业可以采取发展第三产业、厂内转岗培训、提前退出岗位休养以及其他方式加以安置。第四，企业有权依照法律、法规和企业规章，解除劳动合同，辞退、开除职工。对于被解除劳动合同、辞退和开除的职工，待业保险机构依法提供待业保险金，劳动部门应当提供再就业的机会。

建立失业保险制度和劳动争议处理制度

为适应劳动制度改革的需要，促进劳动力合理流动，保障职工失业期间的基本生活，同时妥善解决劳动争议，维护职工和企业的合法权益，国家实行了建立失业保险制度（当时称为“待业保险”）和劳动争议处理制度的配套改革。

1986年7月，国务院发布《国营企业职工待业保险暂行规定》，明确了待业保险的对象范围仅限于国营企业的四种人员，包括宣告破产企业的职工，濒临破产企业在法定整顿期间被精减的职工，企业终止、解除劳动合同的工人，以及企业辞退的职工。待业保险基金由企业按其全部职工标准工资总额的1%缴纳，在税前列支。职工待业期间，可以根据工龄长短，分别领取本人标准工资50%～75%的待业救济金，领取期限最长为2年。待业保险基金除保证用于待业职工的生活救济外，还可用于对待业职工进行就业训练和扶持生产自救等。

1987年7月，国务院发布《国营企业劳动争议处理暂行规定》，明确了劳动争议的受案范围，包括因履行劳动合同发生的争议，以及因开除、除名、辞退违纪职工发生的争议。处理劳动争议的基本程序是：国营企业与职工发生争议后，先由企业内部劳动争议调解委员会进行调解；当事人不愿调解或者调解不成的，可以提请劳动争议仲裁委员会进行仲裁；当事人对仲裁裁决不服的，可以向人民法院提起诉讼，由人民法院进行审理。同时，对企业劳动争议调解委员会和劳动争议仲裁委员会的组成作出了明确规定。

【典型事件】

➢ 新的用工制度开始建立

改革开放初期，国营企业固定工制度存在的“大锅饭”“铁饭碗”“铁交椅”等现象，严重影响了企业和职工积极性的发挥，职工缺乏危机感和竞争意识，劳动效率不高、出勤不出力、劳动纪律松弛等现象比较普遍，严重制约了企业的活力，束缚了生产力的发展。为适应改革开放初期发展社会主义有计划商品经济的需要，进一步搞好搞活国营企业，调动企业和职工的积极性，提高劳动生产率和经济效益，新的用工制度的实行势在必行。

20 世纪 80 年代初，党中央、国务院在我国进入改革开放阶段以后，首次提出要实行不同形式的用工制度。其中，最重要的就是实行劳动合同制。随后，沿海一些城市开始对新招工人，特别是农村进入城市的劳动者实行劳动合同制。到 1983 年，劳动合同制的试行范围扩大到 9 个省份的部分县市。1983 年 11 月，劳动人事部在河南省安阳市召开了劳动合同制部分试点地区经验座谈会，并于会后下发了《关于积极试行劳动合同制的通知》，正式开始在国营企业中进行劳动合同制度改革和试点工作。1984 年 11 月，劳动人事部在河南省郑州市召开了劳动合同制经验交流会，讨论和修改《关于城镇劳动合同制的试行办法（讨论稿）》。会后，劳动合同制试点范围逐步扩大，一些地区同时着重落实配套改革的各项措施。1984 年年末，全国劳动合同制工人达 170 多万人，1985 年增加到 300 多万人。1986 年 7 月，国务院下发《关于改革劳动制度四个规定的通知》，决定在国营企业中普遍实行以用工制度为中心的四项改革。到 1986 年年底，全国 29 个省、自治区、直辖市均在不同范围内试行了劳动合同制。1987 年 9 月，劳动部在青岛召开了搞活固定工制度试点工作会议，研究了搞活固定工制度的政策措施，并于会后印发了《全国搞好固定工制度试点工作会议纪要》。1988 年 7 月，中共中央办公厅、劳动部在北京联合召开了部分企业劳动制度改革座谈会，会议由国务委员张劲夫主持，罗干部长、李伯勇副部长和有关部门负责人及 22 家企业的厂长、经理参加了会议。1991 年 12 月，经国务院批准，劳动部、国务院生产办公室、国家体改委、人事部和中华全国总工会在北京召开了全国企业劳动人事、工资分配、社会保险制度改革经验交流会。会后，根据各地和部分企业介绍的经验和提出的意见，五部委于 1992 年 1 月联合发出《关于深化企业劳动人事、工资分配、社会保险制度的意见》，对改革企业人事制度、巩固完善劳动合同制等 12 个问题提出具体意见，成为指导劳动人事、工资分配、社会保险制度改革的重要文件。其主要内容包括：①企业有权根据生产、工作的实际需要确定机构设置和人员配备，各有关部门不得向企业硬性规定机构设置和人员配备的比例。②切实加强企业内部经济责任制，建立健全各项规章制度。③改革企业人事制度，企业管理人员和技术人员要逐步实行聘任制。④巩固完善劳动合同制。要坚持劳动合同制的方向，建立新型社会主义劳动关系，保障企业和职工的合法权益。⑤逐步推行全员劳动合同制，在搞好优化（或合理）劳动组合的基础上，逐步扩大全员劳动合同制的范围。⑥加强工资管理，改进完善企业工资总额同经济效益挂钩办法。⑦落实企业内部分配自主权，贯彻按劳分配原则，克服平均主义。⑧大力提高企业职工队伍素质。⑨继续推进养老保险制度改革。要认真贯彻实施《国务院关于企业职工养老保险制度改革的决定》，逐步建立国家基本保险、企业补充保险和个人储蓄保险相结合的多层次的养老保险体系。⑩适当扩大待业保险范围，完善待业保险制度。⑪加快劳动计划体制改革，落实企业用人、工资分配自主权。⑫加强企业民主管理，发挥职代会的作用。

试行劳动合同制的实践表明，对于实行劳动合同制的工人，由于劳动合同中明确规定了生产任务、合同期限、工资福利、奖惩办法、劳动纪律、劳动保护等内容，因此把企业利益与职工自身利益紧密地结合在一起，有利于改变过去“干多干少一个样，干好干坏一个样，干与不干一个样”的局面。

同以前相比，自觉遵守法纪的人多了，踏实苦干的人多了，迟到早退、出工不出力的人少了；劳动纪律大大增强，企业制定的规章制度得到了较好的实施，调动了企业经营者和生产者的积极性，促进了企业经济效益的提高。总的来看，通过劳动合同制的试点和推行，对建立与市场经济接轨的劳动用工制度进行了有益探索，为未来建立适应市场经济体制要求的劳动力资源市场化配置机制奠定了基础。

【成就与评价】

（一）初步建立了企业自主用人机制

实行以劳动合同制为主的劳动用工制度改革，既有利于企业充分行使用人自主权，建立能进能出的用工机制，提高企业职工队伍素质，提高企业经济效益和社会效益，也有利于从法律上保障职工的合法权益，调动了企业和职工的积极性。同时，由于实行劳动合同制及其配套改革，废止了“内招”和“子女顶替”，实行公开招收、择优录用，客观上改变了传统的就业观念，对待业青年学文化、学技术和树立自立自强的观念起到了积极作用，促进了当时就业前培训的快速发展，提高了劳动者的素质。

（二）促进了劳动力资源的市场化配置

实行以劳动合同制为主的劳动用工制度改革，打破了固定工制度下职工的身份界限，为企业建立以公开竞争、择优选聘为导向的市场化人才选聘机制，以及按照市场化取向改革要求规范企业与职工的关系提供了契机。有利于实现各类人才自主选岗、自由流动，形成人才大循环、大流动的新格局，推动了包括企业内部劳动力市场在内的全国劳动力市场的建设和发展，优化了劳动力资源的配置效率，初步实现了劳动力资源的市场化配置。

（三）推进了国有企业改革进程

在劳动用工制度改革过程中，通过充分引入竞争机制和双向选择机制，促进企业形成管理人员能上能下、职工能进能出、收入能增能减的机制，在企业内部建立了竞争机制、有效激励和约束机制，调动了企业各类职工的积极性，增强了企业市场竞争力，最终有力地推进了整个国有企业改革进程。实践证明，我国劳动用工制度改革特别是推行劳动合同制，适应了社会主义有计划商品经济的发展需要，既是增强企业活力的重要措施，又是调动劳动者积极性和创造性的重要手段，为以后在市场经济体制改革背景下进一步开放劳动力市场创造了重要条件。

（四）两种制度并存阻碍了改革的进展，仍要深入推行全员合同制

但是应当看到，这个阶段的改革在给国有企业注入活力的同时，也存在一些问题。突出表现在劳动合同制和固定工制度并存以及固定工制度没有完全搞活两个方面。从 1986 年劳动合同制试点开始到 20 世纪 90 年代初期，我国全民所有制单位实行劳动合同制的职工人数所占比重远低于固定工制度职工人数所占比重，劳动合同制与固定工制度并存，不可避免地产生摩擦和矛盾，不仅给企业管理和思想工作带来困难，而且还使用工制度改革的进一步推进遇到了阻碍。因此，深入推行企业全员劳动合同制，就成为进一步深化劳动用工制度改革和推进国有企业改革与发展的方向。

【大事记】

1981 年

10 月 17 日，中共中央、国务院发布《关于广开门路，搞活经济，解决城镇就业问题的若干规定》，提出要逐步改革劳动制度。

1982 年

4 月 10 日，国务院颁布《企业职工奖惩条例》，对企业职工的奖惩和处分

作了规定。

5 月 6 日，万里副总理在劳动人事部成立大会上讲话，提出要搞好劳动、工资、人事三项制度改革。

12 月 10 日，五届全国人大常委会第五次会议批准《国民经济和社会发展第六个五年计划》，指出要逐步改革劳动制度。

1983 年

2 月 22 日，劳动人事部发出《关于积极试行劳动合同制的通知》。

1984 年

5 月 10 日，国务院颁布《关于进一步扩大国营工业企业自主权的暂行规定》。提出企业有权根据生产需要和行业特点，在劳动部门指导下公开招工，经过考试，择优录用。

10 月 20 日，中共中央召开十二届三中全会，制定了《关于经济体制改革的决定》。明确提出，增强企业活力是经济体制改革的中心环节，企业活力的源泉在于劳动者的积极性和创造力，而提高职工的积极性和创造力，就要确保企业“有权自行决定用工办法和工资奖励方式”。

1986 年

7 月 12 日，国务院发出《关于改革劳动制度四个规定的通知》，四个规定分别是《国营企业实行劳动合同制暂行规定》《国营企业招用工人暂行规定》《国营企业辞退违纪职工暂行规定》《国营企业职工待业保险暂行规定》。

8 月 27 日，劳动人事部部长赵东宛在六届全国人大常委会第十七次会议上就劳动制度改革问题作了专题汇报。

1988 年

4 月 13 日，七届全国人大常委会第一次会议通过《全民所有制工业企业法》。

1989 年

10 月 5 日，国务院发布《全民所有制企业临时工管理暂行规定》，对全民所有制企业招收、使用和管理临时工作了规定。

1990年

8月，劳动部部长阮崇武代表劳动部致信江泽民总书记，汇报对劳动制度改革的认识和态度以及对今后工作的意见。

1991年

7月25日，国务院发布《全民所有制企业招用农民合同制工人的规定》。要求企业招用农民工，应坚持公开招收、自愿报名、择优录用和遵循就地就近和选择群众生活困难、劳动力富余的地区招收的原则。对全民所有制企业农民工的招用和管理等问题作了比较全面的规定。

1992年

7月23日，国务院发出《全民所有制工业企业转换经营机制条例》，赋予企业享受劳动用工权，国家不再下达用人计划，企业用人的数量、条件、方式及招用时间由自己自主决定。

第四篇
发展社会主义市场经济中的劳动关系
（1992—2011年）

概　述

1992年10月，中国共产党召开第十四次全国代表大会，确立了我国经济体制改革的目标是建立社会主义市场经济体制。1993年11月，党的十四届三中全会作出《关于建立社会主义市场经济体制若干问题的决定》，标志着我国进入全面推进市场经济改革的新阶段。随着市场化的经济体制改革全面展开，我国国有企业改革不断深化，多种所有制经济逐步发展，劳动力市场机制在劳动力资源配置中开始发挥主导作用，劳动关系双方的市场主体地位逐步确立，劳动关系日益多样化、复杂化。与此相适应，我国对劳动关系调整体制进行了一系列改革探索，劳动关系的建立、运行和调整开始步入市场化、法制化轨道。特别是2006年10月，党的十六届六中全会作出《关于构建社会主义和谐社会若干重大问题的决定》，明确提出了发展和谐劳动关系的目标任务，进一步推动了劳动关系调整体制的改革与发展。目前，我国已基本形成以市场调节为基础、以法律法规为依据的"劳动关系双方自主协商，社会三方协调，政府依法调整"的劳动关系工作格局，总体上维护了劳动关系和谐稳定，为实现劳动力资源市场化配置、促进提高劳动效率、保持经济持续快速健康发展和社会稳定发挥了积极作用。

（一）劳动关系法制建设取得重大进展

1994年7月5日，八届全国人大常委会第八次会议正式审议通过了《劳动法》，自1995年1月1日起施行。劳动法是新中国成立以来第一部以保护劳动者合法权益为宗旨，全面规范调整劳动关系的基本法律。劳动法的颁布施行，是我国劳动法制建设的一个重要里程碑，为依法建立和调整劳动关系提供了坚实的法制保障。劳动法颁布后，国家相继制定出台了一系列配套法规和规章。特别是“十一五”时期，全国人大常委会和国务院先后颁布施行了《中华人民共和国劳动合同法》（以下简称《劳动合同法》）、《中华人民共和国劳动争议调解仲裁法》（以下简称《劳动争议调解仲裁法》）、《中华人民共和国劳动合同法实施条例》（以下简称《劳动合同法实施条例》）和《职工带薪年休假条例》，各地也制定出台了一系列地方性法规和规章。目前，我国基本形成了以《劳动法》为基础、以《劳动合同法》和《劳动争议调解仲裁法》为主干、以相关法规和规章为配套的中国特色劳动关系法律体系框架，内容涉及劳动合同、集体协商和集体合同、企业工资分配、工作时间、休息休假、禁止使用童工、女职工和未成年工特殊劳动保护、劳动争议调解仲裁、劳动保障监察等各个方面，从制度上、法律上解决了发展和谐劳动关系中带有根本性、全局性和长期性的问题，推动了劳动关系调整机制的建立和完善。同时，通过开展法律宣传培训、加强指导服务、强化监督检查等，劳动行政部门依法行政、企业依法用工、劳动者依法维权的意识和能力明显提高，劳动关系协调进入了法制化、规范化的新阶段。

（二）劳动关系协调、劳动保障监察执法和劳动纠纷调处机制不断健全

劳动关系协调机制不断健全。一是劳动合同制度不断完善。劳动法施行后，劳动合同制度作为我国企业基本用工制度，实施范围扩大到各种所有制企业及其全体职工。劳动合同法及其实施条例相继施行后，劳动合同制度进一步完善。随着劳动合同制度的普遍实施，逐步替代了计划经济体制下“统包统配”的固定工制度，建立了企业自主用工、劳动者自主择业的新型劳动用工制度，实现了职工能进能出。劳动合同作为劳动关系双方依法自主订立的契约，成为明确双方权利和义务的重要载体，为规范和协调劳动关系发挥了重要的、基础性的作用。截至2010年年底，全国规模以上企业劳动合同签订率达到97%。二是集体协商和集体合同制度不断推进。1992年，工会法重新确立集体合同制度的法律地位，集体协商和集体合同制度开始在各类企业

逐步推行。一些地区针对非公有制中小企业的特点，对建立区域性、行业性集体合同制度进行了积极探索。目前，全国形成了以企业集体合同为主体，以区域性、行业性集体合同为补充的集体合同制度框架，集体合同制度覆盖面不断扩大，实效性逐步增强，初步建立了劳动关系双方依法自主调整集体劳动关系的机制。2010 年，全国经各级人力资源和社会保障部门审查的当期有效集体合同达 92.1 万份，覆盖职工 1.14 亿人。三是协调劳动关系三方机制建设不断加强。2001 年 8 月，由劳动和社会保障部、中华全国总工会、中国企业联合会/中国企业家协会共同建立了国家协调劳动关系三方会议制度。十年来，我国协调劳动关系三方机制建设取得了积极进展，全国各级三方组织达 1.4 万多个，促进了政府、工会和企业方面代表在构建和谐劳动关系中的沟通与合作，为解决劳动关系重大问题发挥了独特的作用。

劳动保障监察制度不断健全。1993 年，劳动部发布《劳动监察规定》后，逐步实现了对用人单位用工行为进行监管的法制化。1994 年 7 月，劳动法正式颁布，国家通过立法确立了劳动监察的性质和地位。2004 年 11 月，国务院颁布《劳动保障监察条例》，进一步健全了劳动保障监察制度。目前，全国已形成中央、省、市、县四级劳动保障监察组织体系。各级劳动保障监察机构不断创新工作机制，加大监察执法力度，保障各项劳动保障法律法规的贯彻实施，依法查处违反劳动保障法律法规的行为，维护了劳动者的合法权益。

劳动争议处理制度不断健全。1993 年 7 月，国务院颁布《企业劳动争议处理条例》，将劳动争议处理范围扩大到各类企业。劳动法进一步确立了劳动争议处理制度，明确了“协商、调解、仲裁、诉讼”的处理程序。2007 年 12 月，全国人大常委会颁布《劳动争议调解仲裁法》，确立了“鼓励协商、强化调解、完善仲裁、诉讼救济”的处理机制，进一步完善了劳动争议仲裁制度。目前，我国劳动争议调处组织体系基本形成，全国各省、市（地、州）、县普遍建立了劳动争议仲裁委员会，劳动争议仲裁办案机构实体化建设取得较大进展，企业劳动争议调解委员会建设逐步加强，许多地区在街道、乡镇及社区建立了区域性劳动争议调解组织。各地劳动争议调处机构及时处理了一大批劳动争议案件，有效地维护了当事人尤其是劳动者的合法权益。

（三）与现代企业制度相适应的企业工资分配制度初步形成

1992 年 7 月，国务院发布《全民所有制工业企业转换经营机制条例》，明确企业享有工资、奖金分配权。1993 年 11 月，党的十四届三中全会提出个人收入分配要坚持以按劳分配为主体、多种分配方式并存的制度，体现效率优先、兼顾公平的原则。劳动者的个人劳动报酬要引入竞争机制，打破平均主义，实行多劳多得，合理拉开差距。我国企业工资分配制度改革朝着市场化的方向不断向前推进，国有企业内部分配自主权进一步扩大，逐步取消了国家统一的企业工资等级标准，多数企业建立了以岗位工资为主的基本工资制度，积极探索管理、技术等生产要素参与收益分配的办法，充分调动了企业各类人员的积极性。

2002 年 11 月，党的十六大明确提出确立劳动、资本、技术和管理等生产要素按贡献参与分配的原则，进一步促进了市场机制对工资分配基础性调节作用的发挥。许多企业进一步加大了对经营管理人员的激励力度，实行了经营者年薪制。部分企业开展了股权激励改革试点，探索建立当期激励和长期激励相结合的收入分配制度。同时，积极探索建立适应市场经济要求的企业工资决定机制，在各类企业中积极推进工资集体协商工作。政府调控企业工资分配的职能和方式也逐步发生根本转变，调控范围从国有企业为主逐步转变为各类企业，调控内容从工资总额逐步转变为工资水平，调控方式从以行政手段直接调控为主逐步转变为综合运用法律、经济、信息和必要的行政手段进行间接调控。

为保障企业职工特别是低收入职工劳动报酬权益，1993 年我国开始建立最低工资制度。为充分发挥市场对企业工资分配的基础性调节作用，指导企业合理确定各岗位的工资水平，1997 年以来加强了企业工资收入宏观指导体系建设，通过发布工资指导线、劳动力市场工资指导价位以及行业人工成本信息等措施，间接指导企业合理确定岗位工资水平，引导企业在经济效益提高的基础上适度增加职工工资。目前，全国31个省、自治区、直辖市普遍建立了最低工资制度和工资指导线制度，287个地级以上城市建立了劳动力市场工资指导价位制度。

经过多年努力，初步形成了“市场机制调节、企业自主分配、平等协商确定、政府监督指导”的企业工资分配制度，有力地促进了经济增长和职工工资水平的提高。

（四）保障农民工合法权益取得了阶段性成果

农民工是我国改革开放和工业化、城镇化进程中涌现出的一支新型劳动大军。20世纪80年代改革开放初期，乡镇企业异军突起，大量农村劳动力离开土地进入乡镇企业，开创了以从事第二、第三产业为主的“就地进工厂”的就业局面。90年代，随着我国对外开放和市场化进程的加快，东部沿海地区对劳动力需求旺盛，一大批农村劳动力进城务工经商，开创了农村劳动力“离乡进工厂”的新局面。

进入21世纪，我国加入了WTO，经济全球化和我国工业化、城镇化的快速发展，使农民工队伍迅速发展壮大，进入了农村劳动力“进厂又进城”的新的发展时期。大规模的农村劳动力转移就业，改变了我国传统产业结构和劳动力布局，为工业增强了竞争力，为城市增加了活力，为改革开放增添了动力，为改变城乡二元结构、解决“三农”问题闯出了一条新路。

与此同时，也产生了各种亟待解决的突出问题，引发了许多社会矛盾。如农民工工资偏低，被拖欠现象严重；劳动时间长，安全条件差，职业病和工伤事故多发；缺乏社会保障；培训就业、子女上学、生活居住等方面也存在诸多困难。针对这些突出问题，2006年年初，国务院印发了《关于解决农民工问题的若干意见》，进一步明确了做好农民工工作的指导思想、基本原则和政策措施，开创了政府主导、全社会共同参与、逐步向城乡统筹迈进的农民工工作新格局。几年来，在党中央、国务院的正确领导下，各地、各部门以实现农民工“十有”（即进城有工作、劳动有合同、上岗有培训、报酬有保障、生产有安全、参保有办法、住宿有改善、维权有渠道、生活有文化、发展有目标）为重点，着力解决农民工面临的突出问题，取得了显著成绩。农民工外出务工就业环境明显改善，针对农民工的职业培训和就业服务工作不断加强，农民工工资拖欠问题得到明显遏制，工资水平逐步提高，劳动条件、工作环境、居住条件逐步改善，精神文化生活不断丰富，子女义务教育制度逐步落实，农村留守儿童的生活环境和教育状况也得到了改善。

专题 7

初步建立适应社会主义市场经济体制的劳动关系法律框架

【背　景】

改革开放初期，随着“三结合”就业方针的提出和实施，以及劳动用工和企业工资制度等以市场化为导向的改革逐步进行，我国对劳动关系立法进行了积极探索。国务院先后发布了劳动用工制度改革四项暂行规定和《国营企业劳动争议处理暂行规定》《女职工劳动保护规定》《全民所有制企业临时工管理暂行规定》《全民所有制企业招用农民合同制工人的规定》《禁止使用童工规定》等法规，劳动部发布了《私营企业劳动管理暂行规定》《女职工禁忌劳动范围的规定》等规章。这些法规和规章的颁布施行，为进一步深化劳动工资制度改革、建立劳动关系法律体系奠定了基础。

1992 年 10 月，中国共产党召开第十四次全国代表大会，确立了我国经济体制改革的目标是建立社会主义市场经济体制。1993 年 11 月，党的十四届三中全会作出了《关于建立社会主义市场经济体制若干问题的决定》，提出要“改革劳动制度，逐步形成劳动力市场”，“发展多种就业形式，运用经济手段调节就业结构，形成用人单位和劳动者双向选择、合理流动的就业机制”。1993 年年底，劳动部发出《关于建立社会主义市场经济体制时期劳动制度改革总体设想》，分析了劳动制度改革面临的形势和任务，指出了各项劳动工作与市场机制的重要联系，提出了建立市场机制决定、企业自主分配、政府监督调控的工资体制新思路，强调了保持相对稳定的劳动关系是保证劳动力市场正常运行的前提，要求通过建立健全适应社会主义市场经济的劳动关系调整制度，形成国家立法规范劳动关系、劳动者与用人单位自主建立和自行协调劳动关系、工会与企业代表参与协调劳动关系、劳动行政监察与仲裁司法保障劳动关系双方权益的机制。此后，围绕建立社会主义市场经济体制这一目标，我国劳动制度改革步伐逐步加快。

社会主义市场经济是法制经济。在加快推进劳动制度改革过程中，不仅已有的改革实践经验需要通过立法形式确定下来，而且进一步深化改革也需要强有力的法律保障。因此，1993 年以来，与劳动制度改革进程相适应，我国劳动关系立法进入了快速发展的新阶段。1993 年，国务院发布了《企业劳动争议处理条例》《国有企业富余职工安置规定》等法规，劳动部发布了《企业最低工资规定》《劳动监察规定》等规章。1994 年 7 月 5 日，在总结前期劳动制度改革和立法的基础上，八届全国人大常委会第八次会议正式审议通过了《劳动法》，自 1995 年 1 月 1 日起施行。劳动法是新中国成立以来第一部全面调整劳动关系、确定劳动标准的基本法律，它的颁布实施，是我国劳动法制建设的一个重要里程碑。进入 21 世纪，我国劳动法制建设进一步加速发展，《工伤保险条例》《禁止使用童工规定》《劳动保障监察条例》《职工带薪年休假条例》等相继颁布实施，特别是 2007 年以来，《劳动合同法》《中华人民共和国就业促进法》（以下简称《就业促进法》）和《劳动争议调解仲裁法》《中华人民共和国社会保险法》（以下简称《社会保险法》）陆续颁布实施，标志着与社会主义市场经济体制相适应的劳动关系法律体系框架基本形成。

【政策要点】

确立保护劳动者基本权益的劳动条件标准

工作和休息都是劳动者的基本权利。科学合理地安排工作时间和休息休假，让劳动者在工作之余得到充分的休息，可以使劳动者合理地运用体力智力，搞好工作学习、教育子女、料理家务，有秩序、有规划地从事劳动和生活，保障身心健康，减少伤亡事故，提高工作效率和劳动生产率。而由于女职工的身体结构、生理机能特点和生育、哺育、教育子女的需要，以及未成年工身体发育尚未完全定型等实际情况，在生产劳动过程中也有必要对其采取特殊的安全与健康保护措施。为保障职工的休息休假权益和女职工、未成年工的身体健康，《劳动法》及其有关配套法规规定了相应的基本制度，确立了法定最低劳动标准。在工时制度方面，按照规定，国家实行劳动者每日工作时间不超过 8 小时、平均每周工作时间不超过 40 小时，用人单位应当保证劳动者每周至少休息 1 日的工作时间标准。企业因生产特点不能实行标准工时制度的，经劳动行政部门批准，可以实行其他工作和休息办法。在休假制度方面，按照规定，我国全体公民放假的节日共计 11 天，包括：①新年，放假 1 天（1 月 1 日）；②春节，放假 3 天（农历除夕，正月初一、初二）；③清明节，放假 1 天（农历清明当日）；④劳动节，放假 1 天（5 月 1 日）；⑤端午节，放假 1 天（农历端午当日）；⑥中秋节，放假 1 天（农历中秋当日）；⑦国庆节，放假 3 天（10 月 1 日、2 日、3 日）。全体公民放假的节日，如果适逢星期六、星期日，应当在工作日补假。同时规定，机关、团体、企业、事业单位、民办非企业单位、有雇工的个体工商户等单位的职工连续工作 1 年以上的，享受带薪年休假。职工在年休假期间享受与正常工作期间相同的工资收入。职工享受年休假的天数按累计工作时间计算，累计工作已满 1 年不满 10 年的，年休假 5 天；已满 10 年不满 20 年的，年休假 10 天；已满 20 年的，年休假 15 天。国家法定休假日、休息日不计入年休假假期。单位确因工作需要不能安排职工休年休假的，经职工本人同意，可以不安排职工休年休假。对职工应休未休的年休假天数，单位应当按照该职工日工资收入的 300%支付年休假工资报酬。在女职工特殊劳动保护方面，我国法律明确禁止用人单位安排女职工从事矿山井下、国家规定的第四级体力劳动强度的劳动和其他禁忌从事的劳动。不得安排女职工在经期从事高处、低温、冷水作业和国家规定的第三级体力劳动强度的劳动。不得安排女职工在怀孕期间从事国家规定的第三级体力劳动强度的劳动和孕期禁忌从事的劳动。对怀孕 7 个月以上的女职工，不得安排其延长工作时间和夜班劳动。女职工生育享受不少于 90 天的产假。不得安排女职工在哺乳未满 1 周岁的婴儿期间从事国家规定的第三级体力劳动强度的劳动和哺乳期禁忌从事的其他劳动，不得安排其延长工作时间和夜班劳动。在未成年工特殊劳动保护方面，按照规定，用人单位不得安排年满 16 周岁未满 18 周岁的未成年工从事矿山井下、有毒有害、国家规定的第四级体力劳动强度的劳动和其他禁忌从事的劳动。用人单位应当定期对未成年工进行健康检查。此外，国家有关法律还规定了保护职工劳动安全卫生权利的基本制度，确立了相应的劳动标准。

确立适应社会主义市场经济要求的劳动合同制度

《劳动法》《劳动合同法》的颁布实施，从法律层面上确立了适应市场经济体制要求的劳动合同制度，把协调劳动关系工作纳入了法制轨道。按照法律规定，劳动合同是劳动者与用人单位之间确立劳动关系、明确双方权利和义务的协议。劳动合同的订立和变更，应当遵循平等自愿、协商一致、依法订立的原则，不得违反法律、行政法规的规定。劳动合同应当以书面形式订立。劳动合同应当具备以下条款：用人单位的名称、住所和法定代表人或者主要负责人；劳动者的姓名、住址和居民身份证或者其他有效身份证件号码；劳动合同期限；工作内容和工作地点；工作时间和休息休假；劳动报酬；社会保险；劳动保护、劳动条件和职业危害防护；法律、法规规定应当纳入劳动合同的其他事项。违反法律法规或者采取欺诈、威胁等手段订立或者内容显失公平的劳动合同无效。劳动合同期限分为有固定期限、无固定期限和以完成一定的工作为期限三种类型。劳动合同的解除一般包括法定解除和协商一致解除两种情况。法定解除是指出现违反国家法律法规或合同规定的情况时，不需双方一致同意，合同效力都可以自然或由单方提出提前终止。协商解除是指合同双方当事人因某种原因，经自愿协商一致同意解除劳动合同的法律行为。法律法规对劳动合同的单方面解除分别从用人单位和劳动者两个方面作出了规定。

确立适应社会主义市场经济要求的集体协商和集体合同制度

集体协商和集体合同制度是市场经济条件下调整集体劳动关系的重要手段，是其他市场经济国家的通行做法。它是充分发挥工会在协调劳动关系中的地位和作用的有效形式，可以弥补劳动法律、法规的不足，有利于从整体上维护劳动者的合法权益，巩固和发展和谐劳动关系。集体合同是由工会代表职工或者由职工推举的代表与用人单位（雇主）通过平等协商，就劳动报酬、工作时间、休息休假、劳动安全卫生、社会保险和福利等事项订立的书面协议。按照我国法律规定，企业职工一方可以与用人单位订立集体合同；在县级以下区域内，建筑业、采矿业、餐饮服务业等行业可以由工会与企业方面代表订立行业性集体合同，或者订立区域性集体合同。集体合同订立后，应当报送劳动行政部门；劳动行政部门自收到集体合同文本之日起 15 日内未提出异议的，集体合同即行生效。依法订立的集体合同对用人单位和劳动者具有约束力。行业性、区域性集体合同对当地本行业、本区域的用人单位和劳动者具有约束力。集体合同中劳动报酬和劳动条件等标准不得低于当地人民政府规定的最低标准；用人单位与劳动者订立的劳动合同中劳动报酬和劳动条件等标准不得低于集体合同规定的标准。用人单位违反集体合同，侵犯职工劳动权益的，工会可以依法要求用人单位承担责任；因履行集体合同发生争议，经协商解决不成的，工会可以依法申请仲裁、提起诉讼。因签订集体合同发生争议，当事人协商解决不成的，当地人民政府劳动行政部门可以组织有关各方协调处理。

集体合同与劳动合同的区别主要在于：第一，两者的法律关系主体不同。劳动合同的法律关系当事人一方是劳动者，另一方是用人单位；而集体合同的法律关系双方都是组织，一方是用人单位，另一方是工会组织。第二，两者的内容不同。劳动合同的内容是个性的，即对劳动者个人设立的条件；而集体合同的内容是共性的，是对一个单位的全体劳动者设立的条件。第三，两者的法律效力不同。在一个单位里，劳动合同的标准不能低于集体合同，也就是说，集体合同的法律效力高于劳动合同。

确立适应社会主义市场经济要求的工资分配制度

工资是以货币形式支付给劳动者的劳动报酬，是保障劳动者本人及其家庭成员生活的主要来源，是调整国家、集体、个人之间利益关系和调节劳动力供求、实现劳动力合理配置的重要杠杆。工资问题直接涉及劳动者的切身利益，关系到劳动者生活水平的改善和劳动者素质的提高，是一个重要的经济和社会问题。《劳动法》专章规定了工资分配应当遵循按劳分配、同工同酬的原则，确立了工资水平在经济发展的基础上逐步提高，国家对工资总量实行宏观调控，明确了用人单位根据本单位的生产经营特点和经济效益，依法自主确定本单位的工资分配方式和工资水平。同时规定，国家实行最低工资保障制度。工资应当以货币形式按月支付给劳动者本人，不得克扣或者无故拖欠劳动者的工资。劳动者在法定休假日和婚丧假期间以及依法参加社会活动期间，用人单位应当依法支付工资。用人单位安排劳动者工作日延长工作时间、休息日工作又不能安排补休或者安排法定休假日工作的，应分别按照不低于劳动者正常工作时间工资的150%、200%和300%支付工资报酬。劳动法颁布实施后，我国企业工资分配制度改革按照法律确定的原则不断深入推进，进一步落实了企业工资分配自主权，打破了内部分配的平均主义和“一刀切”的工资分配方式，初步建立起以工资集体协商为主要形式的企业职工工资正常增长机制；同时，政府积极转变对企业工资分配的管理职能，逐步建立了以工资指导线、劳动力工资指导价位、最低工资标准为主要内容的企业工资分配宏观指导调节制度。

建立适应社会主义市场经济要求的劳动争议处理制度和劳动保障监察制度

劳动争议处理和劳动保障监察是调整劳动关系的重要法律手段，对保护劳动关系双方当事人的合法权益、促进劳动关系和谐稳定具有十分重要的作用。1987年，我国恢复了国营企业劳动争议处理制度。1993年，国务院颁布实施了《企业劳动争议处理条例》，将劳动争议处理制度的适用范围扩大到所有企业，并规定国家机关、事业单位、社会团体与本单位工人之间，个体工商户与帮工、学徒之间发生的劳动争议参照执行。1994年颁布的《劳动法》设专章进一步规定了劳动争议处理制度，确立了"一调一裁两审"的劳动争议处理体制。2007年12月29日，十届全国人大常委会第三十一次会议审议通过了《劳动争议调解仲裁法》，于2008年5月1日开始实施。该法总结了我国恢复劳动争议处理制度20年来的经验做法，改进了劳动争议处理方式和程序，立足于公正及时解决劳动争议，加强调解组织的作用，完善了劳动争议的仲裁制度，从法律程序上加强对劳动关系双方当事人合法权益的保护，对保护劳动关系双方当事人的合法权益、促进劳动关系和谐稳定具有十分重要的作用。一是扩大了调解组织的范围，强化了调解的法律效力；二是对部分劳动争议案件实行"一裁终局"制；三是缩短劳动争议仲裁委员会审理时限，规定应当自受理仲裁申请之日起45日内结束；四是延长仲裁时效，将申请仲裁的时效由60天延长到1年，同时增加了时效中断、中止的规定；五是规定劳动争议仲裁不收费，使当事人申诉更为便利；六是强化用人单位提供证据的责任，规定与争议事项有关的证据属于用人单位掌握管理的，用人单位应当提供，用人单位不提供的，应当承担不利后果。

在劳动保障监察工作方面，我国于1993年开始建立劳动监察制度。1994年颁布的《劳动法》就劳动监察工作作了原则规定，明确县级以上各级人民政府劳动行政部门依法对用人单位遵守劳动法律、法规的情况进行监督检查，对违法行为有权制止，并责令改正。同时，规定了用人单位违反法律、法规应承担的法律责任。2004年11月，国务院颁布《劳动保障监察条例》，扩大了劳动保障监察的适用范围，明确了地方各级人民政府劳动行政部门实施劳动保障监察的职责，确立了劳动保障监察执法主体和监察员资格制度，规范了劳动保障监察程序，加大了对违反劳动保障法律、法规或者规章行为的处罚力度。《劳动保障监察条例》的出台，进一步完善了我国劳动保障法律体系，标志着劳动保障监察工作进入一个新的发展时期。

【典型事件】

➢《劳动法》颁布实施

新中国成立后，制定《劳动法》的工作起始于 1956 年。在颁布了第一部《宪法》后，党和国家提出必须健全法律体系。为此，国家成立了一系列立法小组，如全国人大常委会分别成立了《民法》《刑法》起草机构。1956 年，劳动部也成立了《劳动法》起草小组，由当时劳动部常务副部长毛齐华同志主持起草工作，酝酿草案和收集各国劳动法资料，组织翻译外国劳动立法著作。1957 年反右斗争开始后，这一工作有所削弱，但仍不定期地召开研讨会。1958 年全国开始人民公社化运动以后，受极“左”思潮泛滥影响，起草工作停顿了下来。这是新中国成立后第一次起草《劳动法》，在我国劳动立法史上写下了珍贵的一页。

1978 年 12 月，邓小平同志在中央工作会议上作了关于《解放思想，实事求是，团结一致向前看》的讲话，强调要加快社会主义法制建设，明确提出要尽快制定包括《劳动法》在内的十部法律。1979 年年初，国家劳动总局成立了新的《劳动法》起草小组，邀请有关专家学者和全国总工会代表参加起草工作，经过半年时间，于 1979 年 7 月 1 日形成《劳动法》初稿。此后用了近四年时间征求意见，进行论证，反复修改，至 1983 年 3 月形成《劳动法》草案第 17 稿。1983 年 3 月 29 日，经国务院常务会议讨论并原则通过，1983 年 7 月将修改后的第 18 稿作为“送审稿”提交全国人大常委会审议。但由于当时我国经济体制改革刚刚起步，劳动领域各方面的大政方针和政策需要调整，加上人们对制定一部什么样的《劳动法》认识尚不一致，这次提交全国人大常委会的《劳动法》送审稿没有进入正式审议程序，起草工作暂停下来。

随着劳动制度改革的逐步深入，《劳动法》的起草工作越来越受到社会各界人士的关注，《法制日报》刊载了题为《为〈劳动法〉催生》的文章，深圳报刊也登载了《深圳需要〈劳动法〉》的文章。在1989年召开的全国人民代表大会上，时任副委员长的倪志福同志积极倡议加快制定《劳动法》。同时，在全国政协会议上，时任中华全国总工会副主席的陈宇委员联合了20余名全国政协委员呼吁尽快制定《劳动法》，提出必须迅速纠正“野生动物保护有法，而人无劳动法”的局面。在这一形势下，一度被搁置的《劳动法》起草工作再次启动。1989年，劳动部重新组织起草《劳动法》。1991年7月4日，经国务院批准，成立了由劳动部、国务院法制局、全总、机电部、能源部、国家计委、国务院生产办、体改委、人事部、卫生部等十个部委领导组成的起草领导小组，领导小组在劳动部政策法规司下设办公室。经过两年多的艰苦工作，于1991年形成报送国务院的法律草案。但由于有关人员变化和认识尚未统一等问题，致使《劳动法》的起草工作又一次中途搁浅。

从1993年开始，随着建设中国特色的社会主义市场经济目标的确立，《劳动法》的起草工作步入了快车道，工作顺利展开。国务院法制局、劳动部、全国总工会三家联合组成了修改小组，根据邓小平同志南巡讲话和党的十四大精神开始调研和修改工作，集中对《劳动法》进行了三次修改。1994年1月7日，经国务院第14次常务会议讨论并原则通过，2月份将修改后的《劳动法》草案送审稿再次报全国人大常委会。1994年3月2日，八届全国人大常委会第六次会议对《劳动法（草案）》进行了初审。会后，全国人大常委会广泛征求各方意见，并对法律草案再次进行了认真的修改、补充，最后正式提交全国人大常委会审议。1994年7月5日，八届全国人大常委会第八次会议对《劳动法（草案）》进行了第二次审议，通过并正式颁布了这部法律，自1995年1月1日起施行。

《劳动法》的颁布实施，是我国政治、经济生活中的一件大事，影响深远，意义重大。它丰富和完善了社会主义市场经济法律体系，标志着我国劳动法制建设进入了一个新阶段，有力地推动了劳动体制改革向纵深发展，为依法调整劳动关系、保护劳动者权益提供了强有力的法律保障，对于提高我国的国际声望也产生了积极的影响，为经济社会平稳快速发展作出了重要贡献。

➢ 适应社会主义市场经济要求的劳动保障法律体系框架基本形成

在《劳动法》颁布实施之后，特别是进入21世纪以来，我国劳动保障法制建设取得了突飞猛进的发展。1999年，国务院颁布《失业保险条例》(中华人民共和国国务院令第258号)、《社会保险费征缴暂行条例》(中华人民共和国国务院令第259号)；2002年，国务院重新修订发布《禁止使用童工规定》(中华人民共和国国务院令第364号)；2003年，国务院颁布《工伤保险条例》(中华人民共和国国务院令第375号)；2004年，国务院颁布《劳动保障监察条例》(中华人民共和国国务院令第423号)；2007年6月29日，十届全国人大常委会第二十八次会议审议通过了《劳动合同法》(中华人民共和国主席令第65号)，8月30日十届全国人大常委会第二十九次会议审议通过了《就业促进法》(中华人民共和国主席令第70号)，12月7日国务院第198次常务会议审议通过了重新修订的《全国年节及纪念日放假办法》(中华人民共和国国务院令第513号）和《职工带薪年休假条例》（中华人民共和国国务院令第514号)，12月29日十届全国人大常委会第三十一次会议审议通过了《劳动争议调解仲裁法》(中华人民共和国主席令第80号)；2008年9月3日，国务院第25次常务会议审议通过了《劳动合同法实施条例》（中华人民共和国国务院令第535号)；2010年10月28日，十一届全国人大常委会第十七次会议审议通过了《社会保险法》(中华人民共和国主席令第35号)。各地也制定颁布了一系列地方性法规和规章。至此，我国以《宪法》为依据、以《劳动法》为基础、以《劳动合同法》《就业促进法》《劳动争议调解仲裁法》《社会保险法》为主干、以相关法规和规章为配套的劳动保障法律体系框架基本形成。劳动保障法律体系的逐步健全，特别是四大主干法律的相继颁布实施，为促进就业、构建和谐劳动关系、完善社会保险等各项劳动保障工作提供了重要的法律保障。

【成就与评价】

适应社会主义市场经济体制的劳动保障法律体系框架的初步建立，从立法层面进一步加强了劳动标准体系建设，完善了劳动合同制度以及集体协商和集体合同制度，确立了协调劳动关系三方机制的法律地位，健全了劳动保障监察制度和劳动争议调解仲裁制度，基本形成了“劳动关系双方自主协商，社会三方协调，政府依法调整”的劳动关系工作格局，初步实现了劳动关系调整的法制化和规范化，不仅为保障劳动者和企业的合法权益、保持劳动关系总体和谐稳定、促进国民经济的健康发展和维护社会和谐发挥了重要作用，而且对于推动劳动领域改革进一步深化，更好地构建规范有序、公正合理、互利共赢、和谐稳定的劳动关系，促进社会主义和谐社会建设，都具有深远的历史意义。

【大事记】

1992年

7月23日，国务院颁布《全民所有制工业企业转换经营机制条例》，赋予企业劳动用工自主权、内部分配自主权。

1993年

7月6日，国务院颁布《中华人民共和国企业劳动争议处理条例》（中华人民共和国国务院令第117号），自1993年8月1日起施行。

11月14日，党的十四届三中全会通过了《关于建立社会主义市场经济体制若干问题的决定》，勾画了社会主义市场经济体制的基本框架。

1994年

7月5日，八届全国人大常委会第八次会议审议通过了《劳动法》，自1995年1月1日起施行。

1995年

3月25日，国务院颁布关于修改《国务院关于职工工作时间的规定》的决定（中华人民共和国国务院令第174号），将每周工作时间缩短为40小时。

1999年

9月18日，国务院修订发布《全国年节及纪念日放假办法》（中华人民共和国国务院令第270号），法定节假日天数由7天增加到10天。

2002年

10月1日，国务院修订发布《禁止使用童工规定》（中华人民共和国国务院令第364号）。

2004年

10月26日，国务院颁布《劳动保障监察条例》（中华人民共和国国务院令第423号），自2004年12月1日起施行。

2005年

10月至12月，全国人大常委会组织开展对《劳动法》实施情况的执法检查。

2007年

6月29日，十届全国人大常委会第二十八次会议审议通过了《劳动合同法》（中华人民共和国主席令第65号），自2008年1月1日起施行。

8月30日，十届全国人大常委会第二十九次会议审议通过了《就业促进法》（中华人民共和国主席令第70号），自2008年1月1日起施行。

12月7日，国务院第198次常务会议审议通过了重新修订的《全国年节及纪念日放假办法》（中华人民共和国国务院令第513号），法定节假日天数由10天增加到11天。同日，国务院第198次常务会议审议通过了《职工带薪年休假条例》（中华人民共和国国务院令第514号），自2008年1月1日起施行。

12月29日，十届全国人大常委会第三十一次会议审议通过了《劳动争议调解仲裁法》（中华人民共和国主席令第80号），自2008年5月1日起施行。

2008年

6月，政协全国委员会开展《劳动合同法》贯彻实施情况视察工作。

9 月 3 日，国务院第 25 次常务会议审议通过了《劳动合同法实施条例》(中华人民共和国国务院令第 535 号)，自 2008 年 9 月 18 日起施行。

9 月至 12 月，全国人大常委会组织开展对《劳动合同法》实施情况的执法检查。

2010 年

10 月 28 日，十一届全国人大常委会第十七次会议审议通过了《社会保险法》(中华人民共和国主席令第 35 号)，自 2011 年 7 月 1 日起施行。

专题 8

全面实施劳动合同制度

【背　景】

1993 年党的十四届三中全会召开以后，随着我国社会主义市场经济体制的逐步建立与发展，以及国有企业改革的深入进行和城乡就业壁垒被打破，劳动用工环境发生了深刻变化。一是劳动力市场建设得到迅速发展，市场就业方针逐步实施和就业制度改革不断深化，市场机制在劳动力资源配置中越来越发挥基础性作用，企业和劳动者逐渐成为劳动力市场上参与竞争、双向选择的市场主体。二是以转换企业特别是大中型企业经营机制、建立现代企业制度为主要内容的国有企业改革逐步深化，要求进一步扩大国有企业用工自主权，改革固定用工制度，建立人员能进能出的用工机制。三是以公有制经济为主体、多种所有制经济共同发展的基本经济制度逐步确立，非公有制经济蓬勃发展，在非公有制企业就业人数快速增长，并远远超过国有企业和集体企业从业人数。同时，随着农村改革和统筹城乡就业的推进，大批农村富余劳动力逐步向非农产业和城镇转移就业。企业用工方式和劳动者的就业形式也越来越多样化，劳务派遣、非全日制、兼职等成为重要的就业方式，改变了过去全日制就业的单一就业格局，形成了以全日制就业为主，劳务派遣、非全日制以及兼职等多种方式并存的就业新格局。因此，必须配套进行劳动用工制度改革，建立与之相适应的、统一规范的劳动合同制度，有效保障劳动者的合法权益。总的来说，所有这些变化都要求不断扩大劳动合同制度实施范围，完善劳动合同制度。

为适应整个经济体制改革对劳动用工制度改革提出的新要求，我国从 1992 年开始，在部分地区和企业进行了全员劳动合同制试点。在取得实践经验的基础上，1994 年 7 月 5 日，八届全国人大常委会第八次会议审议通过了《劳动法》，以法律形式正式确立了劳动合同制度，决定从 1995 年 1 月 1 日起，在各类企业和与之形成劳动关系的劳动者中全面实施。根据此后我国经济体制和劳动关系的进一步深刻变化，针对劳动合同制度实施中存在的一些问题，2007 年 6 月 28 日，十届全国人大常委会第二十八次会议审议通过了《劳动合同法》。2008 年 9 月 18 日，国务院又颁布了《劳动合同法实施条例》，进一步健全和完善了劳动合同制度。

【政策要点】

逐步扩大劳动合同制度实施范围

按照《劳动法》的规定，我国各类企业、个体经济组织和与之形成劳动关系的劳动者，都要实行劳动合同制度；国家机关、事业组织、社会团体和与之建立劳动合同关系的劳动者，依照本法执行。不仅将劳动合同制度实施范围从国有企业新招城镇职工扩大到全体职工，打破了用工双轨制，而且对各类所有制企业、个体经济组织的全体职工和机关事业单位、社会团体的部分劳动者全面实施了劳动合同制。《劳动合同法》进一步扩大了劳动合同制度实施范围，明确规定企业、个体经济组织、民办非企业单位等组织与劳动者建立劳动关系，订立、履行、变更、解除或者终止劳动合同，适用劳动合同法；国家机关、事业单位、社会团体和与其建立劳动关系的劳动者，订立、履行、变更、解除或者终止劳动合同，依照劳动合同法执行。《劳动合同法实施条例》进一步明确，依法成立的会计师事务所、律师事务所等合伙组织和基金会，属于劳动合同法规定的用人单位。

完善劳动合同制度相关规定

《劳动法》对劳动合同的订立、履行、变更、解除或者终止作出了一般规定，确立了劳动合同制度基本框架。《劳动合同法》在坚持劳动合同制度基本框架的基础上，针对实施中存在的主要问题，对其中一系列规定作出了较大幅度的修订、调整，进一步完善了劳动合同制度。一是完善了劳动合同期限规定。《劳动法》规定劳动合同期限分为有固定期限、无固定期限和以完成一定的工作为期限，但没有对固定期限劳动合同的适用范围、期限以及签订次数予以规定，并且到期终止也不需向劳动者支付经济补偿金，这一制度设计是造成劳动合同短期化的主要原因，在一定程度上影响了职工的就业稳定感和对企业的归属感，影响了其为企业长期服务的工作热情和职业规划，对企业健康发展、社会和谐稳定不利。为促进劳动者就业稳定，《劳动合同法》规定了用人单位必须签订无固定期限劳动合同的三种情形，即劳动者在该用人单位连续工作满 10 年的；用人单位初次实行劳动合同制度或者国有企业改制重新订立劳动合同时，劳动者在该用人单位连续工作满 10 年且距法定退休年龄不足 10 年的；连续订立两次固定期限劳动合同，续订劳动合同的。二是强化了用人单位签订书面劳动合同的责任。《劳动法》规定了劳动合同应当以书面形式订立，但没有规定具体的法律责任，缺乏强制执行力。为从源头上减少争议，《劳动合同法》规定用人单位自用工之日起超过 1 个月不满 1 年未与劳动者签订书面劳动合同的，向劳动者每月支付两倍的工资，满 1 年仍未订立书面劳动合同的，视为已订立无固定期限劳动合同。三是规范了试用期规定。针对部分用人单位存在滥用试用期现象，《劳动合同法》对试用期的最长期限和工资待遇作了详细的规定。明确试用期根据劳动合同期限的长短分为 1 个月、2 个月和 6 个月三种，同一用人单位与同一劳动者只能约定一次试用期；劳动者在试用期的工资不得低于本单位相同岗位最低档工资或者劳动合同约定工资的 80%，并不得低于用人单位所在地的最低工资标准。四是扩大了经济补偿的适用范围。《劳动法》规定的经济补偿金主要适用于用人单位依法行使单方解除劳动合同或者与劳动者协商一致解除劳动合同的情形，而不适用于劳动者依法解除劳动合同的情形。《劳动合同法》根据现实需要增加了用人单位有未及时足额支付劳动报酬的或未依法为劳动者缴纳社会保险费等六种情形之一，劳动者解除劳动合同的，用人单位应当支付经济补偿。同时规定，固定期限劳动合同期满终止，用人单位不续订劳动合同的，应当向劳动者支付经济补偿。五是根据实际需要，增加了维护用人单位合法权益的内容。比如，为了保护用人单位商业秘密，促进创新和公平竞争，新规定了竞业限制制度；为了适应企业结构调整、参与市场竞争的需要，放宽了用人单位依法解除劳动合同的条件，新规定了因企业转产、重大技术革新、经营方式调整，经变更劳动合同后，仍需裁减人员的；其他因劳动合同订立时所依据的客观经济情况发生重大变化，致使劳动合同无法履行的，企业可以依法裁减人员。

对劳务派遣、非全日制用工作出专门规范

针对我国劳动力市场用工形式多样化的发展趋势，《劳动合同法》在进一步完善全日制用工规范的基础上，对劳务派遣和非全日制用工专门进行了规范，从而拓展了法律适用的范围，使不同就业形态下的劳动者的合法权益都能得到有效保护。一是针对劳务派遣这种新的用工形式，对用工单位应承担的连带责任、劳务派遣单位与被派遣劳动者签订劳动合同的期限以及被派遣劳动者享有同工同酬和参加工会的权利等方面作出了具体规定。按照法律规定，只有依法设立的能够独立承担民事法律责任且具备一定经济实力以承担对被派遣劳动者义务的公司法人才能专门从事劳务派遣经营。劳务派遣单位应当与被派遣劳动者订立两年以上的固定期限劳动合同，按月支付劳动报酬，被派遣劳动者在无工作期间，劳务派遣单位应当按照所在地人民政府规定的最低工资标准向其按月支付报酬。劳务派遣单位应当与用工单位订立劳务派遣协议，约定派遣岗位和人员数量、派遣期限、劳动报酬和社会保险费的数额与支付方式以及违反协议的责任；劳务派遣单位应当将劳务派遣协议的内

容告知被派遣劳动者，不得克扣用工单位按照协议支付给被派遣劳动者的劳动报酬。针对存在劳动关系三方主体的特殊情形，除了明确劳务派遣单位应当承担用人单位义务外，还规定了用工单位应当履行的义务，限定劳务派遣一般在临时性、辅助性或者替代性工作岗位上实施。二是对非全日制用工从法律层面上作出了与全日制用工不同的特别规范，既满足了用人单位灵活用工和劳动者自主择业的需要，又体现了对劳动者合法权益的保护。按照法律规定，从事非全日制用工的劳动者可以与一个或者一个以上用人单位订立劳动合同；劳动合同可以口头协议形式订立；双方当事人不得约定试用期，任何一方都可以随时通知对方终止用工，且用人单位不向劳动者支付经济补偿；非全日制用工的小时计酬标准不得低于用人单位所在地人民政府规定的最低小时工资标准，且劳动报酬结算周期最长不得超过 15 日。

【典型事件】

➢ 有步骤地全面实施劳动合同制度

1986 年，我国对国营企业新招城镇职工实行劳动合同制度后，劳动合同制职工人数逐年上升，在企业内部出现了原有固定工和劳动合同制两种用工制度长期并存的问题。这种“双轨制”并行既给企业正常的用工管理带来了困难，也不利于巩固和发挥劳动合同制度的优越性。1992 年，我国开始在部分地区和企业单位进行全员劳动合同制试点。试行全员劳动合同制是劳动制度的深层次改革，由于受到社会环境、历史背景和职工心理承受能力等多方面因素的影响，改革不可能一步到位，因此，当时要求各地既要勇于探索，大胆创新，又要积极稳妥，逐步深化。各地在试行过程中坚持了以下原则：提高经济效益和社会效益的原则；劳动力合理配置的原则；平等竞争、协商一致的原则；企业和职工双方自愿的原则。到 1994 年，试点工作取得了较好的成效，为全面实行劳动合同制度打下了坚实的基础。

随着社会主义市场经济体制改革的深入，实行全员劳动合同制客观条件逐步成熟。1994 年 7 月 5 日，《劳动法》正式颁布，明确规定企业用工统一实行劳动合同制，自 1995 年 1 月 1 日起施行。随后，原劳动部下发了《关于全面实行劳动合同制的通知》（劳部发［1994］360 号），要求各地认真总结本地区近几年来进行劳动制度改革的经验，按照《劳动法》的有关规定，提出切实可行的劳动合同制实施步骤。其中，具有较好改革环境和基本具备实施条件的地区，如广东、海南、福建、上海、浙江、北京、山西、吉林、山东、河南、四川等省市应在 1995 年全面实行劳动合同制，天津、辽宁、河北、湖南、湖北、广西、江西、甘肃、宁夏等省区市到 1995 年年底，应有 80%以上的企业和职工实行劳动合同制；正在积极创造条件的其他省份，要力争在 1996 年上半年全面实行劳动合同制。到 1996 年年底，除个别地区和少数具有特殊情况的企业外，应基本在全国范围内全面实行劳动合同制。国家重点行业要结合现代企业制度的建立，加快本行业劳动合同制的推行。国务院有关部门直属企业要按照所在地人民政府制定的劳动合同制实施步骤，与所在地企业同步实行劳动合同制。同时，规定企业要建立和完善劳动合同管理制度，根据《劳动法》的规定，完善有关政策，强化劳动合同管理，制定符合新型劳动用人制度的管理办法。

各省、自治区、直辖市人民政府根据《劳动法》的规定和原劳动部的通知要求，制订了本地区全面实行劳动合同制的实施方案，电力、铁路等 26 个行业的主管部门也下发了文件，要求所属企业按地方政府的部署与地方企业同步实行劳动合同制。截至 1995 年 12 月底，全国实行劳动合同制的企业职工人数已达 9 152. 2 万人，约占全国职工人数的 85%，完成了国务院预定的目标，其中进展较快的山西、山东、江苏、吉林等省，签订劳动合同的职工人数达到 95%以上，标志着我国企业已基本全部实行了劳动合同制。截至 1999 年年底，随着现代企业制度的建立和完善，劳动合同签订率再创新高，全国城镇国有企业、集体企业和外商投资企业实行劳动合同制的职工人数已达 98. 1%。

劳动合同制的全面实施，标志着我国劳动制度改革获得了成功。通过实施这项法律制度，加大了运用法律手段调整劳动关系、保护劳动者和用人单位合法权益的力度，这无疑是我国劳动法制建设所取得的巨大成果，为我国劳动法史写下了光辉的一页。

➢《劳动合同法》颁布施行

《劳动法》颁布以后，原劳动部相继出台了《企业经济性裁减人员规定》《违反和解除劳动合同的经济补偿办法》《违反〈劳动法〉有关劳动合同规定的赔偿办法》《关于贯彻执行〈中华人民共和国劳动法〉若干问题的意见》等配套规章，全国有 20 多个省、自治区、直辖市颁布了地方性配套法规或政府规章，基本形成了劳动合同政策法规体系，为实行劳动合同制度提供了坚强的法律保障，有力地推动了这项制度的全面实施。

但随着我国经济社会的不断深入发展，特别是随着经济体制深刻变革、利益格局深刻调整、思想观念深刻变化，劳动关系也进一步发生了深刻变化，现行劳动合同制度逐渐反映出一些不相适应的问题。例如，一些用人单位不依法与劳动者签订劳动合同，随意解除劳动关系，滥用试用期和劳务派遣，限制劳动者自由择业和合理流动；一些用人单位为规避法定义务，不愿与劳动者签订长期合同，劳动合同短期化倾向明显，影响了劳动关系的和谐稳定，等等。针对这些问题，连续多年在全国人民代表大会上，不少代表提出议案与建议，要求细化劳动法有关劳动合同的规定，尽早出台一部劳动合同法。2005 年全国人大常委会劳动法执法检查情况也表明，由于劳动合同有关规定不具体，对用人单位合同义务的规定不够，使劳动合同签订率偏低，内容不规范，严重影响劳动者合法权益的保护和劳动合同制度的全面实施，迫切需要根据劳动法确立的原则和有关规定，制定一部专门规范市场经济条件下劳动合同制度的法律，对劳动合同的订立、履行、解除或者终止以及相应的法律责任等作出明确具体的规定。因此，《劳动合同法》应运而生。

《劳动合同法》的立法过程并非一帆风顺。早在 1996 年，这部法律就已列入国务院的立法日程，由于某些原因，1998 年的起草工作暂时搁置。随着

《劳动法》实施过程中涉及劳动合同的问题和争议越来越多，必须通过立法才能解决这些问题，至2004年年底，《劳动合同法》的立法工作又重新启动。2005年，《劳动合同法》被列为国务院重点立法事项。当年一季度，国务院法制办在原劳动和社会保障部报审稿的基础上，广泛征求意见，形成《劳动合同法（草案）》；10月28日，国务院常务会议讨论通过了《劳动合同法（草案）》，决定提交全国人大常委会进行审议。2005年12月24日，全国人大常委会对《劳动合同法（草案）》进行了第一次审议。2006年3月，全国人大常委会决定将《劳动合同法（草案）》一审稿向社会公开征求意见，共征集到社会各界和职工群众通过各种形式对《劳动合同法（草案）》提出的19万多条修改意见和建议。全国人大常委会法工委在综合所征求意见和建议的基础上，形成了《劳动合同法（草案）》二审稿。2006年12月24日，全国人大常委会对《劳动合同法（草案）》进行了第二次审议。全国人大常委会法工委根据常委会委员的审议情况以及有关部门和工会的意见，对二审稿进行了修改。2007年4月24日，全国人大常委会对《劳动合同法（草案）》进行了第三次审议。根据第三次审议情况，全国人大常委会法工委对个别问题做了适当修改后，2007年6月24日，由全国人大法律委提请全国人大常委会对《劳动合同法（草案）》进行第四次审议。2007年6月29日，全国人大常委会以145票赞成、0票弃权、0票反对的审议结果通过了《劳动合同法》。同日，中华人民共和国主席胡锦涛以中华人民共和国主席令第65号正式颁布了《劳动合同法》，自2008年1月1日起施行。2008年9月18日，国务院颁布施行《劳动合同法实施条例》。这是自《劳动法》颁布实施以来，我国劳动和社会保障法制建设中的又一个里程碑。《劳动合同法》及其实施条例的颁布施行，对于更好地保护劳动者的合法权益，构建和发展和谐稳定的劳动关系，促进社会主义和谐社会建设，具有十分重要的意义。

2008年12月25日，在第十一届全国人民代表大会常务委员会第六次会议上，全国人大常委会副委员长华建敏就全国人民代表大会常务委员会执法检查组关于检查《劳动合同法》实施情况作了报告，肯定了《劳动合同法》

实施一年所取得的成效。主要表现在：一是劳动合同签订率明显上升；二是新签劳动合同的平均期限有所延长；三是劳动者的合法权益得到进一步维护。

➢ 开展劳动合同制度实施专项行动

为推进劳动合同制度的全面实施，原劳动和社会保障部会同中华全国总工会、中国企业联合会/中国企业家协会在全国部署开展了一系列专项行动。

1. 全面推进劳动合同制度实施三年行动计划。《劳动法》颁布以来，全国实施劳动合同制度工作取得很大进展，但是在实施中也出现了一些新问题：一些企业不依法与职工签订劳动合同，有的合同规定的内容显失公平甚至存在违法条款，有的企业随意辞退职工现象突出等。这些问题的存在，严重侵害了职工合法权益，导致劳动争议案件不断上升，甚至引发群体性事件，在一定程度上影响到经济社会的健康发展。针对这些突出问题，2005 年 12 月 28 日，全国人大常委会在《劳动法》执法检查报告中提出了“采取有效措施，用三年时间实现各类企业与劳动者依法签订劳动合同”的要求。这是全国人大常委会根据我国劳动关系发展的新形势提出的一项重要任务。为完成好这项任务，进一步从源头上规范劳动关系，维护职工和企业双方合法权益，2006 年 3 月，劳动和社会保障部、中华全国总工会、中国企业联合会/中国企业家协会联合下发了《关于印发全面推进劳动合同制度实施三年行动计划的通知》(劳社部发［2006］13 号)，决定从 2006 年到 2008 年，用三年时间实现全国各类企业与劳动者普遍依法签订劳动合同。其中，2006 年力争各类企业劳动合同签订率达到 80%以上，2007 年力争各类企业劳动合同签订率达到 90%以上。劳动合同管理水平明显提高，劳动合同内容趋于规范，劳动合同得到较好履行，基本实现劳动合同管理的规范化、法制化。各地协调劳动关系三方按照统一部署，建立专门的领导工作机制，制订具体工作方案，各司其职，密切配合，通过积极开展劳动合同法律法规宣传和培训，加强对企业实施劳动合同制度的指导和监察，建立以劳动合同管理为基础的劳动用工备案制度，推动行动计划顺利实施。截至 2008 年年底，全国城镇规模以上企业基本实现了计划目标。

2. 深入开展农民工劳动合同签订“春暖行动”。农民工是我国城镇化进程中涌现出的一支新型劳动大军，是产业工人队伍的重要组成部分。全国有数以亿计的农民工进入城市企业就业，有的在当地乡镇企业就业。切实提高农民工劳动合同签订工作，对从源头上维护农民工的合法权益，促进劳动关系和谐稳定具有重要作用。为推动各类用人单位依法与农民工签订劳动合同，自 2008 年开始，人力资源和社会保障部每年年初都在全国部署开展农民工劳动合同签订“春暖行动”，要求各地以建筑业、住宿和餐饮业、制造业、采矿业、居民服务业为重点，加大劳动合同制度实施的工作力度，着力推进城镇企业与相对稳定就业的农民工签订劳动合同，同时努力提高乡镇企业、村办企业农民工劳动合同签订率，推动企业招用农民工由过去口头协议式管理向规范的劳动合同管理转变。从全国总体情况看，经过多年的持续努力，农民工劳动合同签订率稳步提高，职业技能和安全培训不断加强，生产作业环境逐步改善，参加社会保险人数有较大幅度增加，农民工合法权益进一步得到保障。

3. 全面推进小企业劳动合同制度实施专项行动计划。小企业是国民经济和社会发展的重要力量，是我国吸纳就业的重要渠道。在小企业全面实施劳动合同制度，对于构建和谐稳定的劳动关系，促进小企业又好又快发展，维护社会和谐稳定，具有十分重要的意义。《劳动合同法》施行以来，各类小企业实施劳动合同制度工作取得了较大进展，但是从总体上看，小企业劳动合同签订率低、劳动用工行为不规范的问题仍然比较突出，损害了劳动者的合法权益，影响了劳动关系和谐稳定。为进一步贯彻落实《劳动合同法》，推动小企业构建和谐稳定的劳动关系，营造有利于小企业发展的良好环境，2010 年 4 月，人力资源和社会保障部会同中华全国总工会、中国企业联合会/中国企业家协会联合下发了《关于印发全面推进小企业劳动合同制度实施专项行动计划的通知》（人社部发［2010］30 号），明确要求从 2010 年到 2012 年，用三年时间基本实现小企业与劳动者普遍依法签订劳动合同。其中，2010 年力争小企业劳动合同签订率达到65%以上，2011 年力争小企业劳动合同签订率达到 80%以上。小企业普遍依法规范工资支付和工时管理，按规定参加社会保险。要求各地坚持维护劳动者合法权益与促进小企业又好又快发展相结合，通过加强对小企业劳动用工的动态监管、加强劳动合同法律法规宣传和培训、加强对小企业实施劳动合同制度的指导和服务、加强对小企业的支持和帮扶、加强劳动监察执法和劳动争议调处等措施，进一步推进小企业劳动合同制度的全面实施，着力提高小企业劳动合同签订率和履行质量，逐步提升劳动用工管理水平。一年多来，专项行动总体进展顺利，取得了阶段性成果。

【成就与评价】

（一）推动了国有企业改革，增强了企业活力

全面实施劳动合同制度，是对传统劳动用工制度进行的彻底改革。它使劳动关系由传统计划体制下的行政隶属关系逐步转化为双方法律地位平等的合同关系，企业有权根据生产经营需要选择适合的劳动者，劳动者也有权选择适合自己兴趣和专长的职业，从而建立了企业和劳动者双向选择的新型用人制度，改革了固定用工能进不能出的弊端，有利于转换企业经营机制，充分调动企业和劳动者的积极性，增强企业活力，提高企业素质，促进企业发展。

（二）推进了劳动力市场发育和发展，实现了劳动力资源配置的市场化

全面落实劳动合同制度，确立了企业与劳动者在市场就业中的主体地位，使企业与劳动者通过签订劳动合同确定相对稳定的劳动关系，通过解除或者终止劳动合同实现劳动力的合理流动，双方在劳动合同法律契约的基础上建立和调整劳动关系，从而建立了劳动力资源市场化配置的重要基础，有利于

形成市场导向的就业机制，促进劳动力资源合理配置。

（三）有效地保护了劳动者合法权益，促进了劳动关系和谐稳定

一方面，通过全面实施劳动合同制度，在尊重企业用工自主权的基础上，要求企业必须与劳动者订立书面劳动合同，规定企业必须全面履行劳动合同，引导企业合理约定劳动合同期限，规范企业解除或者终止劳动合同行为，从而为维护劳动者合法权益、实现体面劳动提供了制度保障；另一方面，企业与劳动者用劳动合同这一法律形式明确双方的权利和义务，依法建立、调整劳动关系和处理劳动争议，在维护企业合法权益的同时，注重维护处于弱势一方的劳动者的合法权益，以实现双方之间力量与利益的平衡，为建立和谐稳定的劳动关系打下了坚实的基础，对于保证企业正常的生产经营秩序、促进经济社会和谐发展，具有重要意义。

（四）劳动合同法律政策有待进一步健全，全面实施劳动合同制度仍需付出较大努力

随着劳动合同法律制度逐步完善并实施，劳动合同意识已在全社会普遍形成，企业守法履约的自觉性明显增强，劳动合同签订率显著提高，合同履行质量不断改善，为调整劳动关系、保护劳动者的合法权益发挥了重要作用。但在劳动合同制度实施中仍然存在一些问题，例如劳动密集型中小企业和非公有制企业劳动合同签订率偏低，一些已签劳动合同的内容和履行也不规范；劳务派遣在一些单位被滥用，损害被派遣劳动者合法权益的问题比较突出；一些行业的用工形式越来越多样化，保险代理员、邮政代办员等特殊用工形态的劳动关系有待进一步规范；国有大中型企业虽然普遍实行了劳动合同制度，但人员能进能出的机制尚未完全形成。对于这些问题，需要通过继续深化企业用人制度改革、完善劳动合同法律政策和强化监察执法工作，进一步加以解决。

【大事记】

1994 年

7 月 5 日，《劳动法》颁布，自 1995 年 1 月 1 日起施行。

11 月 14 日，劳动部发布《企业经济性裁减人员规定》，自 1995 年 1 月 1 日起施行。

12 月 3 日，劳动部发布《违反和解除劳动合同的经济补偿办法》，自 1995 年 1 月 1 日起施行。

1995 年

5 月 10 日，劳动部发布《违反〈劳动法〉有关劳动合同规定的赔偿办法》，自发布之日起施行。

1998 年

3 月，劳动和社会保障部成立后，将劳动合同立法列入 21 世纪头十年中期的劳动保障立法规划。

2005 年

1 月，劳动和社会保障部将《劳动合同法（草案送审稿）》报请国务院审议。

2 月 18 日，十届全国人大常委会宣布《劳动合同法》列入 2005 年立法计划。

10 月 28 日，国务院原则通过了《劳动合同法（草案）》，并于 11 月 26 日正式提请全国人大常委会审议。

9 月至 12 月，十届全国人大常委会开展《劳动法》执法大检查。

12 月 24 日，《劳动合同法（草案）》首次提交十届全国人大常委会第十九次会议审议。

2006 年

3 月 20 日，全国人大常委会办公厅全文公布了《劳动合同法（草案）》，向全社会广泛征求意见，时间为期 1 个月。

4 月 21 日，全国人大常委会办公厅就《劳动合同法（草案）》征求意见的情况召开新闻发布会，介绍了这次征求意见的情况。截至 4 月 20 日，共收到各地群众意见 191 849 件。

12 月 24 日，十届全国人大常委会第二十五次会议对《劳动合同法（草案)》进行了第二次审议。

2007 年

4 月 24 日，十届全国人大常委会第二十七次会议对《劳动合同法（草案)》进行了第三次审议。

6 月 29 日，《劳动合同法》经十届全国人大常委会第二十八次会议审议通过，并由国家主席胡锦涛同志签署第 65 号主席令予以公布，自 2008 年 1 月 1 日起施行。

7 月 12 日，劳动和社会保障部召开全国贯彻实施《劳动合同法》电视电话会议，部署学习、宣传、贯彻工作。

2008 年

5 月，《劳动合同法实施条例（草案)》由国务院法制办向社会公开征求意见，收到意见 7 万余条。

6 月，全国政协提案委员会开展《劳动合同法》贯彻实施情况视察工作。

9 月 3 日，国务院第 35 次常务会议审议并原则通过了《劳动合同法实施条例》，于 9 月 18 日公布施行。

9 月 18 日，人力资源和社会保障部召开电视电话会议，部署各地学习、宣传和贯彻《劳动合同法实施条例》工作。

9 月，全国政协副主席张榕明同志带队，30 余名全国政协委员视察广东省《劳动合同法》贯彻实施情况。

9 月至 10 月，十一届全国人大常委会开展《劳动合同法》执法检查工作。三位人大副委员长带队，对广东、江苏、辽宁等六省进行了实地检查。

专题 9

企业工资分配制度改革进一步深化

【背　景】

改革开放初期，我国通过重新确立按劳分配原则，在企业恢复奖金和计件工资制度，实行国营企业工资总额同经济效益挂钩办法，探索搞活企业内部分配机制，逐步改变了计划经济体制下高度集中的工资分配管理体制，初步打破了“企业吃国家大锅饭和职工吃企业大锅饭”的弊端，在一定程度上调动了企业和职工的积极性。但是，这一阶段的企业工资分配制度改革仍带有较浓厚的计划经济色彩。

1992 年 10 月召开的党的十四大确立建立社会主义市场经济体制目标后，我国经济体制开始全面转轨，并对进一步深化企业工资改革，建立与社会主义市场经济体制相适应的企业工资分配制度提出了客观要求。一是建立社会主义市场经济体制必须加快国民经济市场化进程，大力培育和发展资本、劳动力、技术等生产要素市场，完善生产要素价格形成机制，在包括工资分配在内的要素收入分配中遵循价值规律，发挥市场机制的基础性调节作用。二是建立社会主义市场经济体制必须进一步转换国有企业经营机制，建立适应市场经济要求的产权清晰、权责明确、政企分开、管理科学的现代企业制度，使企业成为自主经营、自负盈亏、自我发展、自我约束的法人实体和市场竞争主体。这就要求进一步落实国有企业工资分配自主权，探索建立与现代企业制度相适应的工资分配机制。三是建立社会主义市场经济体制，发挥市场机制对资源配置和收入分配的基础性调节作用，虽然有利于增强经济发展活力，提高经济效益，但也有其自身容易损害公平等弱点和消极方面，必须加强和改善国家宏观调控，引导市场健康发展。特别是随着以公有制经济为主体、多种所有制经济共同发展的基本经济制度的确立和发展，外商和港澳台商投资企业、私营企业迅速发展，它们以获取利润为主要动机，与职工在经济地位上不平等，更需要加强和改善政府对工资收入分配的宏观调节，实现公平有序分配，维护劳动者的合法权益。

为适应社会主义市场经济体制建立与完善对收入分配提出的新要求，这一时期，我国的收入分配理论逐步取得了一系列重大突破和创新，分配原则逐步调整。党的十四大提出："以按劳动分配为主体，其他分配方式为补充，兼顾效率与公平。运用包括市场在内的各种调节手段，既鼓励先进，促进效率，合理拉开收入差距，又防止两极分化，逐步实现共同富裕。"党的十四届三中全会重申了按劳分配为主体、多种分配方式并存，并首次明确提出"个人的资本等生产要素参与收益分配"。党的十五大明确提出："把按劳分配和按生产要素分配结合起来，坚持效率优先，兼顾公平。"当我国进入完善社会主义市场经济体制新阶段，党的十六大进一步明确提出，"确立劳动、资本、技术和管理等生产要素按贡献参与分配的原则，完善按劳分配为主体、多种分配方式并存的分配制度"，"初次分配注重效率"，"再分配注重公平"。党的十七大更明确强调："健全劳动、资本、技术、管理等生产要素按贡献参与分配的制度，初次分配和再分配都要处理好效率和公平的关系，再分配更加注重公平。"

随着我国分配理论取得一系列重大突破，以及经济建设取得积极成效，为深化企业工资分配改革提供了正确的引导，奠定了雄厚的物质基础，有力地推动了企业工资分配制度改革思路和制度机制的不断创新。1993 年，劳动部在充分研究和论证的基础上，提出在市场经济条件下企业工资改革的目标为"市场机制决定，企业自主分配，政府监督调控"；劳动和社会保障部组建后，按照党的十五大和十五届四中全会精神，于 2000 年 4 月正式确立新形势下企业工资改革的基本思路，即实行"市场机制调节，企业自主分配，职工民主参与，政府监控指导"，逐步建立现代企业工资收入分配制度。在改革实践中，重点是进行制度创新，进一步落实国有企业工资分配自主权，探索建立与现代企业制度相适应的工资收入分配制度，构建新的宏观调控体系。

【政策要点】

国家对企业工资分配实行宏观指导

随着社会主义市场经济体制改革的不断深入和经济结构调整的推进，我国积极转变政府管理企业工资分配的职能，着眼于调节各类企业职工的工资水平，逐步探索建立了以工资指导线制度、劳动力市场工资指导价位制度及行业人工成本信息指导制度为主要内容的宏观指导政策体系。

1. 工资指导线制度。每年由地方劳动行政部门依据国家的工资宏观调控目标和有关政策，根据本地区当年预期经济增长、物价指数、就业状况等因素，在与同级工会和企业方面代表协商的基础上，制定发布企业工资增长的指导意见，包括货币工资水平增长基准线、上线、下线，间接指导企业合理确定工资水平和年度工资增长幅度。它是市场经济条件下，国家对企业工资分配进行宏观指导和调控的手段，目的是引导企业在生产发展、经济效益提高的基础上，合理确定工资分配，促进企业微观工资分配与国家宏观政策相协调，实现对社会平均工资和行业与企业之间分配关系的调节。

2. 劳动力市场工资指导价位制度。由地方劳动行政部门按照国家统一制度和工作规范要求，定期对各类企业中的不同职业（工种）的工资水平进行调查、分析、汇总、加工，形成各类职业（工种）的工资价位，并向社会发布，用以指导企业合理确定不同岗位（职位）职工的工资水平，理顺内部工资分配关系，调节劳动力市场价格。它是市场经济条件下，国家对企业工资分配进行宏观指导和调控的又一种方式，是政府职能由行政管理转向指导、服务的重要措施。

3. 行业人工成本信息指导制度。由地方劳动行政部门通过调查、收集、整理并分析预测行业人工成本水平，定期向社会公开发布行业人工成本信息，并对人工成本偏高的企业进行预警预报，指导企业加强人工成本管理，合理确定职工工资和人工成本水平。它是市场经济条件下，国家对企业工资分配进行间接调控的一种手段，是企业工资宏观指导体系的重要组成部分。

建立并完善最低工资制度，保障劳动者最低工资权益

最低工资制度是国家通过一定立法程序所规定的、为保障劳动者在履行必要的劳动义务后应获得的最低工资收入的一种法律形式，是市场经济条件下保障广大职工最低报酬权益的国际通行做法。1993 年 11 月，劳动部发布《企业最低工资规定》，国家开始建立最低工资制度。1994 年 7 月，《劳动法》明确规定国家实行最低工资保障制度，为在全国建立最低工资制度提供了法律依据。2004 年 1 月，劳动和社会保障部发布《最低工资规定》，对我国最低工资制度做了进一步完善。按照法律和部颁规章规定，最低工资标准是指劳动者在法定工作时间或依法签订的劳动合同约定的工作时间内提供了正常劳动的前提下，用人单位依法应支付的最低劳动报酬。用人单位应支付的最低劳动报酬是指剔除以下各项后的工资：①延长工作时间工资；②中班、夜班、高温、低温、井下、有毒有害等特殊工作环境和条件下的津贴；③法律、法规和国家规定的劳动者福利待遇等。最低工资制度的适用范围主要包括境内的企业、民办非企业单位、有雇工的个体工商户和与之形成劳动关系的劳动者；国家机关、事业单位、社会团体和与之建立劳动合同关系的劳动者也同样适用。最低工资标准一般采取月最低工资标准和小时最低工资标准的形式。月最低工资标准适用于全日制就业劳动者，小时最低工资标准适用于非全日制就业劳动者。确定和调整月最低工资标准时，主要考虑当地就业者及其赡养人口的最低生活费用、城镇居民消费价格指数、职工个人缴纳的社会保险费和住房公积金、职工平均工资、经济发展水平、就业状况等因素。确定和调整小时最低工资标准时，一般在颁布的月最低工资标准的基础上，还考虑单位应缴纳的基本养老保险费和基本医疗保险费因素，同时适当考虑非全日

制就业劳动者在工作稳定性、劳动条件和劳动强度、福利等方面与全日制就业劳动者之间的差异。最低工资标准每两年至少调整一次。

完善工资支付法律法规，规范企业工资支付行为

1995年1月1日起施行的《劳动法》以及《工资支付暂行规定》(劳部发[1994] 489号)，对工资支付的基本原则和要求作出了明确规定。主要政策要点包括：①工资分配应当遵循按劳分配原则，实行同工同酬，工资水平在经济发展的基础上逐步提高。②工资支付项目一般包括计时工资、计件工资、奖金、津贴和补贴、延长工作时间的工资报酬以及特殊情况下支付的工资。③工资应当以货币形式按月支付给劳动者本人，不得以实物及有价证券替代货币支付，如遇节假日或休息日，则应提前在最近的工作日支付。④用人单位支付劳动者的工资不得低于当地最低工资标准，不得克扣或者无故拖欠劳动者工资。⑤劳动者在法定休假日和婚丧假期间以及依法参加社会活动期间，用人单位应当依法支付工资。⑥安排劳动者延长工作时间的，支付不低于工资的150%的工资报酬；休息日安排劳动者工作又不能安排补休的，支付不低于工资的200%的工资报酬；法定休假日安排劳动者工作的，支付不低于工资的300%的工资报酬。⑦国家实行带薪年休假制度，劳动者连续工作1年以上的，享受带薪年休假。⑧非因劳动者原因造成单位停工、停产在一个工资支付周期内的，用人单位应按劳动合同规定的标准支付劳动者工资。超过一个工资支付周期的，若劳动者提供了正常劳动，则支付给劳动者的劳动报酬不得低于当地的最低工资标准；若劳动者没有提供正常劳动，应按国家有关规定办理。这些规定，从立法角度明确了工资支付的基本准则和要求。

深化国有企业工资制度改革

在建立和发展社会主义市场经济体制过程中，国有企业改革始终是整个改革的中心环节。对国有企业工资制度的改革，重点是围绕改进和完善工资总额决定机制以及深化内部分配制度展开。

在国有企业工资总额决定方面，主要是继续实行并完善工资总额与经济效益挂钩办法，对部分工资水平过高的企业，从严核定工资总额基数和挂钩浮动比例，并逐步实行了工资总额和工资水平双调控。同时，对部分竞争性较强、公司制改革比较到位的企业，试行在工资总额增长幅度低于经济效益增长幅度、职工平均工资增长幅度低于本企业劳动生产率增长幅度的前提下，由企业自主决定工资水平。近年来，对部分中央企业和地方国有企业，还开展了工资总额预算管理办法改革试点。

在深化企业内部分配制度改革方面，大致分为两个阶段：第一阶段，推行岗位技能工资制。劳动部在对企业基本工资制度改革进行大量调查研究并指导部分企业进行试点的基础上，于 1992 年 1 月发布了《岗位技能工资制试行方案》，明确了试点的指导思想、试点的条件和范围、试点的方法和步骤等。1993 年 5 月，劳动部又印发了《关于进一步深化岗位技能工资制试点工作的意见》，对进一步扩大试点提出了意见。按照有关文件规定，企业实行岗位技能工资制，就是要以按劳分配为原则，以加强工资宏观调控为前提，以劳动技能、劳动责任、劳动强度和劳动条件等基本劳动要素评价为基础，以岗位工资、技能工资为主要内容，按职工实际劳动贡献（劳动质量和数量）确定劳动报酬。通过实行这种基本工资制度，打破了传统技术等级工资制的弊端，合理拉开了不同岗位、不同技能劳动者的工资档次，增强了基本工资的激励作用。第二阶段，建立以岗位工资为主的基本工资制度。为贯彻落实党的十五届四中全会精神，在国有企业中建立与现代企业制度相适应的工资收入分配制度，2000 年 11 月，劳动和社会保障部发出《关于印发进一步深化企业内部分配制度改革指导意见的通知》，提出“建立以岗位工资为主的基本工资制度，提倡推行各种形式的岗位工资制”。广大企业按照要求积极进行改革实践，创造了多种基本工资制度形式，主要包括岗位工资制、岗位等级工资制、岗位绩效工资制和岗位薪点工资制等。通过继续深化改革，克服了实行岗位技能工资制中存在的工资单元偏多、有的功能重复交叉、工资结构不尽合理、运行机制很难与劳动力市场工资指导价位相衔接等问题，使关键性管理岗位、技术岗位和高素质短缺人才岗位与一般岗位之间的工资关系更趋合理，进一步增强了基本工资的激励功能。

探索建立与现代企业制度相适应的工资收入分配制度

1997年党的十五大召开之后，我国按照实行“市场机制调节，企业自主分配，职工民主参与，政府监控指导”的改革思路，以及“把按劳分配和按生产要素分配结合起来”的要求，对建立现代企业工资收入分配制度进行了积极的改革探索，逐步建立了一整套与社会主义市场经济要求相适应的制度和政策，形成了有效的激励机制和约束机制。

1. 实行企业经营者年薪制。为了适应国有企业改制和建立经营者激励约束机制的需要，我国从20世纪90年代初开始对国有企业试行经营者年薪制。1994年3月，劳动部、国家经贸委、财政部联合向国务院报送了《关于请审定〈国有企业经营者年薪制试行办法〉的报告》。1996年8月，国务院常务会议原则同意企业经营者年薪制试点意见；同年10月，劳动部会同有关部门向国务院上报了试点方案，提出了试点的原则、年薪收入的确定和审批、年薪收入考核兑现、年薪收入的支付及列支渠道等内容，并决定选择100户实行现代企业制度试点的企业和其他具备条件的企业进行试点。到20世纪末，全国各省、自治区、直辖市的国有大中型企业普遍试行了经营者年薪制。2003年国务院国资委组建以后，对中央企业也实行了经营者年薪制办法。各地的基本做法是：①经营者年薪收入一般由基本年薪和效益年薪两部分组成。基本年薪一般按企业经营规模、经营难度、经营责任、本企业职工平均工资和本地区职工平均工资等因素确定，分月预付，年终结算；效益年薪主要同经营者的经营业绩挂钩，按照年终考核结果分档确定，并控制在基本年薪的一定倍数范围内。②年薪收入一般由企业支付，部分地区实行经营者基本年薪由企业支付，效益年薪从地方财政中列支。效益年薪一般采取分期支付的办法。③基本年薪列入企业成本，效益年薪有的在企业利润中列支，有的在企业成本中列支。④经营者除获得年薪收入外，一律不得再从本企业取得各种津贴、奖金等其他工资性报酬。⑤少数企业经营者在实行年薪制的基础上，还试行了股权激励等中长期激励办法。2009 年 9 月，经国务院同意，人力资源和社会保障部等六部委联合印发了《关于进一步规范中央企业负责人薪酬管理的指导意见》，对中央企业经营者的薪酬制度进行了完善。

2. 推行工资集体协商制度。工资集体协商（国外称工资集体谈判）制度是市场经济条件下企业工资决定机制的一个有机组成部分，是建立企业职工工资正常增长机制的主要方式。建立工资集体协商制度，既有利于职工民主参与企业工资决定，协调劳资双方利益，又符合效益原则，对构建和谐稳定的劳动关系、促进经济发展具有十分重要的意义。1994 年 7 月 5 日颁布的《劳动法》，对我国实行集体协商和集体合同制度作了原则规定。从 1996 年起，我国部分省市开始选择一些非公有制企业进行这项工作的试点，以后逐步扩大到部分国有企业和集体企业。2000 年 11 月，劳动和社会保障部发布《工资集体协商试行办法》，对工资集体协商内容、协商代表、协商程序、工资集体协议的订立和审查等作出了规定。2004 年 1 月，劳动和社会保障部发布《集体合同规定》，对集体协商和集体合同制度进行了完善。2007 年 6 月 29 日，全国人大常委会审议通过了《劳动合同法》，进一步完善了集体协商和集体合同制度，形成了一整套集体协商法律规范，为推进这项制度提供了法律保障。

3. 探索生产要素参与分配的办法。为建立健全企业内部工资收入分配激励机制，我国随着企业改制的进程，积极稳妥地开展了按生产要素分配的试点工作。在深入推进岗位工资制改革的基础上，主要进行了以下探索：一是试行企业内部员工持股制度，一般由公司内部员工个人出资认购本企业部分股份，并委托公司工会或持股会进行集中管理，按照同股同权同利原则参与企业红利分配。二是试行技术要素参与收益分配办法，主要包括技术成果入股、技术人员持股、工资奖励向技术人员倾斜等多种形式。

【典型事件】

➢ 构建适应社会主义市场经济要求的企业工资收入宏观调控体系

党的十四大召开以后，随着社会主义市场经济体制的建立和完善，我国对加强和改进企业工资分配宏观调控进行了积极探索，逐步形成了一套适应经济体制转换时期特点的企业工资收入宏观调控体系，初步实现了政府工资管理职能、管理内容、管理体制和管理方法的根本转变。

1. 实行弹性工资计划。实行弹性工资计划的目的是，要改变长期以来实行的指令性工资计划管得过死、与完成经济计划指标相脱节的不合理状况，逐步建立国家与省（自治区、直辖市）两级调控、分级分类管理、企业自主分配的新的计划管理体制，实现"两低于"的工资宏观调控目标。1992 年 9 月，国家计委发布了《改进劳动工资计划管理试行办法（草案）》，明确从 1993 年开始，劳动工资计划一律按新的方法进行测算、编制，实行职工人数、工资总额同主要经济发展指标相挂钩的弹性计划。1992 年 12 月和 1993 年 3 月，劳动部先后发出《关于从一九九三年起普遍实行动态调控的弹性劳动工资计划的通知》和《关于行业部门实行动态调控的弹性劳动工资计划的通知》，决定从 1993 年起，在全国各省、自治区、直辖市及计划单列市普遍实行动态调控的弹性劳动工资计划，对国务院直属行业部门实行工资总额弹性计划，并用工资总额间接调控职工人数。1993 年 10 月，国务院办公厅转发劳动部《关于加强企业工资总额宏观调控的实施意见》，明确从 1994 年起，各地区要积极创造条件将弹性工资计划的调控范围逐步扩大到城镇各种所有制企业的工资总量，完善相关经济指标，切实做好弹性工资计划与工效挂钩等调控形式的衔接。

2. 实行工资内外收入监督检查和工资控制线制度。为加强对国有企业工资收入的宏观管理，维护劳动者和国有资产所有者的合法权益，1995 年 4 月，劳动部、财政部、审计署联合制定颁发了《国有企业工资内外收入监督检查实施办法》，并成立监督检查领导小组，每年选择部分企业对其发给职工的全部工资性收入进行检查。各地按照规定，陆续建立了这项制度。为调控部分行业、企业工资水平增长过快的势头，缓解行业分配差距扩大的问题，1996 年 6 月，劳动部和国家计委又联合发出《关于对部分行业、企业实行工资控制线办法的通知》，对职工工资水平偏高、增长过快的行业、企业，实行年度工资发放水平上限控制。对超过工资控制线水平发放工资的部门、企业，按照工资内外收入监督检查办法给予处罚，并追究当事人的责任。

3. 建立工资指导线制度、劳动力市场工资指导价位制度和行业人工成本信息指导制度。一是建立工资指导线制度。1996 年，这项工作先在成都、深圳、北京进行了试点。1997 年 1 月，劳动部发布《试点地区工资指导线制度试行办法》，明确了工资指导线的实施范围、制定工资指导线的原则和基本内容、组织实施等，决定扩大试点范围。目前，全国各省、自治区、直辖市普遍建立了工资指导线制度。二是建立劳动力市场工资指导价位制度。1996 年，上海市率先对建立劳动力市场工资指导价位制度进行了探索。1999 年 12 月，劳动和社会保障部发布《关于建立劳动力市场工资指导价位制度的通知》，提出了工作目标、工作规则、组织实施和工作要求，有力地推动了这项工作的开展和完善。目前，全国地级以上中心城市基本建立了劳动力市场工资指导价位制度。三是建立行业人工成本信息指导制度。1996 年，劳动部开始在全国开展人工成本抽样调查工作，并从 1997 年起，探索建立行业或地区性人工成本预测预警制度。在总结部分地区试点经验的基础上，2004 年 12 月，劳动和社会保障部发布《关于建立行业人工成本信息指导制度的通知》，明确了具体实施办法，提出了目标要求。此后，这项制度逐步在部分中心城市得到推行。

➢ 着力解决企业拖欠工资问题

进入 21 世纪以来，随着农村劳动力外出务工规模日益扩大，拖欠农民工工资问题也日益凸显，侵害了农民工的合法权益，直接影响了社会稳定。2003 年，全国人大常委会检查《中华人民共和国建筑法》实施情况，发现各地建设领域普遍存在拖欠工程款和农民工工资现象，引起人大常委会领导和国务院领导的高度重视。同年11月，国务院办公厅下发《关于切实解决建设领域拖欠工程款问题的通知》（国办发［2003］94号），要求从2004年起，用三年时间基本解决建设领域拖欠工程款以及拖欠农民工工资问题。2004年10月，全国人大常委会关于检查《中华人民共和国工会法》（以下简称《工会法》）实施情况的报告提出，要针对企业不同情况分类解决拖欠职工工资问题。对生产经营已恢复正常的欠薪企业，要用三年左右的时间基本解决历史拖欠（当时主要是指2003年年底前的工资拖欠）。2005年12月，全国人大常委会关于检查《劳动法》实施情况的报告再次提出，要在2007年年底前基本解决工资历史拖欠问题，同时研究制定从根本上预防和解决拖欠工资问题的有效制度。

原劳动保障部会同有关部门认真落实全国人大常委会和国务院的要求，将解决企业拖欠工资问题作为贯彻落实科学发展观、构建社会主义和谐社会的一项重要任务，积极采取措施推动各地抓紧抓好。自2004年起，各级劳动保障部门在当地党委、政府的领导下，按照全国的统一部署，以解决拖欠农民工工资问题为重点，会同建设、工会等部门和单位不断加大预防和解决拖欠农民工工资问题的工作力度。特别是全国人大常委会检查《劳动法》实施情况以后，为解决国有企业工资历史拖欠问题，经国务院领导批准，2006年年初成立了由劳动保障部、国资委、财政部、国土资源部、建设部、公安部、监察部、司法部、中国人民银行、国家工商行政管理总局、全国总工会等11个部门和单位组成的解决企业工资拖欠问题部际联席会议（以下简称“联席会议”），研究制定并提请国务院办公厅转发了《关于推进企业解决工资拖欠问题若干意见》（国办发［2006］91号），确立了“立足企业、落实责任，突出重点、分类处理，标本兼治、综合治理”的原则，进一步明确了分类解决工资历史拖欠问题和遏制新的工资拖欠的政策措施，并组织召开视频会议，对全国推进解决企业拖欠工资工作作出全面部署。联席会议组成部门既各司其职，又密切配合，加强了对各地解决企业拖欠工资工作的政策指导，加大督查和调度工作力度。

在联席会议的指导、推动下，各地党委、政府高度重视，认真落实全国的统一部署和要求，积极采取措施推动清欠工作取得进展。一是切实加强组织领导，普遍建立健全清欠工作协调机制，形成工作合力；二是深入开展调查研究，制定完善具体政策措施和工作方案，对解决拖欠工资工作作出周密部署；三是扎实搞好摸底调查和统计认定工作，全面摸清工资历史拖欠的底数；四是明确目标责任，加强督查调度，督促企业制订清欠计划，帮助企业千方百计筹措资金，加大清欠工作力度，同时加快建立预防和解决拖欠工资问题的长效机制。经过各级政府和有关部门的共同努力，解决企业拖欠工资工作取得了明显成效。截至2005年春节前，各地结合清理建设领域拖欠工程款问题，基本偿还了2003年年底前的农民工工资历史拖欠337亿元。其后，各级劳动保障部门会同建设、公安、工会等部门和单位，继续加强了对企业支付农民工工资的日常监管，进一步强化了专项监督检查和受理查处举报投诉工作，有效遏制了拖欠农民工工资势头的蔓延。同时，各地在多年来结合国有企业改制重组、关闭破产和下岗职工并轨等工作解决大量拖欠工资问题的基础上，继续按照分类处理的原则，依法严肃查处恶意拖欠行为，督促生产经营恢复正常的企业积极偿还欠薪，帮助生产经营困难的企业通过转让土地、变现资产等办法筹集资金解决工资历史拖欠问题。特别是在2008年、2009年年初，中央财政共拿出150多亿元用于推动国有企业解决工资历史拖欠问题，收到了明显成效，到2008年年底，全国31个省份及新疆生产建设兵团、国务院国资委监管企业均已正式报告完成解决企业工资历史拖欠任务，全国共清偿665.43亿元，占应清偿总额的100%，惠及职工1 670余万人。

在解决企业工资历史拖欠的同时，国务院有关部门和各地加强了防范新欠的制度建设，相继在建设领域工程款和工资支付等方面出台了一系列政策规定和管理办法。2004年9月6日，劳动和社会保障部会同建设部制定下发了《建设领域农民工工资支付管理暂行办法》。2009年1月13日，人力资源和社会保障部会同住房城乡建设部等13个部门联合下发了《关于进一步做好预防和解决企业工资拖欠工作的通知》（人社部发［2009］5号），对健全工资保证金制度、加强对企业工资支付监控、加大对欠薪逃匿行为的防范和打击力度等工作作出了具体部署。地方各级政府及有关部门结合本地实际，认真研究制定相关配套办法和实施意见，对建立健全预防工资拖欠的长效机制进行了积极探索。全国绝大多数地区都建立了工资保证金制度、企业工资支付监控制度和劳动保障守法诚信制度，完善并落实工程总承包企业清偿欠薪负责制、解决拖欠工资问题属地政府负责制、劳动保障监察执法和刑事司法联动打击恶意欠薪机制。部分市、县建立了欠薪应急周转金。一些地区还将企业拖欠工资信息纳入人民银行建立的企业征信系统，供各商业银行审办信贷业务时参考。

通过近年来狠抓解决工资历史拖欠和加强预防新欠的长效机制建设，较好地维护了职工的合法权益，推动了国民经济健康发展，促进了社会和谐稳定。据统计，全国因拖欠工资引发的投诉案件和群体性事件呈逐年下降趋势。

➢ 规范中央企业负责人薪酬管理

改革开放以来，国家对国有企业负责人薪酬制度进行了多次改革，初步形成了以年薪制为主的薪酬制度，建立了薪酬与经营业绩挂钩的机制，基本扭转了对国有企业负责人激励和约束不足的状况。但也存在一些突出问题，主要是部分企业薪酬增长偏快、薪酬水平偏高、监管体制不健全、职务消费缺乏有效规范。社会各界对此高度关注，强烈要求国家进一步规范企业负责人薪酬管理。

党中央、国务院对规范国有及国有控股企业负责人薪酬管理问题高度重视。按照党中央、国务院领导同志的批示要求，2008年，人力资源和社会保障部会同中央纪委、财政部、国资委、国家税务总局、银监会、证监会、保监会等部门成立了规范国有及国有控股企业负责人薪酬管理研究组，深入部分中央企业实地调查，分析研究央企负责人薪酬分配状况，形成了关于规范国有及国有控股企业主要负责人薪酬管理报告，提出了规范国有企业负责人薪酬的基本原则、主要政策措施和工作建议。在此基础上，中央纪委向中央报送了《关于研究规范中央直属国有及国有控股企业主要负责人薪酬工作的情况报告》。此后，研究组又对企业负责人薪酬结构、薪酬水平等重点难点问题进行了深入研究，及时分析了国际金融危机以来一些国家加强企业高管薪酬监管的新措施，起草了《中央企业负责人薪酬管理试行办法（草案）》，多次召开研究组成员单位座谈会反复讨论修改，对部分央企负责人的薪酬水平按不同方案进行了模拟测算，并召开专家座谈会听取了意见。张德江、王岐山副总理先后听取了汇报，并于2009年4月29日主持召开专题会议，对该试行办法进行了研究讨论。2009年6月10日，国务院召开第68次常务会议，研究审议并原则通过了《关于规范中央企业负责人薪酬管理的意见》。2009年9月16日，经国务院同意，人力资源和社会保障部会同中央组织部、监察部、财政部、审计署、国资委联合印发了《关于进一步规范中央企业负责人薪酬管理的指导意见》（人社部发［2009］105号，以下简称《意见》），主要从适用范围、规范薪酬管理的基本原则以及薪酬结构和水平、薪酬支付、补充保险和职务消费、监督管理、组织实施等方面，进一步对中央企业负责人薪酬管理作出了规范。

《意见》从我国实际出发，总结近年来改革的实践经验，借鉴国际上加强企业高管薪酬管理的做法，确定了规范中央企业负责人薪酬管理的五项基本原则：一是坚持市场调节与政府监管相结合；二是坚持激励与约束相统一；三是坚持短期激励与长期激励相兼顾；四是坚持负责人薪酬增长与职工工资增长相协调；五是坚持完善薪酬制度与规范补充保险、职务消费等相配套。通过加强对中央企业负责人薪酬管理，使中央企业负责人薪酬做到结构合理、水平适当、管理规范。

《意见》明确了企业负责人的薪酬结构主要由基本年薪、绩效年薪和中长期激励收益三部分构成。从我国处于社会主义初级阶段的基本国情和实行社会主义市场经济的要求出发，兼顾调动中央企业负责人积极性和调控企业负责人与职工工资收入差距两个方面，规定企业主要负责人的基本年薪与上年度中央企业在岗职工平均工资相联系；绩效年薪根据年度经营业绩考核结果确定。为切实形成企业负责人绩效年薪与实际经营业绩紧密挂钩的机制，要求加强对企业负责人经营业绩的考核，将年度业绩考核和任期业绩考核结合起来，根据不同行业和企业的生产经营特点科学设计体现经营赢利与风险控制的考核指标，合理确定经营目标，规范考核程序，严格考核管理，根据业绩考核结果确定负责人绩效年薪。要求企业负责人的基本年薪按月支付。绩效年薪按照先考核后兑现的原则，根据年度经营业绩考核结果，由企业一次性提取，分期兑现。同时，对企业负责人的补充保险和职务消费作出了原则规定。明确了有关部门对中央企业负责人薪酬分配的监管职责，强调要对企业负责人薪酬制度实施过程和实施结果进行监督检查，及时对违规行为进行处理。

一年多来，进一步规范中央企业负责人薪酬管理工作取得了初步成效，负责人薪酬增长速度得到控制，与企业在岗职工收入差距有所缩小，为进一步规范地方国有企业负责人薪酬分配起到了良好的示范效应。

【成就与评价】

1992 年以来，企业工资分配制度改革积极稳步推进，体制机制不断完善，政府对企业工资分配的指导和调节逐步改进，促进了企业职工工资水平的提高，总体上使广大劳动者分享到了经济社会发展成果，企业工资分配制度改革在一定程度上得到了劳动者的认可。

（一）企业工资收入分配管理体制实现重大转变，基本形成了宏观调控体系

随着社会主义市场经济体制的逐步建立和完善，我国企业工资管理体制和管理方式都发生了很大变化，市场机制逐渐在工资分配中发挥基础性调节作用，政府对企业工资分配的宏观调控实现了从直接管理向间接管理转变，从以总量调控为主向以水平调节为主转变，从以行政手段为主向以经济、法

律和信息手段为主，辅之以必要的行政手段转变，与社会主义市场经济体制相适应的企业工资分配宏观调控体系初步形成。

（二）工资分配制度改革不断创新，初步建立了与现代企业制度相适应的工资收入分配制度

通过改革，进一步完善了企业工资总额与经济效益相联系、职工工资收入与劳动贡献相联系的灵活多样的分配制度。特别是随着现代企业制度改革的逐步推进，越来越多的企业积极探索建立现代企业薪酬制度，初步实现了按劳分配与按要素分配相结合，形成了符合市场经济要求的工资收入决定机制，创新了劳动、资本、技术和管理等生产要素按贡献参与分配的多种形式，工资收入分配的激励功能逐步得到有效发挥。

（三）企业工资分配制度改革的进一步深化，有力地促进了经济发展和职工工资收入水平的提高

工资收入问题是关系国计民生的重大问题，做好工资收入分配工作是整个经济工作的重要组成部分。通过工资分配制度改革，充分调动了劳动者、资本所有者、技术人才、管理人员等各类人员的积极性和创造力，使各种生产要素的活力竞相迸发，对财富创造和经济发展发挥了积极作用，推动我国国民经济快速发展，GDP每年均以两位数速度增长，社会财富也有了较大积累。与此同时，同期职工工资收入水平也持续保持较大幅度增长，广大劳动者从改革发展中得到较多实惠，从而更加支持改革开放，有利于我国经济社会更加协调的发展。

（四）企业工资分配的深层次矛盾依然存在，改革已进入攻坚阶段

在充分肯定成绩的同时，应该看到，由于在初次分配中长期强调“效率优先、兼顾公平”的原则，通过改革，虽然极大地激发了工资收入分配的活

力，但也出现了企业工资收入差距持续扩大的问题，特别是私营企业和劳动密集型行业一线职工工资偏低、增长偏慢，部分垄断型行业职工和部分企业负责人工资收入偏高、增长偏快，一定程度上产生了分配不公，成为影响我国社会主义和谐社会建设的重要因素。进一步深化企业工资分配制度改革，努力提高劳动报酬在初次分配中的比重，合理调整分配关系，尽快扭转工资收入差距扩大趋势，仍是我们面临的一个重大课题。

【大事记】

1993 年

11 月 14 日，党的十四届三中全会通过了《中共中央关于建立社会主义市场经济体制若干问题的决定》，提出“建立合理的个人收入分配制度”。

11 月 24 日，劳动部发布《企业最低工资规定》，我国开始建立最低工资制度。

1994 年

7 月 5 日，《劳动法》颁布，确立了工资分配的基本法律规范，自 1995 年 1 月 1 日起施行。

12 月 6 日，劳动部发布《工资支付暂行规定》，明确了工资支付具体规范。

1997 年

9 月 12 日，党的十五大明确提出：“把按劳分配和按生产要素分配结合起来，坚持效率优先、兼顾公平，有利于优化资源配置，促进经济发展，保持社会稳定。”

2000 年

11 月 8 日，劳动和社会保障部发布《工资集体协商试行办法》。

2002 年

11 月 8 日，党的十六大进一步明确提出：“确立劳动、资本、技术和管理等生产要素按贡献参与分配的原则，完善按劳分配为主体、多种分配方式并存的分配制度”，“初次分配注重效率”，“再分配注重公平”。

2003 年

11 月，国务院办公厅下发《关于切实解决建设领域拖欠工程款问题的通知》(国办发［2003］94 号)，要求从 2004 年起，用三年时间基本解决建设领域拖欠工程款以及拖欠农民工工资问题。

2004 年

1 月 20 日，劳动和社会保障部发布《最低工资规定》，完善了最低工资制度，建立了最低工资标准正常调整机制。

10 月，全国人大常委会关于检查《工会法》实施情况的报告提出，要针对企业不同情况分类解决拖欠职工工资问题。对生产经营已恢复正常的欠薪企业，要用三年左右的时间基本解决历史拖欠问题。

2005 年

12 月，全国人大常委会关于检查《劳动法》实施情况的报告再次提出，要在 2007 年年底前基本解决工资历史拖欠问题，同时研究制定从根本上预防和解决拖欠工资问题的有效制度。

12 月 26 日，中共中央、国务院发布《关于进一步加强人才工作的决定》，确立了逐步建立“市场机制调节，企业自主分配，职工民主参与，政府监控指导”的企业薪酬制度。

2007 年

10 月 15 日，党的十七大明确强调：“健全劳动、资本、技术、管理等生产要素按贡献参与分配的制度，初次分配和再分配都要处理好效率和公平的关系，再分配更加注重公平。”

2009 年

9 月 16 日，经国务院同意，人力资源和社会保障部、中央组织部、监察部、财政部、审计署、国资委联合印发了《关于进一步规范中央企业负责人薪酬管理的指导意见》(人社部发［2009］105 号)。

专题 10

劳动人事争议处理制度的恢复与完善

【背　景】

劳动争议是工业化大生产的产物。一般市场经济国家的劳动争议处理制度，大都是在劳资矛盾发生激烈冲突的背景下产生的，并在劳动争议处理的实践中不断发展和完善。

新中国成立初期，按照 1949 年 9 月《中国人民政治协商会议共同纲要》提出的“发展生产、繁荣经济、公私兼顾、劳资两利”的方针和 1950 年 11 月中央人民政府政务院《关于劳动争议解决程序的决定》，建立了新中国的劳动争议处理制度。然而，随着国家对资本主义工商业社会主义改造的完成，集中统一的计划经济体制基本建立，企业的性质和劳动关系发生了重大变化，国家对城镇劳动力通过指令性统一计划进行统包统配，实行终身就业，保障企业实行固定用工制度，职工的工资福利等待遇由国家通过政策指令实现。劳动争议主要由企业行政和基层工会协商解决，协商解决不成的，由企业主管部门处理。1955 年 7 月，国家撤销了劳动争议处理机构，并根据 1957 年 5 月全国第一次信访工作会议提出的方针，劳动争议处理工作按照分级负责、归口管理的原则，由信访部门承担。在此期间，国家根据机关事业单位、企业的不同管理权责，基本形成了以身份为划分标准的干部、工人和人事关系、劳动关系两套管理体系。

1978 年，党的十一届三中全会提出把工作重心转移到现代化建设上来，拉开了我国经济体制改革的序幕。随着劳动力市场的培育和发展、企业改革的逐步深化以及劳动人事和社会保障制度改革从广度和深度两个方面向前推进，用人单位和劳动者的市场主体地位逐步确立，特别是企业与劳动者双向选择的市场就业机制逐步建立起来，劳动人事关系发生了深刻变化，需要一套专门的机制及时公正地处理双方产生的争议。因此，劳动人事争议处理制度不断得以建立与完善。总的来说，经历了三个发展阶段。

第一阶段：恢复和探索阶段（1978—1991 年）。改革开放初期，我国处于计划经济体制下的固定工制度向市场经济体制下的劳动合同制度转变的过渡时期，国家对劳动关系的调整从以政策性为主开始向以法制化为主转变。1980 年 8 月，中共中央召开全国劳动就业工作会议，明确提出了劳动就业“三结合”的新方针。各地开始探索进行劳动合同制度改革，在新招用的员工中试行合同制用工，由此带来了如何处理劳动力流动中的纠纷的问题。1986 年 7 月，国务院发布《国营企业实行劳动合同制暂行规定》等改革劳动制度的四个规定，正式确立在国营企业实行劳动合同制度，允许国营企业辞退违纪职工，这就要求配套建立劳动争议仲裁机构处理劳动力流动中产生的劳动争议。随后，1987 年国务院发布《国营企业劳动争议处理暂行规定》，恢复了中断 30 年的劳动争议处理制度，明确了处理劳动争议的组织、办案形式，以及当事人在仲裁活动中的权利与义务；同年，劳动人事部发布《关于〈国营企业劳动争议处理暂行规定〉若干问题的解答意见》；各地相应制定了具体实施办法，开始建立劳动争议仲裁机构。与此同时，随着 1986 年国务院《关于促进科技人员合理流动的通知》的贯彻实施，人才流动日益活跃，人才流动纠纷随即产生。为了正确引导人才流动，维护单位和个人的合法权益，部分地方政府人事部门开始探索专业技术人员聘用管理办法和人才流动争议处理办法，人事争议仲裁工作应运而生。到 20 世纪 80 年代后期，全国已有十几个省市开展了人才流动争议仲裁工作。这一阶段，用人单位内部管理的行政行为向市场经济条件下的社会管理行为逐步转变，调整劳动人事关系的法规、手段、力度和效果都有一定的局限性，总体上计划经济特征仍比较明显。

第二阶段：建立和发展阶段（1992—2002 年）。1992 年，党的十四大明确提出了建立社会主义市场经济体制的目标，国务院发布了《全民所有制工业企业转换经营机制条例》，出台了一系列国有企业减员增效、妥善处理下岗职工的政策措施，非公有制经济迅速发展，劳动力流动日益频繁，劳动关系日益多元化，劳动争议逐渐增多。1993 年 6 月，国务院发布《企业劳动争议处理条例》，将劳动争议处理范围从国营企业扩大到各类企业，明确了“一裁两审”的处理体制；原劳动部相应发布了对条例的解释意见以及《劳动争议仲裁委员会组织规则》《劳动争议仲裁委员会办案规则》，各地也相继加强了劳动争议仲裁机构的组织建设、仲裁员的队伍建设，并形成了比较规范的办案制度。1994 年《劳动法》颁布，对劳动争议处理制度作了专章规定，确立了以协商、调解、仲裁、诉讼为主要环节的处理制度，标志着劳动争议处理法律体系的基本建立。其间，事业单位体制改革与人事制度改革逐步深化，事业单位开始逐步推行聘用制，事业单位和个人平等协商、签订聘用协议、建立人事关系的用人制度逐步建立，用人终身制、铁饭碗被逐步打破，传统僵化的单纯依靠行政手段的管理体制被逐步破除，部分地区开始扩大人事争议受案范围。根据形势的发展需要，结合地方实践，1995 年人事部在全国人事厅局长会议上明确提出要建立人事争议仲裁制度。1997 年人事部出台《人事争议处理暂行规定》，2001 年中共中央组织部、人事部印发《关于推进事业单位人事制度改革的意见》，确立了人事争议仲裁制度。2002 年国务院办公厅转发人事部《关于在事业单位试行人员聘用制度意见的通知》，要求从上到下建立人事争议仲裁制度。各地开始普遍建立人事争议仲裁委员会及其相应的办事机构。这一阶段，劳动争议处理有力地保障了国有企业深化改革和劳动用工制度改革的进行，人事争议处理有力地推动了事业单位人事制度改革的进一步发展。

第三阶段：加快发展阶段（2003 年至今）。党的十六大以来，党中央提出了科学发展观和构建社会主义和谐社会两大战略思想。用党的最新理论成果指导调解仲裁工作，为发展和谐劳动关系，推动新时期调解仲裁工作实现科学发展提供了理论依据和政策导向。这一阶段，随着国际化、工业化、信息化、城镇化、市场化进程加快，劳动争议多发，争议范围拓宽，调解仲裁工作重点由国有企业转变为非公有制企业。随着劳动关系的市场化程度日益加深，部分企业侵害劳动者合法权益的案件时有发生，有的甚至引发群体性事件，影响到企业和社会稳定。随着劳动争议案件数量的不断增长，如何真正体现仲裁独立、中立、第三方机制的准司法特性，提高仲裁办案效能日益迫切。2001 年，深圳成立了全国首家实体化的仲裁机构。2004 年，劳动和社会保障部在深圳召开了全国劳动争议仲裁机构效能建设工作座谈会，提出推动仲裁机构实体化工作，各地开始普遍探索仲裁机构实体化建设。2006 年，《国务院批转劳动和社会保障事业发展“十一五”规划纲要的通知》明确，“全面推进劳动争议仲裁机构实体化建设，逐步在市（地）级以上城市以及有条件的县（市、区）建立实体性的劳动争议处理机构”。劳动人事争议处理的相关立法工作也逐步推进。2003 年，最高人民法院作出《关于人民法院审理事业单位人事争议案件若干问题的规定》，实现了人事争议仲裁与司法审判的衔接；2005 年，《中华人民共和国公务员法》（以下简称《公务员法》）、《中国人民解放军文职人员条例》颁布，人事争议仲裁工作开始步入法制化轨道。2007 年，中组部、人事部、解放军总政治部联合印发了《人事争议处理规定》，在人事争议仲裁管辖、受理范围和组织机构等方面作出明确规定。2008 年 5 月 1 日，《劳动争议调解仲裁法》开始实施，该法作为劳动争议处理的第一部专门性法律，体现了鼓励和解、强化调解、完善仲裁、诉讼救济的精神；规定部分案件实行有条件的“一裁终局”，延长申请时效，缩短审理时限，实行仲裁免费受理，还对事业单位聘用人员的争议处理进行了明确。同年，国家实施了大部制改革，组建了人力资源和社会保障部。2009 年、2010 年，人力资源和社会保障部相继颁布了《劳动人事争议仲裁办案规则》《劳动人事争议仲裁组织规则》，统一了劳动人事争议的办案程序、组织设置，整合了劳动人事争议处理制度。2009 年，人力资源和社会保障部会同司法部、中华全国总工会、中国企业联合会/中国企业家协会颁布了《关于加强劳动人事争议调解工作的意见》，我国劳动人事争议处理制度趋于完善。这一阶段，劳动争议处理作为重要的人民内部矛盾调处机制，积极预防和处理了一大批争议案件，促进了劳动关系和谐和社会稳定。人事争议处理推动了干部人事制度改革，促进了人才资源的合理配置和开发。

【政策要点】

确立“鼓励和解、强化调解、完善仲裁、诉讼救济”的总体思路

劳动人事争议处理工作有效地贯彻了鼓励和解、强化调解、完善仲裁、诉讼救济，最大限度地通过非诉讼方式解决劳动人事争议的总体思路。

鼓励和解，“以和为先”，优先发挥当事人自行解决纠纷的能力。小案件，通过双方协商自愿和解；大案件，通过政府居中调停促进和解。鼓励用人单位和劳动者发生劳动争议后进行和解。和解先行，“化冲突为和解”，努力找到最佳利益平衡点，保障劳动者在和谐的环境中工作，在和谐的劳动关系中发挥才智，在和谐的氛围中处理纠纷。

强化调解，“以调促和”，立足于把矛盾、纠纷化解在基层，多采取调解方式结案，做好“劳资两利”，促进劳动关系的和谐稳定。一是把着重调解作为劳动争议处理基本原则，强调调解优先。二是整合了社会上的各种调解组织。三是缩短了调解期限，提高了调解协议的效力。明确了调解协议的约束力以及劳动者可以持调解协议书依法向人民法院申请支付令的情形。

完善仲裁，“分类处置”，切实发挥仲裁公正、公平处理劳动人事争议的效能。小额案件，以调解为主；一般案件，简易当先；大额案件，进入仲裁程序开庭快速审理；疑难复杂案件，做好裁审衔接；集体争议案件，优先立案、优先审理、快速结案。此外，还扩大了劳动争议的受案范围，延长了申请仲裁时效，缩短了劳动争议仲裁审理时限，充分体现了仲裁制度的灵活性、及时性。明确了劳动争议仲裁组织机构、仲裁队伍的新要求，建立了实体化的仲裁机构，明确了财政保障。在案件处理过程中，坚持政府、工会、雇主

组织共同参与的三方原则。

司法救济，“裁审衔接”，完善仲裁与诉讼的衔接机制。对部分劳动争议案件实行有条件的“一裁终局”，及时保障劳动者的合法权益，提高仲裁效能。建立了仲裁逾期不受理、不处理的，当事人可以向人民法院起诉的制度，建立了先行裁决、部分裁决的机制，畅通援助和救济渠道。建立人民法院发放支付令和调解协议书司法审查确认的衔接制度，实现调裁衔接，提高调解效果。

强化劳动人事争议调解

调解是一种以争议当事人自愿为基本原则，由第三方参与排解疏导，促进当事人合意的纠纷解决方式，即由双方当事人就以何种方式和内容来解决纠纷等进行协商达成合意，从而使纠纷得以解决。调解在多元化争议处理机制中处于“第一道防线”的基础性地位，在我国具有悠久的历史传统，被称为“东方经验”。我国一直重视劳动人事争议调解工作，并不断探索完善，在化解劳动人事争议中发挥了重要作用。

1. 法律上贯彻调解优先，立足于把矛盾、纠纷化解在基层的原则。①法律规定在仲裁程序中应当先行调解的同时，单列一章专门将调解组织的调解作为劳动争议处理的重要程序进行了明确。规定当事人不愿协商、协商不成或者达成和解协议后不履行的，可以向调解组织申请调解。对于不愿调解、调解不成或者达成调解协议不履行的，可以向劳动争议仲裁委员会申请仲裁。②整合了社会上的各种调解组织来参与劳动争议处理。明确了企业劳动争议调解委员会、依法设立的基层人民调解组织和在乡镇、街道设立的具有劳动争议调解职能的组织三类调解组织，并且完善了企业劳动争议调解委员会的组成，从而拓宽了劳动争议调解渠道。③缩短了调解期限，提高了调解协议的效力。明确规定调解达成的协议对双方当事人具有约束力，当事人应当履行。对于就支付拖欠的劳动报酬、工伤医疗费、经济补偿或者赔偿金事项达成调解协议，用人单位在协议约定期限内不履行的，劳动者可以持调解协议书依法向人民法院申请支付令。

2. 完善工作机制和健全机构、队伍。2005 年，劳动和社会保障部、中华全国总工会、中国企业联合会/中国企业家协会联合发布了《关于进一步加强劳动争议调解工作的通知》，要求各地根据实际切实加强劳动争议调解工作。《劳动争议调解仲裁法》实施以后，为了适应加强劳动争议调解工作的需要，2009 年，人力资源和社会保障部会同司法部、中华全国总工会、中国企业联合会/中国企业家协会共同发布了《关于加强劳动人事争议调解工作的意见》，以发挥四部门的职能优势，形成调解工作合力，共同应对劳动争议案件大幅上升的态势。努力通过调解方式化解争议，维护和谐的劳动人事关系，从而维护社会的稳定。①强化各类调解组织建设。有效发挥以企业、乡镇街道、人民调解为主渠道的调解组织各自的积极作用。指导事业单位及其主管部门积极建立人事争议调解组织，开展人事争议调解工作。②加强劳动人事争议调解与仲裁的相互衔接。指导调解组织和仲裁机构加强协调配合，鼓励仲裁机构委托调解组织进行调解，推行调解建议书制度，引导当事人通过调解解决劳动争议。③建立人力资源和社会保障行政部门主导，工会、企业代表组织及主管部门共同参与的突发性、集体性劳动人事争议应急调解协调机制。④进一步加强调解员队伍建设。拓宽调解员来源范围，不断健全激励保障措施。通过法律知识、调解方法和技巧培训，不断提高调解员队伍素质。⑤明确了人力资源和社会保障行政部门、司法行政部门、工会、企业代表组织的职责分工，四部门各司其职、通力合作，共同推动劳动人事争议调解工作取得新进展。

3. 将劳动人事争议调解工作纳入大调解格局。2006 年，中共中央发布《关于构建社会主义和谐社会若干重大问题的决定》，明确要建立有中国特色的化解社会矛盾纠纷大调解机制，要求“建立党和政府主导的维护群众权益机制，实现人民调解、行政调解、诉讼调解有机结合，更多采用调解方法，综合运用法律、政策、经济、行政等手段和教育、协商、疏导等方法，把矛盾化解在基层、解决在萌芽状态”。人力资源和社会保障部积极按照中央关于

构建矛盾纠纷调处机制和加强与创新社会管理的要求，将劳动争议调解工作纳入中央大调解工作格局。2011 年，中央综治委等 16 个部门联合下发的《关于深入推进矛盾纠纷大调解工作的指导意见》提出："人力资源和社会保障部门会同工会、企业代表组织，通过大调解工作平台，推动乡镇（街道），特别是劳动保障服务所（站）劳动争议调解组织建设，将调解重点向企业相对集中的村（社区）延伸。探索建立健全人力资源和社会保障部门主导的，工会、企业代表组织、人民调解组织及主管部门共同参与的处置突发性、集体性劳动人事争议案件的应急调解机制。推动企业劳动争议调解组织建设，建立有效的劳动争议协商解决机制，做好劳动人事争议调解、仲裁与诉讼衔接工作。"

4. 推进部分国有企业开展劳动争议预防调解示范工作。2010 年，人力资源和社会保障部下发了《关于选择部分国有企业开展劳动争议预防调解示范工作的通知》，率先选择部分国有企业开展劳动争议预防调解示范工作。文件明确了示范工作的指导思想和工作内容，重点推进"四有"，即有健全的调解组织，建立健全以企业劳动争议调解委员会为主要形式的调解组织；有预防在先的工作机制，畅通职工利益诉求表达渠道，指导企业建立健全内部劳动争议协商解决机制，将规范管理、科学管理与人文关怀结合起来，实现劳资两利；有有效的调解制度，注重制度优先，健全内部管理制度，规范调解业务制度，加强工作联系制度，加强调解与仲裁的衔接；有必要的工作条件，确保基层调解仲裁经费落到实处，给予必要的人员、经费和场地支持，加强对调解人员的业务培训和保障措施落实的督促检查。

推进仲裁委员会办事机构实体化建设

根据《劳动法》《企业劳动争议处理条例》以及《劳动争议仲裁委员会组织规则》等规定，劳动争议仲裁委员会由劳动行政部门代表、同级工会代表、用人单位代表组成，是依法成立的独立处理劳动争议案件的常设专门机构，在同级人民政府领导下开展工作，独立行使仲裁权。然而，在实践过程中，劳动行政部门的机关处科（仲裁处、仲裁科）承担了仲裁委员会办事机构的相应职责，造成劳动行政机关的行政事务和劳动争议仲裁委员会案件处理工作没有实现应有的分离，仲裁人员编制、办公经费、工作场所均采用行政方式解决。随着劳动争议案件的快速增长，这一体制已无法适应工作的需要。

为此，在各地试点推进的基础上，2004 年 7 月，劳动和社会保障部提出了“各级劳动保障部门要将地方仲裁委员会的办事机构作为一个实体性工作机构”的工作要点。2004 年 10 月，劳动和社会保障部在深圳召开的全国劳动争议仲裁机构效能建设工作座谈会上，提出推动仲裁机构实体化工作。2006 年 10 月，仲裁机构实体化建设工作列入国务院批转的《劳动和社会保障事业发展“十一五”规划纲要》，明确“全面推进劳动争议仲裁机构实体化建设，逐步在市（地）级以上城市以及有条件的县（市、区）建立实体性的劳动争议处理机构”。2006 年 11 月，劳动和社会保障部明确提出：“争取用三年时间，逐步在全国省会城市和其他中心城市建立实体性劳动争议仲裁机构，并根据实际需要在具备条件的县（市、区）逐步推进劳动争议仲裁机构实体化。”同时明确要求：“各地在推进机构实体化进程中，要注意做到真正使办案机构与行政职能相分离，保证办案人员能稳定、工作经费有保障、工作场所能到位。”《劳动争议调解仲裁法》颁布实施和国家大部制改革以后，人力资源和社会保障部要求各地抓住机构改革的有利时机，把推进仲裁机构实体化作为工作重点。2009年1月下发的《关于进一步做好劳动人事争议调解仲裁工作的通知》提出：“各地要在认真总结近年来实践经验的基础上，加快推进仲裁机构实体化建设。要在稳定现有机构的基础上，按照法律规定的统筹规划、合理布局和适应实际需要的原则，争取用三年时间，在全国地级以上城市和争议案件较多的县（市、区），普遍建立以仲裁院为主要形式的，财政经费保障、具有公共事务管理能力的实体性仲裁办案机构。”2010年1月，经中编办审核同意的《劳动人事争议仲裁组织规则》颁布实施，其中第十条规定：“仲裁委员会可以下设实体化的办事机构，具体承担争议调解仲裁等日常工作。”2010年9月，国务院办公厅转发人力资源和社会保障部等部门《关于进一步促进劳动关系和谐稳定的意见》也强调，要进一步加强劳动人事争议仲裁院建设。

各地积极落实相关要求，推进以仲裁院为主要形式的仲裁机构实体化建设。例如，上海在地方机构改革中率先实现了劳动人事争议仲裁院的全面建立和劳动人事争议仲裁委员会的全面整合。2009年6月，上海市编委专门发文明确建立市、区县劳动人事争议仲裁院，作为劳动人事争议仲裁委员会的实体机构，为参照公务员法管理、财政全额拨款的事业单位；仲裁院的行政管理人员和专职仲裁员应根据本区争议案件的数量和按期结案的实际需要确定，同时对辅助人员采取政府购买服务的方式。与此同时，上海市将原劳动争议仲裁委员会与原人事争议仲裁委员会整合为劳动人事争议仲裁委员会。2009年12月，上海市政府《关于建立上海市劳动人事争议仲裁委员会的通知》明确，建立上海市劳动人事争议仲裁委员会，主任由市政府分管副秘书长担任，副主任由人力资源和社会保障局、总工会领导担任，委员由来源于工会、企联、教育、卫生、国资等部门的人员组成。各区县也相应开展了劳动人事争议仲裁委员会整合工作，初步实现了劳动人事争议工作仲裁机构的统一、办案场所的统一、办案程序的统一、办案人员的统一。据统计，截至2010年年底，全国建立劳动人事争议仲裁院946家，占所有行政区划的29.3%，比“十五”期末增长了7倍多。其中省级仲裁院达到14家，经济发达地区大部分地市一级已基本建立了仲裁院。同时，仲裁员队伍建设取得明显进展，全国共有专兼职仲裁员3.33万人，其中大专及以上占90.5%，法律专业背景占33%。

下一步，要继续将劳动人事争议仲裁院建设作为提高争议处理效能的重要抓手和基础性工作，重点抓好以下几个方面：一是加强仲裁队伍建设，增强争议处理能力。合理配置仲裁工作人员，积极拓展兼职仲裁员渠道，同时加强仲裁员作风建设和能力建设。二是加强仲裁基础设施建设，提高社会服务能力。加强仲裁场所建设，设施功能要齐全，能满足仲裁办案主要环节和辅助环节的功能需求。加强仲裁庭基础设备的配备和更新。加强仲裁信息化建设，逐步实现案件办理过程和结果的信息共享。三是落实仲裁专项经费，提高保障能力。依法保障仲裁经费需要，及时将仲裁经费列入当地财政预算，确保仲裁经费由同级财政予以保障，并做到专款专用。四是完善仲裁工作制度，提高科学管理能力。要建立健全仲裁委员会工作制度，充分发挥三方机制的作用，切实发挥仲裁委员会在聘任、解聘仲裁员以及受理案件、处理重大疑难案件、对仲裁活动监督方面的作用。“十二五”时期，要在全国普遍建立适应社会主义市场经济发展需要和符合构建和谐劳动人事关系要求，体现高效、便捷、公正的劳动人事争议仲裁特色，争议处理能力强，社会公信度高，具有较高社会管理和服务能力的仲裁院。

推进劳动人事争议调解仲裁工作的整合

随着《劳动合同法》《劳动争议调解仲裁法》的相继实施及人力资源和社会保障部的组建，劳动人事争议调解仲裁工作逐步得到了整合，实现了管理体制统一、办案程序统一、办案机构统一。

1. 管理体制统一。国家组建了人力资源和社会保障部，成立了调解仲裁管理司，负责对全国劳动人事争议调解仲裁工作的统一指导和处理，实现了管理体制的统一，实现了人事争议处理和劳动争议处理行政指导职能的有机整合。地方在政府机构改革中，相应在人力资源和社会保障部门内设立调解仲裁管理机构，整合劳动、人事争议调解仲裁两大系统资源，初步形成了自上而下的组织框架，解决了劳动争议处理和人事争议处理“二元”分割的问题，充分发挥了劳动争议处理法律法规及政策依据多和人事争议处理合作部门多的优势。

2. 办案程序统一。2009 年 1 月，人力资源和社会保障部发布了《劳动人事争议仲裁办案规则》，明确规定劳动人事争议仲裁的受理范围、当事人确定、举证责任，以及案件处理的申请和受理、开庭和裁决等方面均适用统一的规则，有效统一了劳动、人事争议仲裁的办案程序。

3. 办案机构统一。2010 年 1 月，人力资源和社会保障部发布了《劳动人事争议仲裁组织规则》，从上到下统一了劳动、人事争议仲裁机构，解决了仲裁机构统一性和加强仲裁员管理的问题。在仲裁委员会及其办事机构设立方面，统一设立劳动人事争议仲裁委员会，不再分别设立劳动争议仲裁委员会、人事争议仲裁委员会，明确劳动争议仲裁员、人事争议仲裁员统称劳动人事争议仲裁员，明确建立实体化的劳动人事争议仲裁院，推进了仲裁机构的组织名称统一、办案场所统一、管理体制统一以及仲裁员管理制度的统一。目前全国完成劳动人事争议仲裁委员会整合的有 1 515 家，占所有行政区划的 47%。

【典型事件】

➢ 出台劳动争议处理第一部专门法律——《劳动争议调解仲裁法》

2007 年 12 月 29 日，《劳动争议调解仲裁法》由十届全国人大常委会第三十一次会议审议通过，自 2008 年 5 月 1 日起施行。该法是继《劳动合同法》和《就业促进法》之后，国家在劳动关系领域颁布的又一部重要法律，对于进一步完善我国的劳动保障法律体系、保护当事人的合法权益、促进劳动关系和谐稳定、构建社会主义和谐社会，具有十分重要的意义。

《劳动争议调解仲裁法》在劳动争议调解仲裁体制机制建设方面具有如下创新：

1. 调整了劳动争议处理的基本程序。一是规定发生劳动争议，劳动者可以与用人单位协商，也可以请工会或者第三方共同与用人单位协商，达成和解协议。二是规定发生劳动争议，当事人不愿协商、协商不成或者达成和解协议后不履行的，可以向调解组织申请调解。三是当事人不愿调解、调解不成或者达成调解协议后不履行的，可以向劳动争议仲裁委员会申请仲裁。四是规定下列劳动争议仲裁案件，除本法另有规定的外，仲裁裁决为终局裁决，裁决书自作出之日起发生法律效力：①追索劳动报酬、工伤医疗费、经济补偿或者赔偿金，不超过当地月最低工资标准 12 个月金额的争议；②因执行国家的劳动标准在工作时间、休息休假、社会保险等方面发生的争议。五是规定当事人对实行“一裁终局”案件以外的其他劳动争议案件的仲裁裁决不服的，可以自收到仲裁裁决书之日起 15 日内向人民法院提起诉讼；期满不起诉的，裁决书发生法律效力。

2. 调整了劳动争议的范围。《劳动争议调解仲裁法》总结多年来劳动争议处理的实践，明确下列劳动争议适用本法：①因确认劳动关系发生的争议；②因订立、履行、变更、解除和终止劳动合同发生的争议；③因除名、辞退和辞职、离职发生的争议；④因工作时间、休息休假、社会保险、福利、培训以及劳动保护发生的争议；⑤因劳动报酬、工伤医疗费、经济补偿或者赔偿金等发生的争议；⑥法律、法规规定的其他劳动争议。

3. 明确了劳动争议处理的举证责任和分配原则。《劳动争议调解仲裁法》规定，发生劳动争议，当事人对自己提出的主张，有责任提供证据。这是劳动争议举证责任的一般原则。同时，考虑到用人单位作为用工主体方掌握和管理着劳动者的档案、工资发放、社会保险费缴纳、劳动保护提供等情况和材料，劳动者一般无法取得和提供，因此对用人单位提供证据又作出了特别规定：与争议事项有关的证据属于用人单位掌握管理的，用人单位应当提供；用人单位不提供的，应当承担不利后果。

4. 强化劳动争议调解。一是调整、充实了劳动争议调解组织。①保留企业劳动争议调解委员会。规定企业劳动争议调解委员会由职工代表和企业代表组成；职工代表由工会成员担任或者由全体职工推举产生；主任由工会代表或者双方推举的人员担任。②增加两类劳动争议调解组织，即依法设立的基层人民调解组织和在乡镇、街道设立的具有劳动争议调解职能的组织。二是提高了对劳动争议调解组织及调解员的要求。①劳动争议调解组织的调解员应当由公道正派、联系群众、热心调解工作，并具有一定法律知识、政策水平和文化水平的成年公民担任。②当事人申请劳动争议调解可以书面申请，也可以口头申请。口头申请的，调解组织应当当场记录申请人基本情况，申请调解的争议事项、理由和时间。③调解劳动争议，应当充分听取双方当事人对事实和理由的陈述，耐心疏导，帮助其达成协议。④自劳动争议调解组织收到调解申请之日起 15 日内未达成调解协议的，当事人可以依法申请仲裁。即调解的期限应当为 15 日内，逾期未达成协议的，视为调解不成。三是适当提高了调解协议的效力。为了解决调解协议书约束力不强的问题，《劳动争议调解仲裁法》规定，经调解达成协议的，应当制作调解协议书，由双方当事人签名或者盖章，经调解员签名并加盖调解组织印章后生效，对双方当事人具有约束力，当事人应当履行。如果一方当事人在协议约定期限内不履行调解协议的，另一方当事人可以依法申请仲裁。同时，又特别规定，对于因支付拖欠劳动报酬、工伤医疗费、经济补偿或者赔偿金事项达成调解协议，用人单位在协议约定期限内不履行的，劳动者可以持调解协议书依法向人民法院申请支付令。人民法院应当依法发出支付令。

5. 进一步完善劳动争议仲裁制度。一是规定了劳动争议仲裁委员会的设立原则。《劳动争议调解仲裁法》规定，劳动争议仲裁委员会按照统筹规划、合理布局和适应实际需要的原则设立。省、自治区人民政府可以决定在市、县设立；直辖市人民政府可以决定在区、县设立。直辖市、设区的市也可以设立一个或者若干个劳动争议仲裁委员会。劳动争议仲裁委员会不按行政区划层层设立。二是明确了劳动争议仲裁委员会的组成及职责。《劳动争议调解仲裁法》规定，劳动争议仲裁委员会由劳动行政部门代表、工会代表和企业方面代表组成，人员应当是单数。劳动争议仲裁委员会依法履行下列职责：①聘任、解聘专职或者兼职仲裁员；②受理劳动争议案件；③讨论重大或者疑难的劳动争议案件；④对仲裁活动进行监督。劳动争议仲裁委员会下设办事机构，负责办理劳动争议仲裁委员会的日常工作。三是调整了劳动争议仲裁委员会的经费来源。为了减轻申请劳动争议仲裁的劳动者的经济负担，同时保障劳动争议仲裁机构的工作经费，《劳动争议调解仲裁法》将原规定的“仲裁委员会的经费来源主要是仲裁费的收缴及财政等方面的补贴”，“劳动争议当事人申请仲裁，应当按照国家有关规定交纳仲裁费。仲裁费包括案件受理费和处理费”，调整为“劳动争议仲裁不收费。劳动争议仲裁委员会的经费由财政予以保障”。四是提高了聘任劳动争议仲裁员的资格条件。根据现行有关规定，专职仲裁员从劳动行政部门专门从事劳动争议处理工作的人员中聘任；兼职仲裁员从劳动行政部门或其他行政部门的人员、工会工作者、专家、学者和律师中聘任；仲裁员应当从事劳动争议处理工作三年以上或从事与劳动争议处理工作有关的工作五年以上。《劳动争议调解仲裁法》将现行规定调整为，仲裁员应当公道正派并符合下列条件之一：①曾任审判员的；②从事法律研究、教学工作并具有中级以上职称的；③具有法律知识、从事人力资源管理或者工会等专业工作满五年的；④律师执业满三年的。这一调整，将曾任审判员的人员纳入仲裁员聘任人选，将劳动行政部门中的聘任人选应从事劳动争议处理工作三年以上提高到五年以上，对专家学者的职称和律师执业年限提出了要求，有利于进一步提高仲裁员队伍的专业化素质，也有利于从源头上提高劳动争议仲裁质量和效率。五是完善了仲裁时效制度。①延长了申请时效期间。规定劳动争议申请仲裁的时效期间为一年，仲裁时效期间从当事人知道或者应当知道其权利被侵害之日起计算。②针对实践中拖欠劳动报酬的问题比较突出，而劳动者在劳动关系存续期间往往不敢申请仲裁的情况，作出特别规定：劳动关系存续期间因拖欠劳动报酬发生争议的，劳动者申请仲裁不受上述仲裁时效期间的限制；但是，劳动关系终止的，应当自劳动关系终止之日起一年内提出。③补充规定了时效中断制度。规定仲裁时效因当事人一方向对方当事人主张权利，或者向有关部门请求权利救济，或者对方当事人同意履行义务而中断。从中断时起，时效期间重新计算。④完善了时效中止制度。规定因不可抗力或者有其他正当理由，当事人不能在时效期间内申请仲裁的，时效中止。从中止时效的原因消除之日起，时效期间继续计算。六是规定了部分裁决和先予执行。为了保障劳动者不因合法权益遭受用人单位侵害而致使生活受到严重影响，《劳动争议调解仲裁法》在总结现行劳动争议仲裁部分裁决制度和民事诉讼法中先予执行制度的基础上，规定仲裁庭裁决劳动争议案件时，其中一部分事实已经清楚，可以就该部分先行裁决。仲裁庭对追索劳动报酬、工伤医疗费、经济补偿或者赔偿金的案件，根据当事人的申请，可以裁决先予执行，移送人民法院执行。仲裁庭裁决先予执行的，应当符合下列条件：①当事人之间权利义务关系明确；②不先予执行将严重影响申请人的生活。劳动者申请先予执行的，可以不提供担保。

➤ 召开首次全国劳动人事争议调解仲裁工作座谈会

2009年1月6日至7日，首次全国劳动人事争议调解仲裁工作座谈会在广西壮族自治区南宁市召开。这是在特殊的历史背景下召开的一次重要会议。一是《劳动争议调解仲裁法》要求对劳动、人事争议调解仲裁两大系统进行资源整合。二是国家组建人力资源和社会保障部并成立调解仲裁管理司后，初步实现了人事争议处理和劳动争议处理行政职能和管理体制的有机整合。地方则处在政府机构改革过程中，劳动、人事争议调解仲裁的整合刚刚起步。三是2008年国际金融危机爆发，对我国实体经济冲击的影响日益呈现，劳动争议案件呈现井喷态势，沿海地区经营者欠薪逃匿引发集体劳动争议案件大幅上升，对抗性增强，劳动人事争议亟待依法稳妥处理。

在这样一个特殊的历史背景下，会议总结了改革开放以来劳动人事争议调解仲裁工作取得的成效，交流了各地对贯彻《劳动争议调解仲裁法》的经验做法，全面分析了形势，部署了主要任务。各省、自治区、直辖市人事厅(局)、劳动保障厅（局)，新疆生产建设兵团人事局、劳动保障局，各计划单列市人事局、劳动保障局分管劳动人事争议调解仲裁工作的厅（局）长和仲裁处长共200余人参加了会议。

人力资源和社会保障部部长尹蔚民对座谈会的召开作了重要批示，强调指出：近年来，劳动人事争议调解仲裁工作紧紧围绕改革发展稳定大局，在维护争议当事人合法权益、平衡社会利益、实现社会公平、促进劳动人事关系和谐和社会稳定等方面发挥了重要作用。当前，国际金融危机对我国经济的影响持续加深，对人力资源和社会保障工作的影响日益显现，劳动人事争议案件大幅上升。对此，各级劳动人事争议调解仲裁机构要加大调解力度，完善办案制度，强化机构建设，提高队伍素质，发挥劳动人事争议调解仲裁资源整合的优势，为应对和解决当前劳动人事争议调解仲裁工作出现的新情况、新问题，为推动劳动人事争议调解仲裁事业科学发展、构建和谐的劳动

人事关系和维护社会稳定，作出新的更大的贡献。尹蔚民部长的批示，是对全国劳动人事争议调解仲裁工作者极大的鼓舞和鞭策。人力资源和社会保障部副部长杨志明到会并讲话。杨志明副部长全面总结回顾了劳动人事争议处理的主要发展历程、劳动人事争议调解仲裁工作的主要经验，分析了当前调解仲裁工作的主要特点和存在的问题，对探索新时期劳动人事争议调解仲裁的有效途径提出了要求。在全面分析当前调解仲裁工作所面临的严峻挑战和难得发展机遇的基础上，明确今后一个时期调解仲裁工作的开展思路是：深入贯彻落实科学发展观，以全面贯彻实施《劳动争议调解仲裁法》和机构改革为契机，以仲裁机构实体化建设取得突破性进展为重点，以加强调解仲裁体制、机制和能力为基础，实现劳动人事争议处理的有机整合，建立多渠道、开放式的调解网络，建立高效便捷、公平公正的仲裁制度，建立高素质的调解员、仲裁员队伍，努力提高争议处理效能，促进劳动人事关系和谐和社会稳定。就如何做好当前及今后一个时期的劳动人事争议处理工作，提出了六项主要工作：一是以建立多渠道、开放式的调解网络为重点，用柔性化方式将多数简单争议化解在基层；二是以兼顾提高案件审理质量和处理效率为重点，加大仲裁办案力度；三是以推进仲裁机构实体化为突破口，切实提高劳动人事争议处理效能建设；四是以机构改革为契机，实现劳动人事争议处理的有机整合；五是以建立案件处理快速反应机制为重点，快立、快办、快结、办好集体劳动争议案件；六是以加强协调处置和夯实工作基础为重点，保障调解仲裁工作任务落实到位。广西壮族自治区人事厅、广西壮族自治区劳动保障厅、北京市劳动保障局、河北省劳动保障厅、江西省人事厅、山东省人事厅、广东省劳动保障厅、青岛市劳动保障局等 8 个单位负责人作了大会典型发言。会议还分组讨论了《劳动人事争议仲裁组织规则（讨论稿）》《关于加强劳动人事争议调解工作的意见（讨论稿）》《企业劳动争议调解委员会组织及工作办法（讨论稿）》《2009 年劳动人事争议调解仲裁工作要点（讨论稿）》4 个文件稿。

会议第一次为全国人事、劳动保障部门从事调解仲裁工作的同志提供了横向交流的平台，与会同志普遍表示，通过这次会议，一是提高了对调解仲裁工作本质特征、内在联系和发展规律的认识，提高了对新时期做好调解仲裁工作重要性、紧迫性的认识，增强了责任感和使命感；二是明确了调解仲裁工作面临的国家改革发展形势、国内外经济形势、机构改革形势和劳动人事制度改革形势，明确了调解仲裁工作今后的发展方向、工作思路和主要任务；三是交流了先进的经验做法，促进了劳动争议处理与人事争议处理互通有无、优势互补、互促共进，为下一步实现全面整合奠定了基础。这次会议的召开强调了调解仲裁工作在维护争议当事人合法权益、平衡社会利益、实现社会公平、促进劳动人事关系和谐和社会稳定等方面发挥的重要作用，系统分析了调解仲裁工作面临的机遇与挑战，为做好新时期调解仲裁工作指明了方向，对于推动劳动人事争议调解仲裁工作具有里程碑意义。

➢ 深圳建立全国首家实体化仲裁机构

深圳市 1986 年就成立了由政府、工会、企业联合会三方组成的劳动争议仲裁委员会，在劳动局下设仲裁办，共 6 名编制，与行政机关一套人马，两块牌子。作为我国改革开放的“窗口”和“试验田”，深圳较为发达的市场经济带来的劳资关系深刻变化，使得劳资纠纷急剧增长，对旧的劳动争议处理体制提出了全新的挑战。6 年间，年劳动争议案件数量从 1986 年的 54 宗增加到 2001 年的 16 416 宗，增长近 300 倍，约占全国劳动争议案件的 10%，案多人少的矛盾十分尖锐，造成的积案问题非常突出。当时，深圳市劳动局全体人员几乎都参与办案，每个处都有办案指标。然而，在这种办案人员七拼八凑的情况下，不但没能有效缓解案件积压的局面，还影响了办案质量，导致大量当事人投诉。对仲裁机构进行改革，提高新形势下仲裁机构处理劳动争议的效能已成为一个非常迫切的问题。

2001 年 11 月，深圳市委、市政府决定将劳动仲裁部门从行政部门中分离出来，成立专门的办案机构——深圳市劳动仲裁院（后更名为深圳市劳动人事争议仲裁院）。该院为全国首家实体化仲裁机构。仲裁院为副厅级行政事业单位，财政单独立户，经费全部来自财政拨款。仲裁院下设三庭一室，即立案调解庭、审理一庭、审理二庭和综合办公室。其中，立案调解庭负责劳动争议申诉的立案和案前的简易调解工作，审理一庭、审理二庭负责普通和重大集体劳动争议案件的审理、案中调解和裁决、文书送达等工作，综合办公室负责内部行政事务工作。人员编制由过去仲裁办的 6 人增加到 29 人。新录用的编内人员一律实行公开招考，并要求应考人员必须是本科以上的法律专业人员。编外书记员和行政后勤人员实行聘用制，书记员的录用条件为具有法律专业大专以上学历，熟练掌握计算机操作。设立 3 个调解室、7 个仲裁庭，各仲裁庭均配备了专用计算机和打印机，设置了扩音设备、多媒体投影设备和多功能证据展示台，开发了计算机笔录系统，装备了庭审音像合成监控系统和保安监控系统。

通过实体化改革，剥离了劳动仲裁机构原来承担的行政职能，使之回归仲裁本位，突出其独立、中立、体现三方机制的特性，得到了劳动争议当事人的进一步认可。仲裁院的准司法地位得到很大加强，不仅改变了过去劳动仲裁机构与审判机关相比过于弱势的情况，办案效能也大大提高。成立仲裁

院前，一起案件最长排期长达 9 个月，成立仲裁院后，所有案件均在法定期限内得到解决。实现人员专职办案后，队伍专业化建设进一步加强，仲裁员素质显著提高，案件处理质量也得到大幅提升，调解结案率明显上升。经费、场所、设备等基础保障更加完善，为仲裁工作顺利开展提供了更为有利的条件。

从 2001 年成立到 2009 年劳动人事争议仲裁整合，深圳市劳动仲裁院累计处理劳动争议案件 20 多万宗，涉及劳动者 100 多万人次，约 50%的案件通过调解方式得到解决，为深圳市的经济发展和社会稳定作出了重大贡献，对建设和谐深圳发挥了重要作用。

深圳市率先设立实体化仲裁机构的成功经验，也为全国仲裁机构实体化建设发挥了积极的示范作用。2004 年 10 月 27 日，劳动和社会保障部在深圳召开全国劳动争议仲裁机构效能建设工作座谈会，推广深圳等地的先进经验，提出在全国大力加强劳动争议仲裁组织机构建设，把劳动仲裁工作从劳动保障行政相关业务部门中分离出来，实现人员、经费、场所、机构相对独立，把仲裁机构真正建成能快速调处劳动争议的实体机构。

【成就与评价】

我国劳动人事争议调解仲裁制度是基于争议当事人的申请，由法定专门机构居中作出调解意见或仲裁裁决的一项法律制度，具有法定性、专门性、社会性的特点，与我国现行民事诉讼和其他市场经济国家劳动争议处理制度相比，它具有快捷、灵活、低成本的优势。它既有与其他市场经济国家相同的特性，又具有中国特色的劳动人事权益救济的特性，是社会主义市场经济体制的重要组成部分。随着劳动人事争议处理制度的恢复与完善，在实现社会公平、平衡社会利益、维护争议双方合法权益、完善社会主义法制建设、加强社会管理等方面已经和正在发挥着越来越难以替代的作用。

（一）初步构建了中国特色的劳动人事关系依法调整、有机衔接的多层次争议处理体系

自 1987 年恢复劳动争议仲裁制度和 1997 年建立人事争议仲裁制度以来，我国已初步形成了以《劳动争议调解仲裁法》为基础，以《公务员法》《劳动合同法》《劳动合同法实施条例》《中国人民解放军文职人员条例》《人事争议处理规定》《劳动人事争议仲裁办案规则》《劳动人事争议仲裁组织规则》等法、条例、规章为主，有关政策集成配套的劳动人事争议调解仲裁法律政策体系。建立了覆盖协商、调解、仲裁等非诉讼全程的争议处理制度体系，为解决劳动人事争议、维护争议双方当事人合法权益发挥了重要作用。经过多年的实践，劳动人事仲裁资源得以整合，协商、调解机制得以完善，实体化仲裁机构得以建设，仲裁机构的定位得以明确，调解“案结、事了、人和”的特点日益显现，仲裁“快捷、灵活、低成本”的优势得到发挥，争议处理效能明显提升。

（二）稳妥处理大量劳动人事争议，维护双方合法权益，促进了劳动人事关系和谐稳定

劳动人事争议处理制度的日益完善，对于公正及时地解决劳动人事争议、保护争议当事人的合法权益、促进劳动人事关系和谐稳定、构建社会主义和谐社会，具有十分重要的意义。“十一五”时期，全国各级劳动人事争议调解仲裁机构共立案处理争议案件 264. 6 万件，是“十五”时期 113. 9 万件的 2. 3 倍，比 1987—2005 年近 20 年的 172. 3 万件还多 92. 3 万件。2010 年，各级调解仲裁机构共处理争议案件 128. 7 万件。同时，争议处理质量和效率同步提高，调解仲裁机构的社会公信力和认可度明显提升，调解仲裁工作化解劳资纠纷、维护社会稳定的作用日益凸显，得到社会各界的认可。经过各地不懈努力，2008 年争议案件“井喷”的态势得到有效遏制，2009—2010 年实现了从案件增幅趋缓到案件总量逐步下降，减少了冲突性，增强了协调性，从总

体上维护了劳动人事关系和谐稳定。

（三）推动了劳动人事制度和国有企业、机关事业单位的改革

劳动人事争议处理制度在自身不断完善的同时，通过对案件特点的分析，也总结反映出我国劳动人事关系的发展变化以及经济社会发展的要求，从而推动了劳动人事制度和国有企业、机关事业单位的改革，顺应了我国经济体制、社会结构、利益格局和人们思想观念的变化，以及工业化、市场化、城镇化、全球化进程。特别是在事业单位人事制度改革不断深化的过程中，各地调解仲裁机构克服人事争议处理立法层次低、缺乏实体法律依据，导致争议案件难以依法处理等困难，加强与事业单位主管部门的沟通协调，妥善处理了一批复杂疑难的人事争议案件，并积极反馈事业单位人事管理中存在的制度性问题，保障和促进了事业单位人事制度改革的顺利开展。

（四）劳动人事争议处理制度尚有待进一步完善

《劳动争议调解仲裁法》的颁布施行和国务院实行大部制改革，推动了新时期劳动人事争议调解仲裁制度朝着法律适用统一、办案机构统一、办案程序统一的方向发展。新组建的人力资源和社会保障部为贯彻实施该法，先后制定并实施了《劳动人事争议仲裁办案规则》《劳动人事争议仲裁组织规则》。各地仲裁、司法部门也在不断总结经验，采取积极措施贯彻实施《劳动争议调解仲裁法》，有效发挥了化解劳动争议、促进劳动人事关系和谐稳定的重要作用。当然，在实践中调解仲裁工作仍然存在一些问题有待明确。主要体现在：一是仲裁机构和队伍建设难以适应劳动人事争议处理的需要，如实体化建设发展不平衡、案多人少矛盾尚未有效化解、财政保障机制有待落实等。二是仲裁委员会的组织体系尚有待进一步理顺与规范。劳动争议仲裁委员会与人事争议仲裁委员会的整合没有完全到位，省级仲裁机构呈现弱化态势和县级仲裁机构空置态势并存。三是仲裁的权威性和统一性有待进一步提升，仲裁案件处理的规范化程度和处理质量有待提高。四是仲裁与诉讼程序有待

进一步有机衔接。五是劳动人事争议协商调解的效能有待提高。

【大事记】

1987年

7月31日，国务院发布《国营企业劳动争议处理暂行规定》。

1993年

8月1日，国务院发布《企业劳动争议处理条例》。

1994年

7月5日，《劳动法》颁布，确立了以协商、调解、仲裁、诉讼为主要环节的劳动争议处理制度。

1997年

8月8日，人事部发布《人事争议处理暂行规定》。

2002年

7月6日，国务院办公厅转发人事部关于在事业单位试行人员聘用制度的意见，要求认真做好人事争议处理工作。

2004年

10月27日，劳动和社会保障部在深圳召开了全国劳动争议仲裁机构效能建设工作座谈会。

2005年

4月27日，《公务员法》颁布，其中第一百条规定“国家建立人事争议仲裁制度”。

6月23日，《中国人民解放军文职人员条例》颁布，将聘用单位与文职人员因履行聘用合同发生的争议纳入人事争议仲裁受理范围。

8月4日，劳动和社会保障部、中华全国总工会、中国企业联合会/中国企业家协会联合发布《关于进一步加强劳动争议调解工作的通知》。

2006年

10月13日，国务院批转《劳动和社会保障事业发展“十一五”规划纲要》，提出“全面推进劳动争议仲裁机构实体化建设”。

2007 年

6 月 29 日，《劳动合同法》颁布，劳动争议处理的实体法律依据更加完备。

8 月 9 日，中组部、人事部、解放军总政治部联合发布《人事争议处理规定》。

12 月 29 日，《劳动争议调解仲裁法》颁布。

2008 年

7 月 12 日，人力资源和社会保障部设立调解仲裁管理司，对全国劳动人事争议调解仲裁工作进行统一指导。

2009 年

1 月 1 日，《劳动人事争议仲裁办案规则》颁布。同日，人力资源和社会保障部发布《关于进一步做好劳动人事争议调解仲裁工作的通知》。

1 月 6 日，人力资源和社会保障部在广西壮族自治区南宁市召开首次全国劳动人事争议调解仲裁工作座谈会。

10 月 30 日，人力资源和社会保障部会同司法部、中华全国总工会、中国企业联合会/中国企业家协会发布《关于加强劳动人事争议调解工作的意见》。

2010 年

1 月 20 日，《劳动人事争议仲裁组织规则》颁布。

9 月 5 日，《国务院办公厅转发人力资源和社会保障部等部门关于进一步促进劳动关系和谐稳定意见的通知》发布，要求加大劳动争议处理力度。

9 月 13 日，最高人民法院发布《关于审理劳动争议的司法解释（三）》。

9 月 19 日，人力资源和社会保障部发布《关于选择部分国有企业开展劳动争议预防调解示范工作的通知》。

2011 年

3 月 16 日，国务院发布《国民经济和社会发展第十二个五年规划纲要》，提出“完善劳动争议处理机制，加强劳动争议调解仲裁”。

专题 11

劳动保障监察制度的建立和完善

【背　景】

新中国成立后的一个时期内，在高度集中的计划经济体制下，劳动关系的建立、工资分配、保险福利等都是由国家统一制定政策，通过自上而下的行政指令或指令性计划来实施。党的十一届三中全会召开以后，随着改革开放的逐步推进，特别是社会主义市场经济体制的建立和完善，我国劳动关系发生了深刻变化。一是劳动关系向多样化发展。在改革开放中，计划经济体制下形成的较为单一的全民所有制被以公有制为主体、多种经济形式并存的局面所取代。1992 年外商投资企业职工人数已达 282 万人，比 1985 年增长了 40 倍，城镇个体劳动者 838 万人，比 1982 年增长了 24%，私营企业职工已达 360 万人。二是劳动关系主体日益明确。在计划经济体制下的国有企业，职工是国家职工，劳动关系双方的主体地位并不明确。发展社会主义市场经济后，企业和劳动者成为相对独立的主体，企业享有了用人自主权，劳动者也可以自由地选择职业，劳动关系双方的主体地位日益明确。三是劳动关系呈现不稳定性。在经济体制转轨过程中，涉及各种利益关系的调整，劳动关系双方的利益冲突加剧，劳动争议数量增加。在这一形势下，迫切需要通过法律手段来规范劳动关系的建立、运行和终止、解除，使劳动关系的发展纳入法制化和规范化的轨道。特别是随着国有企业改革的不断推进和非公有制经济的迅速发展，以及劳动力市场的培育和发展，一些单位违反劳动保障法律法规、侵害劳动者合法权益的现象时有发生，有的甚至引发突发性事件，影响了社会稳定。因此，劳动保障监察作为政府依法调整劳动关系、监管劳动力市场的重要手段被提上了改革日程。

20 世纪 80 年代末，在市场经济发展较快的深圳、珠海等经济特区和沿海开放地区，劳动部门率先对企业遵守劳动管理、工资分配、社会保险、职业技能开发等方面法律法规情况进行了全面监察。1993 年 8 月，劳动部发布了《劳动监察规定》，对劳动安全卫生以外的劳动法律法规内容的监察作了规定，明确了劳动行政部门的劳动监察职责。1994 年，全国人大常委会审议通过了《劳动法》，设有“监督检查”专章，进一步明确了劳动监察的机构和职责。与此相配套，劳动部相继制定了《劳动监察员管理办法》《劳动监察员准则》《劳动监察程序规定》《处理举报劳动违法行为规定》等规定。2004 年 11 月 1 日，国务院发布《劳动保障监察条例》，劳动保障监察工作进入一个新的历史时期。在 2008 年国务院机构改革中，新组建的人力资源和社会保障部设立了劳动监察局，成为劳动保障监察事业发展的又一个重要里程碑，为劳动保障监察维权工作再上新台阶注入了新的发展动力。目前，我国已初步形成制度较为完善、机构普遍建立、执法工作全面开展的劳动保障监察体系。

【政策要点】

明确劳动保障监察的主要原则

劳动保障监察是实施行政监督检查，并作出行政处理决定或行政处罚决定的行政执法行为，因此既应遵循行政执法特别是行政处罚的原则，也要坚持其特有原则。根据《劳动法》《行政处罚法》及《劳动保障监察条例》等法律法规的规定，主要有以下几方面原则：一是合法原则。要求劳动保障监察执法主体、适用法律及执法程序都必须符合法律规定。二是公开原则。要求劳动保障监察执法活动除法律有特殊规定外，应当向社会公开。三是公正原则。这一原则是对合法原则的补充，要求劳动保障监察在履行职责时，不仅要在实体上和程序上合法，还要注意权利与义务、个人利益与国家和集体利益之间的平衡，行政行为必须符合客观规律，合乎情理，不能要求行政相对人承担其无法履行或违背情理的义务。四是高效、便民原则。在监察执法活动中要创造条件为用人单位和劳动者提供方便快捷的服务，尽可能不影响用人单位正常的生产和经营活动，及时处理违法行为。五是处罚与教育相结合原则。处罚的目的是促使用人单位认清违法后果，树立自觉遵守法律法规的观念。但也不能只教育不处罚，没有处罚作后盾，教育不能产生制止违法行为的理想结果，不能体现法律的严肃性。[①]

强化劳动保障监察的职责

按照依法行政的要求，劳动保障监察必须做到职权法定。各级劳动保障监察行政部门都必须在《劳动法》《劳动保障监察条例》等规定的范围内履行以下职责：一是宣传人力资源社会保障法律、法规和规章，督促用人单位贯彻执行。劳动保障监察机构采取在新闻媒体上开辟专栏、举办培训班、印发宣传材料、解答用人单位和劳动者咨询以及公布重大违法行为等多种方式，宣传人力资源社会保障法律、法规和规章，引导用人单位自觉守法，同时使劳动者掌握维护自身合法权益的法律武器。二是检查用人单位遵守人力资源社会保障法律、法规和规章的情况。劳动保障监察机构综合运用日常巡视检查、审查用人单位报送的书面材料、专项检查等执法方式，主动对用人单位进行执法检查，了解用人单位遵守人力资源社会保障法律、法规和规章的情况。三是受理对违反人力资源社会保障法律、法规或者规章的行为的举报投诉。任何组织或个人对劳动保障违法行为都有权向劳动保障监察行政部门举报，劳动者认为用人单位侵犯其合法权益的，有权向劳动保障监察行政部门投诉，劳动保障监察机构依法受理举报投诉案件并组织开展调查。四是依法纠正和查处违反人力资源社会保障法律、法规或者规章的行为。劳动保障监察机构对在执法检查中发现的劳动保障违法行为，依法认定违法事实，作出

① 步正发主编. 劳动保障监察执法手册［M］. 北京：中国市场出版社，2006：9-13.

处理决定，并监督用人单位纠正违法行为和履行处理决定，切实维护劳动者的合法权益。①

完善劳动保障监察执法方式

劳动保障监察共确立了日常巡视检查、书面审查、举报投诉调查、专项检查、大要案专查等五种主要的执法方式。日常巡视检查是劳动保障监察机构按照制订的检查计划，组织劳动保障监察员以一定的周期和频率，对用人单位开展的行政执法活动。通过日常巡视检查，劳动保障监察机构了解人力资源社会保障法律、法规和规章的实施情况，向用人单位提供用工指导和政策咨询，并向有关部门反馈法律实施中存在的问题。书面审查是劳动保障监察机构依法要求用人单位报送遵守人力资源社会保障法律、法规和规章情况的书面材料，并对书面材料进行核查的行政执法活动。通过开展书面审查，劳动保障监察机构可以全面了解用人单位遵守人力资源社会保障法律、法规和规章的情况，督促用人单位自觉守法并主动纠正违法行为。举报投诉调查是劳动保障监察机构依法受理举报投诉案件，并对违法行为展开调查处理的行政执法活动。通过接受举报投诉，劳动保障监察机构可以及时掌握违法行为线索，引导劳动者利用法律手段维护自身权益，发挥社会监督对贯彻实施人力资源社会保障法律、法规和规章的推动作用。专项检查是劳动保障监察机构针对人力资源社会保障法律、法规和规章实施中存在的突出问题，集中一定时间和人员统一开展的行政执法活动。通过开展专项检查，劳动保障监察机构可以集中执法力量有效解决不同时期、不同地区、不同行业存在的突出违法问题，遏制一些违法行为频发的态势。大要案专查是劳动保障监察机构对违法性质恶劣、社会危害性大的案件进行调查处理的行政执法活动。

---

① 国务院法制办政法劳动社会保障司，劳动和社会保障部法制司．劳动保障监察条例释义[M]．北京：中国工人出版社，2004：55-60.

创新劳动保障监察“两网化”监管模式

劳动保障监察网格化、网络化管理，是劳动保障监察运用计算机网格理论，以信息化手段为支撑，创新监管模式的重要成果，是实现执法模式由被动反应型向主动预防型转变，监管范围由以城镇为主向覆盖城乡转变的重要措施。2004 年，上海市在全国率先开展网格化、网络化管理。2009—2010 年，在全国 60 个城市开展劳动保障监察网格化、网络化管理试点，取得了明显的成效。截至 2010 年 12 月，60 个试点城市已建立监察网格 2 万多个，聘用监察协管员 20 691 人，强化了监察执法基础工作，切实改善了基层监察执法力量不足的状况。劳动保障监察网格化管理，是劳动保障监察机构按照管辖区域内用人单位和劳动者的数量，以便利劳动者举报投诉和服务企业为导向，以街道（乡镇）或社区为基础，将管辖区域划分为若干网格，配备监察人员，明确监管职责，分配工作任务，实现对监察对象的有效监管。劳动保障监察网络化管理，是在网格化管理的基础上，建设劳动保障监察信息管理系统，构建劳动保障监察管理平台，整合和利用监察信息，实现劳动保障监察管理信息化、执法规范化、监管一体化。

【典型事件】

➢ 劳动保障监察机构建设

劳动保障监察机构最初出现于 1989 年，改革开放使珠三角地区经济迅速发展，外商投资企业、乡镇企业、私营企业等诸多新的用工主体迅速增加，大量外地临时工相继涌入南粤大地，他们带来经济繁荣的同时，也带来一系列社会问题，包括劳动管理问题。到 20 世纪 80 年代末 90 年代初，劳资纠纷越来越多，影响越来越大，为了保障劳动法律法规的有效实施，保护职工的合法权益，促进经济稳定发展，劳动保障监察机构在珠海、深圳、广州等地应运而生。珠海市人民政府最早于 1989 年发文，组建劳动监察机构，于该年

8 月劳动监察科正式挂牌办公。深圳市劳动监察大队成立于 1989 年，为副处级单位，15 个编制。广州市劳动监察处成立于 1992 年 8 月，事业编制 35 人。

劳动保障监察机构的普遍设置开始于 1993 年《劳动监察规定》的颁布和 1995 年《劳动法》的实施。1993 年 8 月，劳动部发布了《劳动监察规定》，对劳动安全卫生以外的劳动法律法规内容的监察作了规定，明确了劳动行政部门的劳动监察职责。1994 年，全国人大常委会审议通过了《劳动法》，设有“监督检查”专章，进一步明确了劳动监察的机构和职责。为了保证 1995 年 1 月 1 日《劳动法》的贯彻实施，1994 年中编办与劳动部联合下发的《关于建立劳动监察机构配置劳动监察和劳动争议处理人员编制意见的通知》（中编办［1994］224 号）要求：劳动行政部门应建立专门从事劳动监察工作的机构，负责劳动监察执法工作；应根据工作需要配备专职劳动监察工作人员，并按《劳动监察员管理办法》规定的劳动监察人员任职条件，选调政治、业务素质好的干部担任劳动监察员，保证劳动监察工作的切实开展；劳动监察工作作为政府行政职能，应使用行政编制。1995 年，劳动部下发《关于进一步健全劳动监察体制的意见的通知》（劳部发［1995］301 号），要求各地建立健全各级劳动监察机构，并严格按照《劳动监察员管理办法》配备劳动监察员。这些文件的下发为各地建立劳动保障监察机构提供了政策依据，劳动保障监察机构开始普遍建立起来。各地在实施上述文件的过程中，为了解决行政编制不足的问题，有些地方设立了事业单位性质的劳动监察执法机构。

2004 年 11 月 1 日，《劳动保障监察条例》颁布，标志着劳动保障监察机构建设进入迅速发展时期，推动了劳动保障监察机构在全国各级劳动保障行政部门的广泛设立和规范发展。在前期各地劳动行政部门普遍设立劳动保障监察机构的基础上，劳动和社会保障部开始逐步规范各地劳动保障监察机构设置和人员配备标准。2005 年，劳动和社会保障部下发《关于进一步做好劳动保障监察工作的意见》（劳社部发［2005］3 号），明确提出“完善劳动保障监察机构和队伍建设，努力提高监察执法人员的业务素质”，并要求“事业编制机构名称逐步规范为总队（省级）、支队（市级）、大队（县级）”。

2008 年 7 月 12 日，国务院办公厅发布《人力资源和社会保障部主要职责内设机构和人员编制规定》，新组建的人力资源和社会保障部内设劳动监察局。其职责为：拟定劳动监察工作制度；组织实施劳动监察，依法查处和督办重大案件；指导地方开展劳动监察工作；协调劳动者维权工作，组织处理有关突发事件以及承担其他人力资源和社会保障监督检查工作。人力资源和社会保障部劳动监察局的设立，标志着劳动保障监察机构建设进入一个新的历史时期，各地在机构改革中按照名称规范、职能统一的要求，积极开展劳动保障监察机构标准化建设，在规范机构设置、充实执法力量、改善执法装备、完善工作制度等方面取得了积极成效。截至 2009 年年底，全国共建立 3 291 个劳动保障监察机构，机构组建率为 94. 7%。

【成就与评价】

（一）保障了人力资源社会保障法律法规的贯彻实施

“由于劳动关系具有身份属性，劳动者与用人单位之间形成了管理与被管理的关系，用人单位往往会忽视甚至侵犯劳动者的劳动权利。因此，劳动监察对劳动法律制度的实施和劳动者劳动权的实现起着至关重要的作用。”① 自《劳动法》颁布实施以来，人力资源社会保障法律法规不断完善，劳动用工、工资工时、职业培训、社会保险等方面的法律法规和规定相继出台，特别是 2008 年《劳动合同法》《就业促进法》《劳动争议调解仲裁法》《劳动合同法实施条例》以及与其相配套的法规、规章相继实施，人力资源社会保障法律体系基本形成。法律的生命在于实施，在有法可依的基础上，更重要的在于有法必依、执法必严、违法必究。“徒法不足以自行”，如果没有强有力的监察执法保障，违反人力资源社会保障法律法规的行为得不到纠正，就会影响人力资源社会保障法律法规的权威和效果。劳动保障监察是国家运用公法手段

① 林嘉. 我国的劳动法律制度［C］. 十届全国人大常委会法制讲座第十八讲.

对劳动关系直接干预、强制用人单位遵守人力资源社会保障法律法规、保证法律实施的重要手段。人力资源社会保障部门通过开展多种形式的监察执法活动，督促用人单位自觉遵守人力资源社会保障法律法规，及时查处劳动保障违法行为，使人力资源社会保障法律法规得到有效实施。

（二）维护了劳动者合法权益，促进了劳动关系和谐稳定

随着我国经济体制改革的深化，公有制实现形式多样化，非公有制企业迅速发展，劳动关系日趋复杂，一些用人单位漠视国家法律法规，侵犯劳动者合法权益的现象时有发生，在一些地方还比较严重，如劳动用工中不依法签订劳动合同，违反规定强迫劳动者加班加点，克扣或者拖欠劳动者工资，一些用人单位不依法参加社会保险，不依法缴纳社会保险费等。在市场经济条件下的劳动关系双方当事人之间，劳动者处于事实上的相对弱势地位，而劳动保障监察的作用是在劳动关系中为劳动者建立一道国家力量的保障机制。“考察各国的劳动法律，早期劳动法的意义十分消极，从产业立场来看，劳动者的保护只是‘劳动力再生产’的保障，以确保作为商品的劳动力无缺，但近世劳动法从人本立场出发，认为对劳动者人格之完成、社会地位之向上、经济地位之改善，才是劳动法其基本宗旨所在。”[①] 因此，加大劳动保障监察执法力度，及时发现并有效查处劳动保障违法行为，保护广大劳动者的合法权益，能够实现法律效果和社会效果的统一。同时，劳动保障监察对劳动关系的调整不仅包括事后干预，即对违法行为的查处和劳动者权利的救济，还包括事前预防。通过法律宣传、执法检查和对违法行为的依法妥善处理，均能起到增强用人单位的自律意识、自觉地遵守人力资源社会保障法律法规、有效预防和减少违法案件发生的作用，从而促进用人单位和劳动者建立和谐稳定的劳动关系，促进经济社会协调和可持续发展。

---

① （台）黄越钦．劳动法新论［M］．北京：中国政法大学出版社，2003：18.

（三）保障了人力资源市场的有序运行

在社会主义市场经济体制中，人力资源市场发挥着人力资源配置的基础性作用，按照市场规则达到劳动力和生产资料的最佳组合。但是目前我国人力资源市场存在着主体不合法、行为不规范等问题，主要表现为：一些不具备职业介绍资格的单位或个人擅自从事职业介绍活动，借机骗取求职者钱财；一些虽然获得职业介绍许可，但不按照有关规定从事职业介绍活动，超标准收费，提供虚假信息等，劳动者、用人单位以及相关中介机构等主体在人力资源市场交易中，受害的往往是劳动者。特别是近年来侵犯农民工合法权益的问题比较突出，妨碍了人力资源市场的正常发展和统筹城乡就业工作的顺利进行，引起了社会广泛关注。国家对整顿人力资源市场秩序非常重视，要求有关部门加大工作力度，将打击非法职业中介、规范人力资源市场秩序工作制度化，每年要组织开展专项检查活动。人力资源市场同其他生产要素市场一样，都需要一定的市场规制。劳动保障监察的一项重要职责，就是按照人力资源市场运行规则规范市场主体行为，监督市场中介活动，减少和排除影响市场有效运行的因素，维护市场主体的合法权益。通过开展日常巡视检查和专项执法检查，加大监察执法力度，取缔非法职业中介，打击各种扰乱人力资源市场秩序的违法行为，以维护正常的人力资源市场秩序，使人力资源市场按照社会主义市场经济体制的要求健康发展，为广大劳动者特别是大中专毕业生和农民工创造公平、有序的就业环境。

【大事记】

1993 年

8 月 4 日，劳动部发布《劳动监察规定》，以行政规章的形式确立了劳动监察制度。

1994 年

1 月，劳动部设立劳动关系与监察司。

7月5日，八届全国人大常委会审议通过了《劳动法》，规定了劳动监察的执法主体和职责。

11月11日，中央机构编制委员会办公室、劳动部就建立劳动监察机构、配置劳动监察人员作出专门规定，各级劳动行政部门相继建立劳动监察机构，全面开展执法工作。

1998年

1月22日，国务院颁布《社会保险费征缴暂行条例》，劳动监察的范围从劳动领域扩展到社会保障领域，形成目前的劳动保障监察。

2004年

11月1日，国务院颁布《劳动保障监察条例》，明确了监察的职责和内容，强化了监察的执法手段。

12月31日，劳动和社会保障部发布《关于实施〈劳动保障监察条例〉若干规定》。

2005年

8月23日，劳动和社会保障部发出《关于统一劳动保障监察标志的通知》，统一了全国劳动保障监察标志。

2007年

6月29日，十届全国人大常委会审议通过了《劳动合同法》，规定了劳动监察事项等内容。

2008年

7月，人力资源和社会保障部设立劳动监察局，加强政府组织实施劳动监察的职责。

专题 12

中国特色协调劳动关系三方机制的探索

【背　景】

协调劳动关系三方机制（以下简称三方机制）是市场经济发展到一定阶段的产物，是政府、工会和企业组织就劳动关系重大问题进行沟通、协商并开展合作的一种社会协调机制。三方机制始建于 20 世纪初，由国际劳工组织（ILO）正式创立。通过建立三方机制开展社会对话已成为市场经济国家调整劳动关系最重要的手段之一。随着我国经济体制改革不断深化，经济结构调整力度进一步加大，到 90 年代，我国的社会经济成分、社会组织形式、就业形式、利益关系和分配关系发生了深刻变化，社会管理体制改革逐步深化，劳动关系发生了转型，政府调整劳动关系的职能面临转变，工会和企业组织等社会伙伴的作用凸显。这种客观形势迫切需要加快建立健全适应社会主义市场经济发展要求的劳动关系调整机制，包括建立多层次的三方机制。

1990 年 9 月 7 日，全国人大常委会批准了国际劳工组织第 144 号公约，即《三方协商促进履行国际劳动标准公约》，标志着我国正式承诺在国内建立和实施三方机制，遵循三方性原则协商处理劳动关系方面的问题。在具体实践中，我国三方机制最先应用于劳动争议仲裁领域，并逐步向其他方面拓展。国务院 1993 年颁布的《企业劳动争议处理条例》规定，劳动争议仲裁委员会由政府劳动行政部门、工会组织和企业主管部门的代表组成。同年，劳动部颁布的《企业最低工资规定》中明确，最低工资率的确定由劳动行政主管部门会同同级工会、企业家协会研究确定。1996 年，劳动部、中华全国总工会、国家经济贸易委员会和中国企业家协会联合下发了《关于逐步实行集体协商和集体合同制度的通知》，要求逐步建立由劳动行政部门、工会组织、经贸部门和企业家协会共同组成的三方性协调机制，定期就劳动关系中存在的重大问题进行协商，这是我国第一次明确作出在整个劳动关系领域建立三方机制的规定。之后，我国进入建立三方机制的探索时期。

1996 年，海南省率先探索建立三方机制，于当年召开了全省第一次劳动关系调整工作会议，明确了劳动行政部门、工会、商会在协调劳动关系中的基本职责，确定了以劳动行政部门为主导、工会和商会参加的劳动关系三方联系会议制度。1997 年 9 月，山西省人民政府下发《山西省人民政府办公厅关于建立山西省劳动关系协调委员会的通知》，对建立省级劳动关系三方协调委员会作了安排和部署。随后，山西省三方联合下发了《山西省劳动关系协调委员会组织及工作暂行规则》，对协调委员会人员组成、委员基本条件、经费来源、职责、协调内容、协调原则、协调程序等方面作出具体规定。1998 年 9 月和 12 月，辽宁省劳动厅、总工会和企业家协会联合下发《关于建立劳动关系三方协调机制的通知》和《关于印发〈辽宁省第一次劳动关系三方协调会议纪要〉的通知》，对三方协调机制的主体、三方协调遵循的原则、主要内容和程序方法等都作了具体规定。随后，河北等省区市也逐步开始建立三方机制。到 2001 年，全国已经有十多个地区建立了省级三方机制。

2001 年 5 月，国际劳工局局长索马维亚先生访华，劳动和社会保障部与国际劳工局签署了技术合作谅解备忘录，承诺围绕国际劳工组织的四大战略目标广泛开展合作，其中合作之一就是要加强社会对话，协助加强中央一级和省一级的三方协商机制，这也是我国与国际劳工局签订的第一个全面合作文件。党中央和国务院领导同志对建立三方机制工作十分重视。时任中共中央政治局常委、中央书记处书记、全国总工会主席尉健行同志多次过问建立三方机制工作，时任中共中央政治局委员、国务院副总理吴邦国同志在主持召开国务院与全国总工会的沟通会上明确要求将沟通会形成制度。自此，在国家一级和全国全面建立三方机制的条件已经具备，时机已经成熟。

【相关链接】

国际劳工组织（International Labor Organization，ILO）是联合国负责社会和劳工事务的专门机构，主要由国际劳工大会、理事会和国际劳工局组成，是联合国系统中唯一具有三方性的国际组织。目前，ILO 有 180 多个成员国，总部设在瑞士日内瓦。

【政策要点】

三方机制组织结构

三方机制由人力资源和社会保障部门、工会、企业代表组织三方组成。我国三方机制的组织结构基本是按照国际劳工组织倡导的三方性原则建立的，按照层级主要分为国家、省（自治区、直辖市）、地级市、县（市、区）四级，部分地区乡镇（街道）也建立了三方机制。目前三方机制的形式主要有两种：协调劳动关系三方会议和劳动关系协调委员会。国家和大多数地方三方机制都为三方会议形式，山西等省级三方机制称为省劳动关系协调委员会。三方会议或委员会的主席（副主席）、主任（副主任）主要由三方各自相关领导担任，同时各自确定相对固定的机构负责人作为三方机制成员。国家三方机制建立时领导实行主席、副主席制度，原劳动和社会保障部分管领导担任主席，中华全国总工会和中国企业联合会/中国企业家协会相关领导担任副主席。2009 年 12 月，国家协调劳动关系三方会议第十三次会议对国家三方会议制度进行修订，实行执行主席制，人力资源和社会保障部、中华全国总工会、中国企业联合会/中国企业家协会的领导同志担任执行主席，由政府部门的执行主席牵头（主持会议）。目前，地方各级三方会议大部分仍然采取主席、副主席制或主任、副主任制。部分地区由当地党政领导担任主席或主任。如山西、四川等地省级劳动关系协调委员会由分管副省长担任主任。三方会议或委员会下设办公室，是三方会议的办事机构。办公室由三方分别选派人员组成，从事办公室的日常具体工作。同时，为加强三方机制对劳动关系重大问题的研究，三方机制还根据实际设立专业委员会。如国家协调劳动关系三方会议第十一次会议成立了劳动关系法律政策研究委员会、企业工资分配研究委员会、集体协商研究委员会。三方专业委员会主要由三方各部门专家、劳动关系相关科研院所专家学者组成。专业委员会的成立标志着我国三方机制开始走上专业化、规范化的轨道。目前，部分省级三方机制也建立了相关专业委员会。

三方机制职责任务

三方机制的基本职责是研究分析经济社会发展形势和政策、制度对劳动关系的影响，协调三方的政策主张和立场，对制定并监督实施涉及调整劳动关系的法规政策提出意见和建议。研究分析劳动关系状况及发展趋势，对带有全局性、倾向性的重大问题进行协商，形成共识，并采取共同行动，及时妥善化解矛盾。建立和完善劳动关系工作体系，推动地方协调劳动关系三方机制、劳动合同制度、集体合同制度、民主管理制度、劳动争议调处机制的建设。如三方机制参与了我国《劳动合同法》《就业促进法》《劳动争议调解仲裁法》《社会保险法》以及相关配套法规规章的研究制定。2005—2008 年开展了全面实施劳动合同制度三年行动计划，2005 年起开展和谐劳动关系创建活动，2008—2011 年连续开展了农民工劳动合同签订“春暖行动”，2008 年开始推进集体合同制度实施“彩虹计划”，2010 年开展了小企业劳动合同制度实施专项行动等；2008 年下半年至 2009 年，为应对国际金融危机，开展了“共同约定”行动等。另外，依照三方性原则组成的省级及省级以下劳动人事争议仲裁委员会负责对各类劳动争议案件进行调解仲裁，化解劳动矛盾和纠纷。

三方机制运行机制

我国三方机制工作的基本原则是党政主导、三方参与、平等协商、共同合作。从横向看，三方通过定期或不定期召开三方会议，联合制定下发文件，共同研究解决劳动关系重大问题或联合部署开展重大行动，包括三方例会、主席会议、办公室主任会等具体形式。建立劳动关系重大问题协调处置机制，共同应对具有重大社会影响的事件，协调一致采取行动，及时妥善化解矛盾。在 2008 年下半年的国际金融危机中，我国经济遭受严重冲击，劳动关系稳定受到严重影响。国家协调劳动关系三方积极采取措施，合力应对危机。2010 年，随着我国经济企稳向好，部分地区企业职工因要求增加工资、改善劳动条件的诉求强烈，连续引发集体停工事件。各级三方加强对劳动关系形势的分析研判，积极采取有效措施，妥善处置了集体停工事件，有效遏制了事件的蔓延，维护了劳动关系和谐稳定。从纵向看，建立不同层级三方机制指导和交流制度。如国家三方定期召开全国三方机制工作会议，每年制定下发三方工作要点，对各地三方和行业三方机制工作进行部署和指导。相应地，省级三方对地市级三方工作也通过各种形式进行指导，推动三方确定的重点工作任务得以落实。

专栏

三方机制应对国际金融危机影响情况

2008年下半年，国际金融危机爆发，我国经济遭受严重冲击，企业生产经营困难，裁员现象增多，劳动关系受到严重影响。面对这场冲击，国家协调劳动关系三方积极采取措施，合力应对危机。2009年1月，国家协调劳动关系三方联合下发《关于应对当前经济形势稳定劳动关系的指导意见》，要求加强三方协调对话和共同行动，在保企业、保就业、保稳定中充分发挥三方机制的独特作用。

在应对这场严重的国际金融危机中，国家协调劳动关系三方采取的措施主要有：一是减轻企业负担，稳定就业局势。人力资源和社会保障部会同有关部门制定实施了缓缴社会保险费、减免部分险种社会保险费等政策，帮助减轻企业负担。二是引导企业实行弹性用工、弹性工时，增强企业应对能力。引导企业采取在岗培训、轮岗轮休以及依法使用非全日制用工、劳务派遣用工，指导符合条件的企业实行特殊工时制度，积极应对经营困难，尽量不裁员、少裁员。三是指导企业和职工协商根据企业经济效益状况调整工资，推动建立工资能增能减的机制。积极推进集体合同制度实施“彩虹计划”，引导生产经营正常企业合理提高工资，鼓励和支持经营困难企业与职工协商薪酬，共渡难关，有效缓解了企业经营压力。四是组织开展“共同约定”行动，把保岗位、保工资、实现稳员增效作为重点，团结和动员广大职工与企业同舟共济、共渡难关、共谋发展。

我国各级协调劳动关系三方在应对此次危机中充分发挥了其独特作用，保持了劳动关系总体和谐稳定。

【典型事件】

➢ 国家协调劳动关系三方会议第一次会议

随着社会主义市场经济体制的逐步建立，原有的社会利益格局被打破，在全体人民根本利益一致的前提下，出现了不同群体的利益要求，逐步形成了多元化的利益格局。在劳动关系方面，需要建立一个新的协调国家、企业、职工等各方利益的平台。根据1990年全国人大常委会批准的第144号等有关三方机制的国际公约，借鉴国际劳工组织和有关国家三方机制建设的经验，我国建立了国家协调劳动关系三方会议制度。2001年8月3日，国家协调劳动关系三方会议成立暨第一次会议在北京召开。原劳动保障部副部长王东进同志，全国总工会原党组副书记、书记处书记孙宝树同志，中国企业联合会/中国企业家协会原理事长张彦宁同志以及有关单位的其他同志共31人出席了会议。会议主要成果如下：

1. 会议审议并原则通过了《关于建立国家协调劳动关系三方会议制度的意见》，要求原劳动保障部劳动工资司会同全总和中国企联有关部门，根据会议提出的意见进行修改，并将文件改为《国家协调劳动关系三方会议制度》，报三方会议主席和副主席会签后，印发会议各成员遵照执行。

2. 会议审议并通过了三方会议组成人员名单。三方会议共由15名成员组成，王东进同志担任三方会议主席，孙宝树同志和张彦宁同志担任副主席。会议明确，三方会议的主要任务是加强三方的友好合作，共同就涉及全国劳动关系的重大问题进行平等协商，提出意见和建议。

3. 会议审议并原则通过了《关于进一步推行平等协商和集体合同制度的通知》和《关于进一步加强劳动争议处理工作的通知》，要求三方会议办公室根据会议提出的意见进行修改，并征求原国家经贸委的意见后，报三方或三方和原国家经贸委领导同志会签下发。

4. 会议初步研究了关于筹备召开全国协调劳动关系工作会议的有关情况。

2002年4月29日，国务院新闻办公室发表了《中国的劳动和社会保障状况》白皮书，对我国三方机制这种新型的劳动关系协调机制给予了充分肯定。白皮书指出：“在建立和完善社会主义市场经济体制过程中，中国的劳动关系日趋复杂多样。中国致力于维护和谐稳定的劳动关系，初步形成了以《中华人民共和国劳动法》为主体的调整劳动关系的法律法规体系，建立了劳动合同和集体合同制度、三方协调机制、劳动标准体系、劳动争议处理体制和劳动保障监察制度，与社会主义市场经济相适应的新型劳动关系基本形成。”“中国积极建立符合本国国情的政府、工会和企业三方协调机制。这种协调机制，由各级政府劳动和社会保障部门、工会组织、企业组织派出代表，组成协调机构，对涉及劳动关系的重大问题进行沟通和协商，对拟定有关劳动和社会保障法规以及涉及三方利益调整的重大改革方案和政策措施提出建议。”

国家协调劳动关系三方会议制度的建立，是我国劳动关系调整机制建设进程中具有标志性的一件大事，它开辟了政府、工会和企业组织在协调劳动关系方面加强沟通协调、相互理解、相互支持的重要途径，在劳动关系领域提供了一个全新的社会对话渠道。

➢ 南京会议

《劳动法》颁布实施后，劳动合同制度逐步在全国普遍实行，初步实现了用工制度的根本性转变。各地把推行集体合同和劳动合同制度作为调整劳动关系、维护职工合法权益的工作重点，在统一思想认识，建立齐抓共管的工作格局，加强劳动行政部门、经济综合管理部门、工会组织与企业联合会/企业家协会的密切合作，制定配套法规和政策，探索新的实现途径与办法等方面，积累了有益的经验。但是，在推进集体合同和劳动合同工作中，从认识到实践还存在不少问题。有的企业对其重要性和必要性缺乏正确的了解与认识，没有把它作为办好企业的一种内在需要，一直没有开展这一工作；一些企业虽然开展了，但仅停留在程序上，流于形式，没有发挥出应有的作用。一些职工由于宣传工作不到位和合同履约率不够高等原因，对这一工作的积极性不高，参与意识不强。更为严重的是，有的企业漠视职工群众利益，在涉及职工切身利益的重大问题上不与职工沟通和协商，完全由企业说了算；有的企业不与职工签订劳动合同，随意解除与职工的劳动关系；有的企业任意拖欠、克扣职工工资，随意延长职工劳动时间，不给职工缴纳社会保险费；有的企业职业危害严重，重大伤亡事故不断发生等，导致劳动关系矛盾激化甚至发生群体性事件。同时，建立三方机制的范围还比较小，规范化和制度化程度还不高。为进一步对劳动关系方面带有全局性、倾向性的重大问题进行研究，推进企业全面实施劳动合同制度，对企业开展平等协商、签订集体合同等工作进行指导协调，深入交流和学习已开展三方机制工作地区的经验和做法，国家协调劳动关系三方会议第一次会议决定召开“全国贯彻实施《劳动法》《工会法》，推进集体合同、劳动合同工作经验交流会”。

2001年11月20日至21日，劳动和社会保障部、国家经济贸易委员会、中华全国总工会和中国企业联合会/中国企业家协会联合在江苏省南京市召开了“全国贯彻实施《劳动法》《工会法》，推进集体合同、劳动合同工作经验交流会”（以下简称“南京会议”），此次会议标志着我国建立三方机制工作在全国范围内正式启动。此次会议对我国目前劳动关系领域存在的问题进行了深刻的分析，并且明确了今后一个时期劳动关系协调工作的阶段目标和主要任务，对各地做好这项工作具有很强的指导意义。时任中共中央政治局常委、中央书记处书记、全国总工会主席尉健行同志以“认真实践‘三个代表’重要思想，依法推行集体合同和劳动合同制度”为题作了重要讲话，时任中共中央政治局委员、国务院副总理吴邦国同志发表了书面讲话，时任全国政协副主席、中国企业联合会/中国企业家协会会长陈锦华同志出席会议。出席会议并讲话的领导同志还有劳动和社会保障部部长张左己，国家经济贸易委员会副主任蒋黔贵，国家协调劳动关系三方会议主席、劳动和社会保障部副部长王东进，国家协调劳动关系三方会议副主席、中华全国总工会党组副书记、书记处书记孙宝树，国家协调劳动关系三方会议副主席、中国企业联合会/中国企业家协会副会长陈兰通。

会议主要成效是：明确提出了“六个坚持”和“三个保证”，为相当长时期的三方机制工作奠定了思想和理论基础。尉健行同志强调，依照《劳动法》和《工会法》，进一步推行集体合同和劳动合同制度，建立稳定协调的劳动关系，维护职工的合法权益，是实践“三个代表”重要思想的实际行动和具体步骤。一是要坚持所有企业都要推行平等协商和集体合同制度。越是生产经营困难的企业，越需要通过平等协商和集体合同制度来调整劳动关系。二是要坚持平等协商与签订集体合同相协调，重在平等协商。集体合同的条款，没有经过平等协商的，企业和职工都不能单方面修改或拒绝执行。三是要坚持把职工关心的热点、难点问题作为平等协商、集体合同的重点，并在协商过程中努力加以解决。四是要坚持把工资集体协商作为推行集体合同制度的重要内容，由工会或职工代表与企业进行平等协商，在协商一致的基础上签订工资协议，以落实职工参与工资分配的权利。五是要坚持把推行集体合同制度与推行劳动合同制度有机衔接起来，督促企业认真执行劳动合同制度，加强劳动合同管理。六是要坚持推行集体合同和劳动合同制度与建立现代企业制度相结合。尉健行同志还指出，推行集体合同和劳动合同制度，不是一项孤立的工作，还必须建立健全相关机制和制度。要特别抓好以下三个保证机制和制度的建设：一是必须有健全的企业民主管理制度作保证；二是必须有严格的监督检查机制作保证；三是必须有强有力的劳动争议调解仲裁机制作保证。

会议充分交流了基层实践的经验，大会上有7个省市作了大会发言，9个省市和基层单位作了书面交流，在分组讨论中，其他省市和基层单位也分别介绍了经验和体会。这些发言交流中，有来自省委、省政府的负责同志，有来自劳动保障部门、工会和企联的代表，也有来自企业的代表，有较强的广泛性和典型性。从发言的内容上看，既有省委、省政府高度重视劳动关系协调工作，把这项工作纳入重要议事日程，切实加强领导的经验；也有劳动保障部门贯彻实施《劳动法》，抓劳动合同制度建设，努力完善三方机制的经验；有工会组织贯彻实施《工会法》，积极推进集体合同制度，全面参与劳动关系协调的经验；还有企业实行平等协商，促进劳动关系和谐稳定的经验。

这些经验来自于基层实践，有很强的创新意识，对于今后推动三方机制工作有很好的借鉴意义。

“南京会议”是在我国经济体制改革和企业改革不断深化、社会主义市场经济不断发展的情况下召开的，影响深远。会议之后，国家三方联合下发了《关于进一步推行平等协商和集体合同制度的通知》和《关于进一步加强劳动争议处理工作的通知》，对各地集体合同制度实施和劳动争议处理工作起到了积极的推动作用。

➤ 和谐劳动关系创建活动

改革开放以来，我国不断加快劳动关系调整体制改革步伐，初步形成了适应社会主义市场经济体制要求的劳动关系调整机制，劳动关系总体保持稳定。但是，劳动关系领域局部仍存在一些问题，主要是企业自觉遵守劳动保障法律政策意识不强；一些企业不与职工签订劳动合同，或随意解除劳动关系的问题比较突出；劳动者的利益没有得到足够的重视和保护，部分国有企业在改制重组过程中存在损害职工合法权益的问题；部分企业特别是非公有制企业的职工工资水平长期不能随企业效益增长而相应提高，有的甚至被拖欠、克扣；一些企业随意超时加班、工作环境恶劣、安全事故频发等。这些问题的存在，引发劳动争议案件逐年攀升，群体性事件时有发生，在有的地区已经对经济发展和社会稳定产生了不良影响。为促进劳动关系和谐稳定，保障职工合法权益，促进企业健康发展，2005年，国家三方开始探索开展和谐劳动关系创建活动。2005年10月18日，国家协调劳动关系三方在福建省福州市召开全国三方机制工作会议暨表彰大会。这次会议全面总结了全国三方机制建设取得的主要成绩和基本经验，阐述了新形势下加强三方机制建设的重要性，明确了做好三方机制工作的总体要求和主要任务，对进一步加强三方机制自身建设提出了要求，并提出2006年在全国全面开展和谐劳动关系创建活动。会议还首次联合评选表彰了100名全国优秀劳动争议仲裁员、301名全国优秀劳动争议调解工作者、50个全国先进劳动争议仲裁委员会、151

个全国先进劳动争议调解组织和 100 家全国创建和谐劳动关系模范企业。中共中央政治局委员、全国人大常委会副委员长、中华全国总工会主席王兆国同志对这次会议和三方机制建设工作专门作出重要批示，并对受到表彰的先进集体和优秀个人表示了衷心的祝贺。会议的召开，对于进一步推进加强三方机制建设与和谐劳动关系创建活动，建立健全协调劳动关系长效机制，保持劳动关系长期和谐稳定，维护改革发展稳定大局和促进经济社会全面发展与进步具有十分重要的意义。随后，一些省市三方也联合开展了隆重的和谐劳动关系创建表彰活动。

2006 年 7 月 21 日，劳动和社会保障部、中华全国总工会、中国企业联合会/中国企业家协会联合下发《关于开展创建劳动关系和谐企业与工业园区活动的通知》，决定从 2006 年起，逐步在全国各类企业和工业园区（包括各类经济技术开发区、高新技术产业园区、科技园区以及其他产业集聚区等）开展创建活动，促进企业和工业园区建立健全劳动关系双方利益协调和劳动纠

2007 年 8 月 30 日，国家协调劳动关系三方会议在北京人民大会堂召开全国创建劳动关系和谐企业与工业园区活动表彰暨经验交流会议

中共中央政治局委员、全国人大常委会副委员长、中华全国总工会主席王兆国同志接见与会代表

纷调处机制，全面落实劳动保障法律法规和各项政策规定，规范企业用工行为，保持劳动关系和谐稳定，实现企业良性发展，依法维护职工合法权益。随后，国家三方还召开视频会议对开展和谐劳动关系创建活动再次进行了动员和部署。为进一步发挥创建活动先进典型的示范带动作用，2007 年 8 月 30 日，国家协调劳动关系三方会议在北京人民大会堂召开全国创建劳动关系和谐企业与工业园区活动表彰暨经验交流会议，隆重表彰了 298 家全国模范劳动关系和谐企业、25 个全国模范劳动关系和谐工业园区，有力地推动了创建活动的深入开展。中共中央政治局委员、全国人大常委会副委员长、中华全国总工会主席王兆国同志接见了与会代表，并即席发表重要讲话，提出了四点要求：一是要认清形势、坚定信心，进一步深化对促进建立和谐劳动关系重大意义的认识；二是要抓住机遇、突出重点，把创建活动进一步引向深入；三是要总结经验、推广典型，鼓励和引导更多的企业积极参与创建活动；四

是要加强领导、精心组织，充分发挥广大职工在创建活动中的主体作用。原劳动和社会保障部部长田成平，中华全国总工会副主席、书记处第一书记孙春兰，中国企业联合会/中国企业家协会执行副会长兼理事长陈兰通也在会上作了讲话。2008年下半年，受国际金融危机影响，劳动关系领域出现不稳定因素，各级三方把和谐劳动关系创建活动等工作作为在应对国际金融危机中促进劳动关系和谐的重要措施，不断深入推进。各地依托三方机制，开展“共同约定”行动，推动劳动关系双方互利合作，巩固和扩大和谐劳动关系创建活动成果，增强企业与职工的凝聚力。各地按照国家协调劳动关系三方关于和谐劳动关系创建活动的部署，因地制宜地开展工作，形成了“党政主导、三方协同、社会配合、企业和职工广泛参与”的工作格局，全国创建活动覆盖范围不断扩大。创建活动的开展，调动了广大企业和职工的积极性，促进了劳动关系的和谐稳定。在和谐劳动关系创建活动中，涌现出了许多非常优秀的先进典型。尤其是2011年，传化集团和谐劳动关系创建经验受到中央领导同志的充分肯定，习近平、王兆国同志先后对传化集团构建和谐劳动关系经验多次作出重要批示，要求对其进行推广，推动全国范围内大力发展和谐劳动关系。人民日报、中央电视台等主流新闻媒体都进行了多次专题报道。

专栏

传化集团构建和谐劳动关系先进经验

浙江省传化集团长期将构建和谐劳动关系作为企业健康发展、转型升级的基础和根本，坚持以“家”的理念经营企业，坚持与职工协商共谋、制度共建、效益共创、利益共享，增强了企业的凝聚力，激发了职工的积极性和创造性，实现了企业和职工的共同发展。2007年，传化集团被国家协调劳动关系三方授予“全国模范劳动关系和谐企业”称号。

传化集团的基本经验主要有以下几个方面：一是自觉高标准地遵守劳

动保障法律法规。劳动合同签订率和履约率、社会保险参保率均为100%，切实保障职工劳动报酬权和休息休假权，迄今未发生一起劳动纠纷投诉和仲裁案件。二是建立企业职工工资正常增长机制。在集团各企业中全面推行工资集体协商机制，近五年来一线职工人均工资年增长率为12.92%，2010年普通职工月平均工资收入达到4 575元，职工最低月收入超过2 500元，实现了职工工资收入与企业经济效益同步增长。三是重视企业民主管理。建立了职代会、民主听证会等制度，建立健全党团组织和工会组织，党员发展到500多名，工会入会率达到98%，职工知情权、参与权、表达权和监督权得到有效落实。四是加强对职工的人文关怀。大力提高劳动保护水平，建立职工食堂和宿舍，改善职工工作和生活条件。加强对职工有针对性和系统性的技能培训，2010年投入职工学习培训经费600多万元。分类建立六级职工晋升台阶，拓宽职工发展空间。

【成就与评价】

（一）建立了适应社会主义市场经济体制要求的具有中国特色的劳动关系社会协调合作机制，形成各方发展和谐劳动关系的合力

国家三方会议制度建立以来，全国三方机制组织建设取得突破性进展。至2004年年末，31个省级三方机制全部建立。至2010年，全国所有地级以上城市和26个省份的县（市）区都建立了三方机制，部分地区逐步向乡镇、街道（社区）延伸，全国共计建立三方组织1.4万个。2002年，建设部、中国海员建设工会、中国建筑协会在全国建设系统推行建立三方机制。2009年，继建设系统之后，交通运输部、中国海员建设工会、中国船东协会建立了全国海上劳动关系三方协调机制，行业三方机制建设取得了积极进展。随后，广东省也探索建立了本地的海上三方机制。十年来，我国三方机制在组织和制度建设、协商合作内容等方面取得了显著成绩，初步建立了适应我国国情

的新的劳动关系协调机制，将社会各方力量凝聚成发展和谐劳动关系的强大合力。

（二）促进了劳动关系工作的科学化和民主化，推动了和谐劳动关系共建共享

在社会主义市场经济条件下，调整劳动关系不能继续沿用计划经济体制下政府运用行政手段直接调控和干预的做法，必须以市场调节为基础，重新构建党委领导、政府负责、社会协同、公众参与的管理格局。三方机制作为三方间沟通、协调与合作的一个重要渠道，具有广泛的社会基础。市场经济国家的经验和我国近年来的实践表明，建立政府部门、工会和企业方面代表之间的三方机制，是新型劳动关系调整体制中的一项重要制度，是保持劳动关系长期和谐的重要制度条件，在协调劳动关系工作中具有不可替代的优势。三方借助这一社会平台，在宏观和中观层面就共同关心的社会经济政策以及劳动关系问题进行协商、沟通、合作，有利于在劳动关系立法和政策制定过程中发扬民主，充分听取和了解职工与企业的利益诉求，抓准、抓住双方共同利益的结合点，使作出的决策更好地考虑和兼顾各方面的根本利益，也更容易被各方接受，从而为贯彻实施打下坚实的基础；有利于在研究解决劳动关系方面的重大问题过程中，三方加深理解、消除分歧、协调立场、形成共识，从而对推动建立新型劳动关系、维护社会稳定、促进经济发展和社会进步具有十分重要的作用。

（三）推动了劳动关系立法和法律法规的贯彻实施，有效化解了劳动关系矛盾和纠纷，促进了劳动关系和谐与社会稳定

各级三方利用三方机制平台，共同推动劳动关系各项工作，充分发挥了三方机制在发展和谐劳动关系中的独特作用。通过积极参与劳动关系法律法规以及相关配套规章政策的制修订，合力推动有关法律法规和政策的贯彻实施，共同研究解决劳动关系的重大问题，切实维护了劳动者的合法权益，促

进了企业健康发展。尤其是在参与国有企业改制、应对 2008 年下半年以来国际金融危机影响、处置 2010 年连续发生的集体停工事件等工作中，各级三方采取积极措施，有效化解了不同时期劳动关系面临的突出矛盾，维护了劳动关系和谐与社会稳定。

（四）需要适应新形势、新要求，进一步完善具有中国特色的三方机制

我国三方机制建设虽然取得了明显成效，但仍与新形势下加强和创新社会管理、进一步构建和谐劳动关系的要求不相适应。三方机制法律体系不完善，现行的《劳动合同法》《劳动争议调解仲裁法》《工会法》等法律只对建立三方机制作出原则规定，对于三方机制的组织架构、机构形式、职责功能和运行机制等都没有具体明确的规定；三方主体建设发展不平衡，代表性有待增强；各级三方机制没有实体办事机构，缺乏专职工作人员和专项经费；一些地区三方机制工作流于形式，三方机制的作用没能真正发挥。因此，随着社会主义市场经济体制的逐步完善，需要进一步加强三方机制法律建设、组织建设和制度建设，使三方机制在发展和谐劳动关系中更好地发挥作用。

【大事记】

1990 年

9 月，全国人大常委会批准了国际劳工组织第 144 号公约，即《三方协商促进履行国际劳动标准公约》。

1996 年

5 月 17 日，劳动部、中华全国总工会、国家经济贸易委员会、中国企业家协会联合下发了《关于逐步实行集体协商和集体合同制度的通知》。

2001 年

8 月 3 日，劳动和社会保障部、中华全国总工会、中国企业联合会/中国企业家协会建立了国家协调劳动关系三方会议制度。

10 月 27 日，新修订的《工会法》明确规定：各级人民政府劳动行政部门应当会同同级工会和企业方面代表，建立劳动关系三方协调机制，共同研究解决劳动关系方面的重大问题。

11 月 20 日至 21 日，劳动和社会保障部、国家经济贸易委员会、中华全国总工会和中国企业联合会/中国企业家协会联合在江苏省南京市召开了“全国贯彻实施《劳动法》《工会法》，推进集体合同、劳动合同工作经验交流会”。

2002 年

8 月 13 日，劳动和社会保障部、中华全国总工会、中国企业联合会/中国企业家协会联合下发了《关于建立健全劳动关系三方协调机制的指导意见》。

2003 年

8 月 6 日至 7 日，国家协调劳动关系三方在广东省珠海市召开全国推进三方协调劳动关系工作经验交流会。

2005 年

10 月 18 日至 19 日，国家协调劳动关系三方在福建省福州市召开全国三方机制工作会议暨表彰大会。

2006 年

3 月，《国民经济和社会发展第十一个五年规划纲要》明确将“健全协调劳动关系三方机制”列为重要任务。

2007 年

6 月 29 日，《劳动合同法》颁布，明确规定：县级以上人民政府劳动行政部门会同工会和企业方面代表，建立健全协调劳动关系三方机制，共同研究解决有关劳动关系的重大问题。

8 月 30 日，国家协调劳动关系三方在北京召开全国创建劳动关系和谐企业与工业园区活动表彰暨经验交流会议。

12 月 29 日，《劳动争议调解仲裁法》颁布，明确规定：县级以上人民政府劳动行政部门会同工会和企业方面代表建立协调劳动关系三方机制，共同研究解决劳动争议的重大问题。

2009 年

1 月 21 日，人力资源和社会保障部、中华全国总工会、中国企业联合会/中国企业家协会联合下发了《关于应对当前经济形势稳定劳动关系的指导意见》。

2010 年

9 月，中共中央、国务院制定下发了《关于加强和改进新形势下工商联工作的意见》（中发［2006］16 号），提出“工商联参与协调劳动关系三方会议，同人力资源社会保障部门、工会组织和其他有关企业方代表一道，共同推动劳动关系立法和劳动关系协调机制建设，共同研究解决劳动关系中的重大问题和调处劳动争议”。

2011 年

3 月，《国民经济和社会发展第十二个五年规划纲要》明确将“健全协调劳动关系三方机制，发挥政府、工会和企业作用，努力形成企业和职工利益共享机制，建立规范有序、公正合理、互利共赢、和谐稳定的劳动关系”列为重要任务。

专题 13

农民工权益维护与发展

【背　景】

“农民工”是在我国经济社会转型时期出现的特殊概念，是指户籍身份还是农民且有承包土地，但主要从事非农产业并以工资为主要收入来源的人员。多年来，广大农民工为城市创造了财富，为农村增加了收入，为城乡发展注入了活力，为改变城乡二元结构、统筹城乡发展作出了巨大贡献。

（一）农民工是我国改革开放和工业化、城镇化的产物

改革开放前，我国实行城乡分割的二元化管理体制，严格控制农村人口向城市迁移。党的十一届三中全会后，农村改革实行土地家庭联产承包经营，极大地解放和发展了农业生产力，农业劳动力出现剩余，开始出现少量流动就业的农民。随着乡镇企业的异军突起，大量农村劳动力“离土不离乡”，进入乡镇企业就业，农民工开始出现并迅速发展壮大。1984 年，在中国社会科学院《社会学通讯》中首次出现了“农民工”一词，随后这一称谓逐步被广泛使用。

随着改革开放的不断深入，东部沿海地区经济迅速发展，对劳动力产生了旺盛的需求。党和政府顺应时代的发展，适时调整政策，逐步放宽对农民进城就业的限制，允许农民在不改变身份、不改变城市管理和服务制度的情况下进城务工就业，呈现出农村劳动力“进厂又进城、离土又离乡”的转移就业新模式。

进入21世纪，党和国家以邓小平理论和“三个代表”重要思想为指导，深入贯彻落实科学发展观，为构建社会主义和谐社会、统筹城乡经济社会发展、解决农民增收难的问题，对农民工转移就业采取了积极引导的政策。党的十七大进一步明确，要加强农村富余劳动力转移就业培训，建立统一规范的人力资源市场，形成城乡劳动者平等就业的制度，完善和落实国家对农民工的政策，依法维护劳动者权益。在这一时代背景下，农民工队伍不断壮大，为工人阶级输送了新鲜血液，成为工人阶级的重要组成部分。

（二）在改革发展的过程中，农民工权益维护问题十分突出

农民工的产生和发展，冲破了城乡二元化管理体制的束缚。但由于城乡分割的户籍制度以及依附于户籍制度之上的各种公共服务和社会福利制度改革严重滞后，经济社会发展总体上处于初级阶段，农民工外出就业和权益保障等方面问题突出。主要表现为：农民工平等的就业权利难以落实，超时超强劳动现象十分普遍，工资水平普遍低下，欠薪现象十分严重，劳动安全卫生条件差，职业病和工伤事故高发，缺乏平等的社会保障，随迁子女无法享受平等的义务教育，居住条件差，计划生育、疾病防控、妇幼保健未能纳入城市公共服务体系，民主政治权利缺失，人身权利频遭侵害，权益维护困难重重。这些问题引发了不少的社会矛盾和纠纷，影响了社会和谐与稳定。

随着新生代农民工成为农民工的主体，农民工的权益诉求由以往进城挣钱回乡发展向进城谋职融入城市生活转变，由工资支付保障向要求参加社会保险转变，由改善住宿条件向要求提供城市公共服务转变。他们的追求开始向精神层面拓展，由单纯谋生向追求归属感延伸，由忍耐坚持向追求权益平等延伸，由承担家庭经济责任向实现人生价值延伸。农民工融入城市存在“三难”，即缺乏技能稳定就业难、改善住宿难、落户难。积极回应农民工合理的新诉求，帮助他们解决存在的“三难”问题，是各级政府和全社会面临的新挑战、新任务。

（三）解决农民工问题是建设中国特色社会主义的战略任务

为维护农民工权益、促进农民工发展，2003年和2004年，国务院办公厅连续两次发出通知，要求各级政府切实改善农民进城就业环境，做好管理和服务工作。2006年，《国务院关于解决农民工问题的若干意见》（国发［2006］5号）指出，我国农村劳动力数量众多，在工业化、城镇化加快发展的阶段，越来越多的富余劳动力将逐渐转移出来，大量农民工在城乡之间流动就业的现象在我国将长期存在。我们必须从我国国情出发，顺应工业化、城镇化的客观规律，引导农村富余劳动力向非农产业和城镇有序转移。要站在建设中国特色社会主义事业全局和战略的高度，充分认识解决好农民工问题的重要性、紧迫性和长期性。提出了做好农民工工作“三个坚持”和“三个建立”的指导思想，即坚持解放思想，实事求是，与时俱进；坚持从我国国情出发，统筹城乡发展；坚持以人为本，认真解决涉及农民工利益的问题。逐步建立城乡统一的劳动力市场和公平竞争的就业制度；建立保障农民工合法权益的政策体系和执法监督机制；建立惠及农民工的城乡公共服务体制和制度。明确了解决农民工问题的基本原则，即“公平对待、一视同仁，强化服务、完善管理，统筹规划、合理引导，因地制宜、分类指导，立足当前、着眼长远”。确定了一系列解决农民工问题的目标任务和政策措施。

【政策要点】

农民工就业服务和职业技能培训

就业是民生之本，也是农民工生存与发展的前提。为促进农村劳动力转移就业，国家在《就业促进法》《国务院关于解决农民工问题的若干意见》《就业服务与管理规定》《关于促进以创业带动就业工作的指导意见》等一系列法规政策中作出了相应的规定。一是逐步实行城乡平等的就业制度，清理和取消各种针对农民工进城就业的歧视性规定和不合理限制。二是建立健全城乡公共就业服务网络，免费为农村劳动力转移就业提供政策咨询、就业信息、就业指导和职业介绍。三是促进农村劳动力就地就近转移就业。大力发展乡镇企业和县域经济，引导相关产业向中西部转移，加强农村基础设施建设，积极稳妥地发展小城镇，增加农民在当地的就业机会。四是扶持农民工返乡创业，为农民工创业提供税收、收费、小额担保贷款等方面的优惠政策。五是依法规范职业中介、劳务派遣和企业招用工行为，严厉打击以职业介绍或招工为名坑害农民工的违法犯罪活动。

同时，为提高农民工职业技能素质，提高农村劳动力转移就业和外出适应能力，各级政府制定了一系列加强农民工职业技能培训的政策措施，特别是《国务院办公厅关于进一步做好农民工培训工作的指导意见》（国办发［2010］11号）明确了农民工培训的基本原则、目标任务和搞好统筹规划、整合培训资源、提高资金使用效益等政策措施。一是根据农民工的不同需求，

重庆市沙坪坝区天星桥街道柑子村社区举办2008年农民工夜校开班仪式。柑子村社区农民工夜校邀请相关专业专家和教授，每月为农民工免费传授饮食卫生、安全管理、计算机操作等实用技能

明确培训重点，实施分类培训。二是扩大培训规模，规范培训形式和内容，提高培训质量和效果，鼓励农民工参加职业技能鉴定。三是以省级统筹为重点，集中使用培训资金。对参加培训的农民工给予培训补贴和职业技能鉴定补贴。四是加强产学结合的企业培训，重点加强农民工岗前培训、在岗技能提升培训和转岗培训。五是大力发展面向农村的职业教育。

农民工劳动权益保护

《劳动法》《劳动合同法》《安全生产法》等法律法规明确规定，所有劳动者具有同等的劳动权益。一是工资分配应当遵循按劳分配原则，实行同工同酬和最低工资保障制度。二是用人单位应当依法及时足额支付工资，不得克扣或无故拖欠劳动者工资。《中华人民共和国刑法修正案（八）》针对“拒不支付劳动报酬”行为作出明确的处罚规定。针对拖欠农民工工资的突出问题，要求各地建立“两金三制”，即在建筑业建立工资保证金、在拖欠农民工工资的多发地建立欠薪应急周转金，实施一级建筑承包企业解决分包企业欠薪制度、行政司法联动打击欠薪逃匿制度和地方政府负总责制度。三是农民工依法享有休息权和法定节假日、带薪年休假等休假权利。四是用人单位应当依法与农民工签订劳动合同，遵守劳动合同订立、履行、变更、解除、终止等有关规定。制定和推行规范的适用于农民工的简易劳动合同文本。五是生产经营单位必须执行安全生产国家标准或者行业标准，在高危行业推行强制性全员安全培训，把农民工安全培训纳入安全生产执法检查。从事高危行业和特种作业的农民工要经专门培训，持证上岗，定期进行健康检查。

农民工社会保障

为适应农民工流动性大的特点，兼顾农民工工资收入偏低的实际情况，政府坚持分类指导、稳步推进的方针，研究制定了农民工参加各项社会保险的政策。主要包括：一是城镇各类企业中的农民工与其他职工一样参加企业职工基本养老保险，在跨省流动就业时，基本养老保险关系可以转移接续。

二是各类企事业单位、社会组织和有雇工的个体工商户应依法为农民工缴纳工伤保险费。农民工发生工伤后，享受相应的待遇；未参加工伤保险的农民工发生工伤后，由用人单位按照工伤保险规定的标准支付费用。三是与企业建立稳定劳动关系的农民工依法参加城镇职工基本医疗保险制度；其他灵活就业的农民工可以参加城镇职工基本医疗保险，也可以选择参加户籍所在地新型农村合作医疗或务工地城镇居民基本医疗保险，农民工在流动就业时医疗保障关系可以转移接续。四是企事业单位按照工资总额的2%缴纳失业保险费，农民工本人不缴费；参保农民工连续工作满一年后失业，对其支付一次性生活补助。五是企业应当为农民工缴纳生育保险费。

健全维护农民工权益的保障机制

针对各种严重侵害农民工合法权益的问题，《国务院关于解决农民工问题的若干意见》等相关政策明确要求健全维护农民工权益的保障机制。主要包括：一是保障农民工依法享有民主政治权利。招用农民工的单位，职工代表大会要有农民工代表，保障农民工参与企业民主管理权利。农民工户籍所在地村民委员会，在组织换届选举或决定涉及农民工权益的重大事务时，应及时通知农民工，并通过适当方式行使民主权利。二是保护农民工土地承包权益，不得以农民进城务工为由收回承包地，农民工土地承包经营权流转，要坚持依法、自愿、有偿的原则，任何组织和个人不得强制或限制，也不得截留、扣缴或以其他方式侵占土地流转收益。三是加大维护农民工劳动保障权益监察执法力度，开展全国农民工工资支付专项检查。加强劳动争议调解仲裁工作，对农民工申诉的劳动争议案件，简化程序、快速审理，涉及劳动报酬、工伤待遇的要优先审理。四是鼓励农民工参与社区自治，增强作为社区成员的意识，提高自我管理、自我教育和自我服务能力。五是做好对农民工的法律服务和法律援助工作。对农民工开展普法宣传教育，引导他们增强法制观念，知法守法，学会利用法律、通过合法渠道理性表达权益诉求和维护自身权益。六是充分发挥各级工会、共青团和妇联组织在农民工维权工作中的作用。

为农民工提供相关公共服务

为统筹城乡社会管理，切实解决农民工及其家属在生产和生活中的各种实际问题，逐步使各项公共服务与二元化户籍管理体制相剥离，积极稳妥地推进基本公共服务均等化，各级政府制定了一系列政策措施。一是输入地政府对农民工实行属地管理。在编制城市发展规划、制定公共政策、建设公用设施等方面，统筹考虑长期在城市就业、生活和居住的农民工对公共服务的需求，提高城市综合承载能力。要增加公共财政支出，逐步健全覆盖农民工的城市公共服务体系。二是输入地政府要承担起农民工同住子女义务教育的责任，将农民工子女义务教育纳入当地教育发展规划，列入教育经费预算，以全日制公办中小学为主接收农民工子女入学，保障农民工子女平等接受义务教育。三是加强农民工疾病预防控制工作，落实国家关于特定传染病的免费治疗政策，做好农民工子女免疫工作。四是输入地政府要把农民工计划生育管理和服务经费纳入地方财政预算，提供国家规定的计划生育、生殖健康等免费服务项目和药具。五是多渠道改善农民工居住条件。将长期在城市就业与生活的农民工居住问题纳入城市住房建设规划。六是建设开放型、多功能的城市社区，构建以社区为依托的农民工服务和管理平台，围绕农民工实际生活中的各种需求，建立农民工综合服务中心。七是放宽中小城市特别是县城和中心镇落户条件，促进符合条件的农业转移人口在城镇落户并享有与当地城镇居民同等的权益。对农民工中的劳动模范、先进工作者和高级技工、技师以及其他有突出贡献者，应优先准予落户。

【典型事件】

➤ 温家宝总理为农民工“讨薪”

2003 年 10 月 24 日，温家宝总理在考察三峡库区移民安置工作途中，来到位于库区腹地的云阳县人和镇龙泉村 10 组看望乡亲。温总理问村民：“大家还有什么困难？有什么需要我们做的?”一直坐在温总理左侧的农家妇女熊德明有些腼腆地说：“总理，我想说说我家里打工的事。”当总理了解到，在修建新县城广场阶梯过程中，包工头拖欠熊德明丈夫工资 2 000 多元一年多未支付的实情时，总理非常严肃地说：“一会儿我到县里去，这事我一定要给县长说，欠农民的钱一定要还!”当天夜里 11 点多，熊德明和丈夫拿到了被拖欠的 2 240 元工资。正是熊德明的一句大实话，温总理及时为其“讨薪”，使得农民工“讨薪”和维护农民工合法权益的话题成为热点，引起各级领导干部高度重视，引发全国范围的“讨薪风暴”，在有关部门的共同努力下，不少

重庆市云阳县人和镇农妇熊德明（左）劳动中遇见路过的温家宝总理，她向总理说了丈夫被拖欠工钱的实话，引发全社会对拖欠农民工工资的大检查，由此获得 2003 年“CCTV 中国经济年度人物”社会公益奖

农民工拿到了被拖欠的工资。重庆市开展了“百日欠薪大检查”活动。北京市宣布将严重拖欠农民工工资的建筑企业赶出北京建筑市场。江苏、广东、湖北等省相继出台政策维护农民工的劳动权益。熊德明也因此成为维护农民工权益典型人物，并荣获 2003 年“CCTV 中国经济年度人物”社会公益奖、重庆市 2003 年度“振兴重庆争光贡献奖”。

事情到此并没有结束。如何不仅解决个案问题，而且解决面上存在的拖欠农民工工资问题，牵挂着党中央、国务院领导的心。胡锦涛、温家宝同志多次作出重要批示，要求切实维护进城务工农民的合法权益，加强规范管理，实行标本兼治，建立防止拖欠工程款和农民工工资的机制和法规。2003 年 11 月，国务院办公厅印发了《关于切实解决建设领域拖欠工程款问题的通知》（国办发［2003］94 号），指出建设领域拖欠工程款现象不仅破坏了正常的经济秩序，严重影响了建筑市场的健康发展，而且进一步加剧了拖欠农民工工资问题，影响了社会稳定。为此，各地政府要对当地建设领域工程款进行一次全面清理，同时严格项目审批和市场监管，从源头上防止发生新的拖欠；要认真贯彻执行《国务院办公厅关于做好农民进城务工就业管理和服务工作的通知》（国办发［2003］1 号），加强监察执法，严厉打击以各种名义拖欠、克扣农民工工资的违法行为，自 2004 年起，用三年时间基本解决建设领域拖欠工程款以及拖欠农民工工资问题。文件还提出，由建设部牵头，会同发展改革委、财政部、劳动保障部、人民银行、银监会等有关部门建立工作协商制度，指导各地开展工作。同年 12 月，国务院组成联合调查组分赴各地督查，建立清欠进度日报、情况通报和督办制度，认真受理群众举报投诉。中纪委要把检查清理拖欠工程款作为当年的一项重要工作。

2004 年 1 月 16 日，国务院副总理曾培炎主持召开会议，听取建设部和四个清欠督查组的工作汇报，部署今后三年的清欠工作。确定从 2004 年起，用三年时间分三步基本解决建设领域拖欠工程款和农民工工资问题。第一步，2004 年重点解决拖欠农民工工资问题；第二步，2005 年重点解决政府投资项目拖欠工程款问题；第三步，2006 年重点完成社会投资项目的清欠任务，建立长效机制，防止发生新欠。会议指出，用三年时间基本解决建设领域拖欠工程款以及农民工工资问题，是政府对社会作出的一项承诺，关系到国民经济的健康发展，关系到市场秩序和社会稳定，也关系到人民群众的切身利益。会议强调要认真落实中央领导同志批示精神，理清资金链条，摸清问题症结，提出切实有效的解决办法，并严格执行责任追究制度。会议要求各地区、各有关部门抓住典型案例深入分析原因，加快清欠进度，建立防止欠款的长效机制，加大对恶意拖欠企业的处罚力度，完善有关法律法规，努力做到老账要还、新账不欠。

2004 年 10 月，为进一步解决农民工工资拖欠问题，国务院办公厅转发了建设部、发展改革委、监察部、司法部、财政部、劳动保障部、铁道部、交通部、信息产业部、水利部、人民银行、审计署、民航总局、统计局、银监会、保监会《关于进一步解决建设领域拖欠工程款问题意见的通知》（国办发［2004］78 号），要求突出重点、明确责任、标本兼治，优先解决拖欠农民工工资问题，防止产生新的拖欠。

根据党中央、国务院领导同志重要批示精神和国务院办公厅文件要求，三年来，清欠工作以邓小平理论和“三个代表”重要思想为指导，全面贯彻落实科学发展观，坚持清欠工作目标不动摇，坚持省级政府负总责不动摇，坚持谁拖欠谁偿还的原则不动摇，坚持清欠与防范并重不动摇。在工作部署方面，先后召开了四次全国清理建设领域拖欠工程款电视电话会议，清理社会项目拖欠，建立健全防止拖欠的长效机制，切实维护农民工的工资权益。在具体措施方面，落实按月或按合同约定支付工资、对重点监控企业实行工资保证金制度，总结和推广农民工档案管理、施工现场维权公示、通过银行卡发放工资等好的做法，疏通举报投诉渠道，健全日常处理机制，及时发现和解决拖欠农民工工资问题，并对拖欠单位和责任人依法严肃处理。在协调配合方面，国家发展改革委完善有关控制政府投资项目概算的办法，健全项目建设过程中的资金监控机制；建设部会同财政部、保监会等部门完善规范工程质量保证金和工程结算、工程质量保险的有关办法；劳动保障部进一步完善农民工工资支付保障制度；国家统计局会同建设部健全清理拖欠工程款的统计和通报制度；监察部继续支持建设领域清理拖欠工程款的工作；部际联席会议加强对清欠工作的指导、协调和监督。在建立长效机制方面，运用法律和经济手段解决工程款拖欠及纠纷问题，以完善体制机制、健全信用体系为核心，以深化投资和建设体制改革为动力，建立健全法律保障、经济制衡、信用约束、政府监管的综合防范机制，促进建筑市场规范有序运行，从根本上解决拖欠农民工工资问题。经过三年的不懈努力，国务院确定的建设领域三年清欠工作达到预期目标：一是拖欠农民工工资的行为初步得到遏制，三年共清理补发农民工工资 330 亿元，建设领域农民工工资的历史旧欠绝大部分得到偿还，新拖欠农民工工资的现象明显减少；二是防范新欠的机制建设初见成效，国务院有关部门制定了 17 个防范新欠的政策性文件；三是一些地方政府也结合实际情况，制定了相关的配套措施和实施办法。

温家宝总理为农民工“讨薪”，开启了中国最大规模的为农民工“讨薪”活动，初步遏制了拖欠农民工工资的恶劣现象，并让社会更为关注农民工这一弱势群体，使他们的权益得到更好的维护，促进了社会和谐稳定。

➢ 具有历史意义的国务院 5 号文件

2005 年 2 月 26 日和 3 月 23 日，温家宝总理先后两次对农民工问题作出重要批示，要求国务院研究室会同有关部门从深层次研究农民工问题，制定和完善涉及农民工的各项政策。为贯彻落实温家宝总理的重要批示，同年 4 月 4 日成立了由国务院研究室牵头，中央和国务院 17 个部门、8 个农民工输出或输入大省（市）为成员单位，5 位长期从事农民工问题研究的专家参加的农民工问题调研和文件起草组。调研起草组和有关部门、地方精心组织开展了大量深入细致、形式多样的调查研究工作，实地考察了农民工集中的企业和居住区、农民工培训场所、劳动力市场、社会保险经办机构、农民工子弟学校等，召开各种类型的座谈会、调研成果交流会、专家座谈会，在深入研讨、集思广益的基础上，形成了《中国农民工问题研究总报告》，并起草了

《国务院关于解决农民工问题的若干意见（送审稿)》。

2006年1月18日，温家宝总理主持召开国务院第122次常务会议，审议并原则通过了《国务院关于解决农民工问题的若干意见（送审稿)》；1月21日，《国务院关于解决农民工问题的若干意见》（国发［2006］5号）印发实施。文件指出，农民工是我国改革开放和工业化、城镇化进程中涌现出的一支新型劳动大军，对我国现代化建设作出了重大贡献，是推动我国经济社会发展的重要力量。农民外出务工，为城市创造了财富，为农村增加了收入，为城乡发展注入了活力，成为工业带动农业、城市带动农村、发达地区带动落后地区的有效形式，同时促进了市场导向、自主择业、竞争就业机制的形成，为改变城乡二元结构、解决“三农”问题闯出了一条新路。返乡创业的农民工，带回资金、技术和市场经济观念，直接促进社会主义新农村建设。文件明确了做好农民工工作的指导思想和基本原则，提出解决农民工问题要坚持公平对待、一视同仁，强化服务、完善管理，统筹规划、合理引导，因地制宜、分类指导，立足当前、着眼长远。文件针对解决农民工工资偏低和拖欠问题、依法规范农民工劳动管理、搞好农民工就业服务和培训、积极稳妥地解决农民工社会保障问题、切实为农民工提供相关公共服务、健全维护农民工权益的保障机制、促进农村劳动力就地就近转移就业等问题，明确了政策措施。

根据国务院5号文件要求，为抓好文件精神的贯彻落实，全面做好农民工工作，2006年2月，建立了由国务院办公厅、发展改革委、劳动保障部等31个党和政府有关部门以及人民团体组成的国务院农民工工作联席会议制度，负责统筹协调和指导全国农民工工作，联席会议办公室设在劳动保障部。各地人民政府也根据要求相继建立了相应的协调机制，加强对本地区农民工工作的组织领导。2008年，在国务院机构改革中，人力资源和社会保障部成立了农民工工作司，具体承担国务院农民工工作联席会议办公室的职能。各省级人民政府在机构改革中，也在人力资源和社会保障厅（局）成立了农民工工作处，具体承担本地区农民工工作联席会议办公室的职能。

国务院5号文件下发以来，国家从解决农民工面临的最紧迫、最直接、最重要的问题入手，制定了一系列维护农民工权益和促进农民工发展的政策措施。2008年，国务院办公厅印发《关于切实做好当前农民工工作的通知》；2009年，国务院办公厅印发《国家职业病防治规划（2009—2015）》；2010年，国务院办公厅印发《关于进一步做好农民工培训工作的指导意见》和《关于发展家庭服务业的指导意见》。国务院农民工工作联席会议各成员单位也围绕贯彻落实国务院5号文件精神，结合本部门职能，制定了一系列政策措施，内容涉及促进农民工培训就业，参加社会保险，维护劳动权益，保障农民工子女接受义务教育，改善居住条件，丰富农民工精神文化生活，维护土地承包权益，扩大农民工的社会参与，关爱农村留守儿童、留守妇女和留守老人，积极稳妥地推进符合条件的农民工在城镇落户等诸多方面。

从2006年到2010年，国务院农民工工作联席会议连续召开七次全体会议，对农民工工作进行研究部署，提出工作要求，明确任务分工，狠抓督促落实，农民工就业环境逐步改善，技能素质逐步提高，参加社会保险人数显著增加，工资水平逐步提高，公共服务明显改善，一些符合条件的农民工在城镇落户，农民工的社会地位逐步提升。

国务院5号文件充分肯定了农民工的地位作用和重要贡献，全面提出了一定时期解决农民工问题的政策措施，及时建立了农民工工作协调机制，有力地指导了“十一五”时期的农民工工作，推动农民工权益得到更好的维护，是农民工工作史上的一个里程碑。

➢ 新生代农民工问题受到全社会关注

新生代农民工，通常是指20世纪80年代、90年代出生的登记为农业户籍而从事非农产业的人群。根据国家统计局2009年对全国31个省（区、市）的农民工监测调查，在所有外出农民工中，新生代农民工的比例达到58.4%，成为外出农民工的主体。按照2009年外出就业6个月以上的农民工数量14 533万人来推算，新生代农民工的数量已经达到8 487万人，其中40.8%

为女性，68.6%来自中西部地区，72.3%在东部地区务工。

新生代农民工主要是生长在农村，初高中毕业后进入城镇就业，也有随打工父母在城镇长大的农民工子女。与老一代农民工相比，新生代农民工文化素质较高——普遍接受了初中、高中、中专或者中等职业教育；视野开阔——能从报纸、杂志、书籍、电视、网络等多种渠道获取知识、信息；易于融入城市——能成长为现代产业工人和接受城市生活方式。

与老一代农民工不同，新生代农民工基本不懂农业生产，“亦工亦农”兼业的比例很低，从业主要集中在制造业和一般服务业，劳动强度较大，收入水平相对较低，消费倾向较高。他们的权益诉求正发生着明显变化，由以往进城挣钱回乡发展向进城谋职融入城市生活转变，由工资支付保障向要求参加社会保险转变，由改善住宿条件向要求提供城市公共服务转变。他们的追求开始向精神层面拓展，由单纯谋生向追求归属感延伸，由忍耐坚持向追求权益平等延伸，由承担家庭经济责任向实现人生价值延伸。年轻而富有活力的新生代农民工是未来我国宝贵的人力资源，他们渴望融入城市，重视社会

保障，维权意识更强，在加快转变经济发展方式，促进第二、第三产业和东中西部经济合理布局与转移，支撑产业结构升级和由“中国制造”向“中国创造”转变中发挥着重要作用。

对于日益壮大的新生代农民工群体，党中央、国务院高度重视。2008 年 10 月，中共中央政治局委员、国务院副总理、国务院农民工工作联席会议总召集人张德江同志在国务院农民工工作联席会议第六次全体会议上讲话指出，日益壮大的新生代农民工群体对农民工工作提出了新的要求。新生代农民工的需求不一样，诉求不一样，正在由“亦工亦农”兼业向全职从事非农产业转变，由在城乡双向流动向更多融入城市转变，由主要谋求生存向注重追求平等转变。新生代农民工文化水平高，年轻力壮，有旺盛的精力和创造力。因此，他们希望同工同酬，要求平等享受社会保障和公共服务，与城镇职工享有同等的民主政治权利。但是，现有户籍、劳动就业、社会保障、公共服务等制度很不适应新生代农民工的要求，不符合农民工工作发展的新趋势、新要求，亟须深化改革和制度创新。

2009 年 12 月，中央经济工作会议提出，要把解决符合条件的农业转移人口逐步在城镇就业和落户作为推进城镇化的重要任务。2010 年 1 月，中共中央、国务院印发《关于加大统筹城乡发展力度进一步夯实农业农村发展基础的若干意见》(中发［2010］1 号)，首次在党中央、国务院文件中针对新生代农民工工作提出要求，要求采取有针对性的措施，着力解决新生代农民工问题。要深化户籍制度改革，加快落实放宽中小城市、小城镇特别是县城和中心镇落户条件的政策，促进符合条件的农业转移人口在城镇落户并享有与当地城镇居民同等的权益。党中央、国务院的决策，为从根本上解决新生代农民工问题指明了方向。

根据党中央、国务院的决策，国务院农民工工作联席会议指导各成员单位、各地区采取有针对性的措施，努力解决新生代农民工问题。工作重点如下：一是以加强职业技能培训为重点，提高新生代农民工综合素质。抓住经济发展方式转变加快、产业升级对农民工技能提出更高要求的有利时机，统筹搞好职业教育与职业培训，统筹规划城乡之间的职业教育培训，加大工作力度，将新生代农民工培养成高素质的现代产业工人。二是以保障工资权益为重点，着力维护新生代农民工权益。推动各地积极建立建筑业工资保证金、行政司法联动打击欠薪逃匿等项制度，解决拖欠新生代农民工工资问题。通过提高最低工资标准、推行工资集体协商制度，逐步提高新生代农民工工资水平。加大劳动保障监察执法力度，完善劳动争议调解仲裁制度，加强安全生产和职业病防治工作，开展法律援助和法律宣传，维护新生代农民工权益。三是以多渠道解决农民工住房问题为重点，加强新生代农民工公共服务。推动有条件的城市将有稳定职业和收入的农民工逐步纳入城镇住房保障体系，发展公共租赁住房，建设农民工公寓，将农民工纳入经济适用房保障范围。同时，着力解决他们在子女教育、公共卫生、精神文化生活等方面的问题，使他们逐步享有与城镇居民同等的待遇。四是以深化户籍制度改革为重点，推动符合条件的农民工尤其是新生代农民工在城镇落户。广东、陕西、重庆、河北、浙江宁波、四川成都等地出台了户籍制度改革办法，大批新生代农民工在就业地落户。

与此同时，根据党中央、国务院领导的一系列重要批示精神，国务院农民工工作联席会议办公室从农民工进入我国统筹城乡发展的新阶段出发，正组织有关成员单位对新生代农民工发展涉及的土地权益、宅基地权益、集体经济权、转移就业、职业技能培训、劳动工资、社会保障、医疗卫生服务、职业教育、子女教育、留守流动儿童关爱、留守妇女与留守老人、计划生育、住房保障、安全生产、职业病防治、精神文化生活、党团组织建设、心理分析与预防犯罪、服务农民工的社会组织、城镇落户等专题开展研究，加强对进一步解决新生代农民工问题的顶层设计。新闻媒体、学术理论界、有关社会组织等社会各界也广泛关注新生代农民工问题，研究分析其特点，提出解决问题的对策建议。

专栏

“党中央、国务院和农民工心连心”大型文艺演出

2007年4月28日，国务院农民工办、中宣部文艺局、北京市奥运工程办在国家体育场（鸟巢）广场共同举办了“党中央、国务院和农民工心连心”大型文艺演出。国务院领导同志和有关部门负责同志与农民工群众交叉坐在观众席上，使广大农民工深受鼓舞。演出活动安排在“五一”前夕举行，体现了农民工是工人阶级的重要组成部分、与各行各业劳动者共同推动社会主义现代化建设的意涵。演出以气势雄伟的奥运“鸟巢”工程作为背景，舞台与工地融为一体，以建筑业农民工为主的近万名观众身着各色工装现场观看。演出活动汇集了我国老中青著名艺术家强大阵容，全场演出热烈精彩，大部分节目紧扣农民工工作和生活的主题，注重演员与观众的互动性，还特意安排了由农民工自己和农民工子弟演出的节目，受到了广大农民工的热烈欢迎。

演出活动充分展示了党中央、国务院高度重视解决农民工问题，进一步营造了全社会关心、关爱、尊重农民工的社会舆论氛围。“党中央、国务院和农民工心连心”大型文艺演出于2007年5月1日晚在中央电视台向全国播出，全国约6 000多万名农民工收看了这台演出。中央电视台统计显示，这台节目获得“五一”期间中央电视台各类节目的最高收视率。

党的十七届五中全会提出，要注重在制度上解决好农民工权益保护问题。“十二五”时期，加快转变经济发展方式为大规模开展农民工尤其是新生代农民工培训提供了难得机遇，加强和创新社会管理为农民工包括新生代农民工享受平等权益提供了难得机遇，构建和谐劳动关系为维护农民工包括新生代农民工权益提供了难得机遇，推进城镇化为农民工尤其是新生代农民工逐步解决进城落户问题提供了难得机遇。随着社会各界认识的不断深化，政策措施的不断完善和切实落实，新生代农民工问题将逐步得到根本解决。

【成就与评价】

（一）极大地解放了农村劳动力，优化了城乡劳动力资源配置，促进了我国工业化、城镇化建设的快速发展

党的十一届三中全会以来，党和政府全面把握国内外发展大局，尊重农民的首创精神，因势利导，将农村富余劳动力转移到第二、第三产业，转移到城镇，迅速改变了劳动力就业结构和产业布局，促进了我国工业化、城镇化建设的快速发展。据国家统计局监测调查，2010年全国外出就业6个月以上及本地非农从业6个月以上的农民工总量达到2. 42亿人，其中外出农民工1. 53亿人。农民工已占我国产业工人总数的2/3，占据了我国建筑业劳动力的90%，煤矿采掘业的80%，纺织服装业的60%，以及城市一般服务业的

50%。劳动力在第一、第二、第三产业的比重分别由1978年的70.5∶17.3∶12.2转变为2010年的39∶27∶34。大量农民工的转移就业促进了城乡劳动力资源配置的不断优化，也推动了经济结构的调整与优化，我国第一、第二、第三产业的比重由1978年的28.2∶47.9∶23.9转变为2010年的10.2∶46.8∶43。与此同时，我国城市化水平大大提高，城市化率由1978年的17.92%提高到2010年的47.5%。照此速度发展下去，我国城市常住人口数量将在近几年内历史上第一次超过农村人口数量。大量低成本的农民工为吸引外资、承接国际产业转移创造了条件，为我国工业发展增强了竞争力，为城市繁荣增加了活力，为改革开放增添了动力，为中国经济连续几十年的高速增长和城镇化建设的迅猛发展作出了重要贡献。

（二）开辟了农民增收致富的新渠道，大大改善了农村生产生活条件，促进了农业现代化发展

大批农村劳动力向非农产业转移，在城乡之间流动就业、务工经商，为农民增收致富开辟了一条新路。近年来，农民工工资性收入持续增长，日益成为农村居民的主要收入来源，成为农民增收和脱贫致富的主要途径。2005—2010年，全国外出就业的农民工月均工资由875元提高到1 690元，年均增长14.1%。农民工队伍的发展壮大和工资性收入的持续增长，不仅有力地促进了农村经济发展，加快了小城镇建设，壮大了县域经济，而且已经成为解决“三农”问题和缩小城乡收入分配差距的重要途径，对于逐步提高居民收入在国民收入分配中的比重、提高劳动报酬在初次分配中的比重也发挥了重要作用。此外，农村劳动力在外出务工经商的过程中，开阔了视野，适应了现代化生产经营方式和管理模式，逐步提高了自身综合素质，同时也把精神文明传播到广大农村，改变了农村居民的生活习惯和思维方式，提高了广大农村居民的思想道德和科学文化素质，对农村经济发展产生了重大影响，促进了农业生产方式的转变和农业劳动生产率的提高，推进了社会主义新农村建设。

（三）打破了城乡二元化社会管理体制，为农民工逐步融入城市创造了条件，为建立城乡经济社会发展一体化新格局奠定了基础

改革开放以来，农民工大规模、大范围跨区域流动，使整个社会充满了生机和活力，极大地推动了政府职能和管理方式的转变，城乡二元化管理体制和各方面的制度政策都逐步发生了巨大的变化。建立了城乡平等的就业制度和统一的人力资源市场；强化了包括农民工在内的所有劳动者享有平等的劳动报酬、休息休假、劳动安全卫生保护等劳动权益；统筹城乡的社会保障体系正在逐步建立；农民工子女教育、医疗卫生、计划生育、文化生活等基本公共服务正逐步向均等化发展；许多省市统一了城乡户口登记制度，大、中、小城市不同程度地放开了户口迁移条件，城镇化发展健康有序，越来越多的农民工在城镇落户，实现了由农民工向新市民的根本性转变；一批优秀农民工当选为各级人大代表参政议政。农民工所面临的各种突出矛盾和问题得到进一步解决，广大农民工得到更多的实惠。城乡经济社会发展一体化新格局正逐步形成，社会更加和谐。

【大事记】

2003年

1月5日，《国务院办公厅关于做好农民进城务工就业管理和服务工作的通知》（国办发［2003］1号）印发，要求取消对企业使用农民工的行政审批和对农民进城就业的不合理限制，切实解决好农民工工资拖欠、子女教育、培训、服务等问题，改善农民工的生产生活条件。

11月22日，《国务院办公厅关于切实解决建设领域拖欠工程款问题的通知》（国办发［2003］94号）印发，提出用三年时间基本解决建设领域拖欠工程款以及拖欠农民工工资问题。

12月31日，中共中央、国务院在《关于促进农民增加收入若干政策的意见》中提出："进城就业的农民工已经成为产业工人的重要组成部分。"

2004 年

10 月 29 日，《国务院办公厅转发建设部等部门关于进一步解决建设领域拖欠工程款问题意见的通知》(国办发［2004］78 号）印发，进一步提出了解决建设领域拖欠工程款以及拖欠农民工工资问题的目标和政策措施。

12 月 27 日，《国务院办公厅关于进一步做好改善农民进城就业环境工作的通知》(国办发［2004］92 号）印发，要求各地、各部门进一步做好促进农民进城就业的管理和服务工作，健全完善劳动力市场，切实维护农民进城就业的合法权益。

2006 年

1 月 21 日，《国务院关于解决农民工问题的若干意见》(国发［2006］5 号）印发，全面系统地提出了解决农民工问题的指导思想、基本原则、目标任务和政策措施。

2 月 22 日，国务委员兼国务院秘书长、国务院农民工工作联席会议总召集人华建敏主持召开国务院农民工工作联席会议第一次全体会议，研究确定国务院农民工工作联席会议工作规则，明确各成员单位的责任分工，部署农民工工作。

3 月 31 日，《国务院关于同意建立农民工工作联席会议制度的批复》(国函［2006］19 号）印发，同意建立由国务院办公厅、发展改革委、劳动保障部等 31 个党和政府有关部门以及人民团体组成的国务院农民工工作联席会议制度。联席会议在国务院领导下，统筹协调和指导全国农民工工作。联席会议办公室设在劳动保障部。

5 月 17 日，国务委员兼国务院秘书长、国务院农民工工作联席会议总召集人华建敏主持召开国务院农民工工作联席会议第二次全体会议，审议并通过了《国务院农民工工作联席会议 2006 年工作要点》，要求力争年底前着力做好清理工资拖欠、规范劳动管理、保障劳动安全等十件实事，在五个方面取得明显进展。

9 月 7 日至 8 日，全国农民工工作座谈会在北京召开。国务委员兼国务院秘书长、国务院农民工工作联席会议总召集人华建敏主持会议，北京、山西、黑龙江等15个省、自治区、直辖市负责农民工工作的副省级领导和国务院农民工工作联席会议成员参加了会议。会议总结交流了各地、各部门贯彻国务院5号文件以及解决农民工问题的做法和经验，研究分析了当前农民工工作中存在的问题，明确了下一步工作目标和主要任务。

11月至12月，国务院农民工工作联席会议办公室组织开展第一次全国农民工工作督查。分别由教育部、司法部、劳动保障部、建设部、农业部、卫生部、安全监管总局、全国总工会等8个部门（单位）的副部级领导带队，联席会议各成员单位参加，组成8个督查组，分赴北京、吉林、浙江、福建、河南、广东、四川、甘肃等8个省市开展农民工工作督查。

12月29日，国务委员兼国务院秘书长、国务院农民工工作联席会议总召集人华建敏主持召开国务院农民工工作联席会议第三次全体会议，听取第二次全体会议以来的工作情况汇报以及第一次全国农民工工作督查情况汇报，对2007年推进农民工工作、加强制度建设进行了部署。

2007年

8月24日，国务委员兼国务院秘书长、国务院农民工工作联席会议总召集人华建敏主持召开国务院农民工工作联席会议第四次全体会议，听取2007年以来的农民工工作情况汇报和下一步工作建议，听取关于查处山西“黑砖窑”事件和全国开展整治非法用工打击违法犯罪专项行动情况、做好农村留守儿童工作情况以及农民工返乡创业有关情况的汇报。

12月，国务院农民工工作联席会议办公室组织开展第二次全国农民工工作督查，对各地为农民工办好十件实事、推进十项制度建设以及加强农民工工作机制建设等情况进行督查。此次督查工作持续至2008年1月。

2008年

1月22日，国务委员兼国务院秘书长、国务院农民工工作联席会议总召集人华建敏主持召开国务院农民工工作联席会议第五次全体会议，听取2007年农民工工作情况汇报以及第二次全国农民工工作督查情况汇报，审议并通过了《国务院农民工工作联席会议 2008 年工作要点》，要求巩固扩展十件实事成果，着力推进十项制度建设，在夯实基础、落实政策、完善制度、创新机制等方面取得更大成效。

2 月，来自上海、广东、重庆的朱雪芹、胡小燕、康明厚三位农民工当选为第十一届全国人大代表。这是我国首次在农民工队伍中产生全国人大代表。农民工代表在最高国家权力机关中参政议政，表达农民工权益诉求，充分体现了社会主义民主，有利于在国家立法和政策制定中切实保障农民工的各项权益。

7 月 12 日，《国务院办公厅关于印发人力资源和社会保障部主要职责内设机构和人员编制规定的通知》（国办发［2008］68 号）印发，新一届政府在新组建的人力资源和社会保障部内专门设立了农民工工作司，其主要职责是会同有关部门拟定农民工工作综合性政策和规划，推动农民工相关政策的落实，协调解决重点、难点问题，维护农民工合法权益。农民工工作司同时承担国务院农民工工作联席会议办公室的职责。

10 月 16 日，中共中央政治局委员、国务院副总理、国务院农民工工作联席会议总召集人张德江主持召开国务院农民工工作联席会议第六次全体会议，听取 2008 年以来的农民工工作情况和全国优秀农民工表彰大会筹备情况汇报，审议并同意以联席会议名义对各地区和有关部门评选出的 1 000 名优秀农民工进行表彰，以国务院农民工办名义对 100 个农民工工作先进集体通报表扬。

11 月 16 日，国务院农民工工作联席会议在北京人民大会堂隆重召开第一次全国优秀农民工表彰大会，对全国 1 000 名优秀农民工进行表彰奖励，对 100 个农民工工作先进集体通报表扬。张德江副总理出席会议并发表重要讲话，充分肯定了广大农民工为国家、为社会作出的巨大贡献，激励广大农民工自强不息、奋发进取。表彰大会营造了全社会尊重和关爱农民工的良好氛围。

12 月 20 日，《国务院办公厅关于切实做好当前农民工工作的通知》（国办发［2008］130号）印发，提出采取多种措施，积极应对国际金融危机的影响不断加深、相当数量的农民工开始集中返乡等问题。

2009年

3月17日，《中共中央、国务院关于深化医药卫生体制改革的意见》（中发［2009］6号）明确，签订劳动合同并与企业建立稳定劳动关系的农民工，纳入城镇职工基本医疗保险制度；其他农民工根据实际情况，参加户籍所在地新型农村合作医疗或务工所在地城镇居民基本医疗保险。

10月1日，国务院农民工工作联席会议办公室配合有关方面组织全国优秀农民工代表参加国庆60周年庆典活动。500名农民工代表参加了工业成就方阵的群众游行，25名全国优秀农民工代表参加了国庆观礼，2名农民工代表参加了彩车展示，4名农民工代表参加了国庆招待会，充分展示了农民工的时代风采。

11月至12月，国务院农民工工作联席会议办公室组织开展第三次全国农民工工作督查，推动各地贯彻落实《国务院办公厅关于切实做好当前农民工工作的通知》的精神，全面做好农民工工作。

12月，中央经济工作会议要求积极稳妥地推进城镇化，提升城镇发展质量和水平。重点加强中小城市和小城镇发展。要把解决符合条件的农业转移人口逐步在城镇就业和落户作为推进城镇化的重要任务。

12月28日，国务院办公厅印发《城镇企业职工基本养老保险关系转移接续暂行办法》（国办发［2009］66号），解决了包括广大农民工在内的参保人员养老保险关系转移接续问题，有利于促进农民工参加城镇企业职工基本养老保险。

12月31日，《中共中央、国务院关于加大统筹城乡发展力度进一步夯实农业农村发展基础的若干意见》（中发［2010］1号）印发，要求深化户籍制度改革，促进符合条件的农业转移人口逐步在城镇落户并享有与当地城镇居民同等的权益。多渠道改善农民工居住条件，鼓励有条件的城市将有稳定职业并在城市居住一定年限的农民工纳入城镇住房保障体系。采取有针对性的措施，着力解决新生代农民工问题。

2010年

1月14日，中共中央政治局委员、国务院副总理、国务院农民工工作联席会议总召集人张德江主持召开国务院农民工工作联席会议第七次全体会议，听取2009年农民工工作情况汇报以及第三次全国农民工工作督查情况汇报，审议并通过了《国务院农民工工作联席会议2010年工作要点》，充分肯定了各地、各部门积极应对国际金融危机对农民工的冲击和平稳解决大规模农民工集中返乡等问题，为保民生、保稳定、促和谐作出了重大贡献。要求抓住经济回升和工业化、城镇化进程加快的机遇，继续推动农民工工作取得新进展。

1月21日，《国务院办公厅关于进一步做好农民工培训工作的指导意见》(国办发［2010］11号）印发，明确了农民工培训工作的基本原则和主要目标，要求以省级统筹为重点，采取多种措施搞好农民工培训工作。

2月5日，《国务院办公厅关于切实解决企业拖欠农民工工资问题的紧急通知》(国办发明电［2010］4号）印发，要求各地、各有关部门采取措施，进一步解决拖欠农民工工资问题。

11月，国务院农民工工作联席会议办公室组织开展第四次全国农民工工作督查，推动各地贯彻落实《国务院办公厅关于切实解决企业拖欠农民工工资问题的紧急通知》和《国务院办公厅关于进一步做好农民工培训工作的指导意见》的精神。

专题 14

步入"十二五"——谱写构建和谐劳动关系新篇章

劳动关系是现代社会经济生活中最基本、最重要的社会关系之一。劳动关系和谐是社会和谐的基础，它不仅关系到广大劳动者的切身利益，更关系到改革开放、经济发展和社会稳定。2010 年 10 月，党的十七届五中全会通过的《关于制定国民经济和社会发展第十二个五年规划的建议》强调：要促进就业和构建和谐劳动关系。要加强劳动执法，完善劳动争议处理机制，改善劳动条件，保障劳动者权益。发挥政府、工会和企业作用，努力形成企业和职工利益共享机制，建立和谐劳动关系。

一、"十二五"时期构建和谐劳动关系面临的机遇和挑战

"十一五"时期以来，我国劳动关系工作取得了突破性进展。以《劳动合同法》《劳动争议调解仲裁法》为核心的劳动关系法律体系进一步完善；以劳动合同制度、集体合同制度、协调劳动关系三方机制为主要内容的劳动关系协调机制进一步健全；劳动定额定员、工时、休息休假、女职工特殊劳动保护等劳动标准制度建设不断推进，应对国际金融危机、稳定劳动关系成效显著，劳动关系双方自主协商、社会三方协调、政府依法调整的格局逐步形成，劳动关系总体上保持了和谐稳定。但是，随着我国经济体制改革继续深化、社会结构调整加快，我国劳动关系也面临着种种矛盾和问题。这使得我们在"十二五"时期构建和谐劳动关系既面临着良好的机遇，同时也面临着严峻的挑战。

（一）“十二五”时期构建和谐劳动关系面临的机遇

1. 党中央和国务院高度重视构建和谐劳动关系。党的十六届六中全会以来，中央曾多次在重要会议中明确提出要构建和谐劳动关系。党的十六届六中全会指出：“完善劳动关系协调机制，全面实行劳动合同制度和集体协商制度，确保工资按时足额发放。严格执行国家劳动标准，加强劳动保护，健全劳动保障监察体制和劳动争议调处仲裁机制，维护劳动者特别是农民工合法权益。”党的十七大及十七届五中全会都进一步强调了要构建和谐劳动关系，指出了构建和谐劳动关系的方向。温家宝总理在 2011 年《政府工作报告》中再次强调：“加强劳动保障监察执法，完善劳动争议处理机制，依法维护劳动者权益，构建和谐劳动关系。”党中央和国务院的高度重视将是构建和谐劳动关系的强大动力。

2. 经济社会发展取得巨大成就。改革开放以来，特别是“十一五”时期，全国各族人民在党中央、国务院的领导下，迎难而上，努力拼搏，经济社会发展取得了举世瞩目的成就。据统计，2010 年我国国内生产总值达到 39. 8 万亿元，总量跃居世界第二位；财政收入达到 8. 31 万亿元。国有企业改革的推进以及非公经济的发展使得我国企业的整体素质和效益进一步提高。同时，各项社会事业加快发展，人民生活明显改善。我国经济体制改革和经济社会发展取得的巨大成果，为在新时期构建和谐劳动关系提供了重要的物质基础和体制环境。

3. 调整劳动关系的法律法规和体制机制逐步健全。改革开放以来，我国劳动关系的主体、内容、特点和运行环境发生了很大的变化。为适应变化的劳动关系需要，建立起符合我国国情的劳动关系调整机制，在已有实践和借鉴市场经济国家成功经验的基础上，社会各有关方面进行了积极探索。目前，我国已初步建立起符合社会主义市场经济体制要求的，以劳动法律法规为依据，以劳动合同管理、集体协商和集体合同、劳动争议处理、劳动监察执法和协调劳动关系三方机制为主要内容的劳动关系调整机制，并形成了自己的特点，为新时期构建和谐劳动关系提供了良好的法律保障和制度支撑，积累了有益经验。

（二）“十二五”时期构建和谐劳动关系面临的挑战

1. 我国经济所处发展阶段决定未来一段时期内劳动关系仍处于矛盾易发期和多发期。“十二五”时期，我国经济体制改革和经济结构调整将进一步加快，社会结构变动也将加剧，这必然导致社会各方面利益的调整，有可能引发各种各样的社会矛盾，对劳动关系的运行产生重大影响。同时，当前我国人均GDP已达到4 000美元，已经步入中等收入国家的发展阶段，人民生活由温饱型向小康型转变，劳动者利益等各方面诉求日益多样化和复杂化，这将导致协调劳动关系的难度加大，如果处理不当，极易引发各种矛盾。

2. 我国经济发展方式转变使得协调劳动关系的任务更加繁重。我国传统粗放型经济增长模式和出口导向型经济增长模式急需调整，出口外向型、高污染以及附加值低的企业生存将越来越难，技术进步和产业结构调整必然导致结构性失业。一批不符合未来产业结构调整要求的企业将被关停并转，由此带来劳动关系的不稳定性增强，局部地区甚至可能产生矛盾激化，维护产业结构调整过程中劳动者合法权益不受侵害的任务将进一步加重。

3. 用工主体多元化和用工方式多样化增加了协调劳动关系的难度。根据全国第二次经济普查数据，以中小企业为主体的非公有制企业已在全国企业户数和就业人数中占主体地位，个体工商户用工人数接近9 000万。这些用人单位与规模以上企业相比，劳动关系的规范化程度较低，矛盾比较突出。同时，随着市场竞争加剧和企业经营管理方式的变化，一些企业较多采用了灵活的用工方式，如劳务派遣、劳务外包和非全日制用工等，由此带来劳动关系复杂性和不稳定性增加。如何区分不同类型、不同规模企业的劳动关系特点，增强协调劳动关系的针对性；如何既保持劳动力市场的灵活性，又维护劳动者的合法权益，促进各种灵活用工规范有序发展，是面临的一项新课题。此外，在未来很长一段时期内，我国劳动力供大于求的状况将难以根本改变，就业形势依然严峻，由此带来的普通劳动者在劳动关系中处于相对弱势地位的状况难以转变，给发展和谐劳动关系、维护劳动者权益带来较大的压力。

4. 经济全球化深入发展对协调劳动关系提出了新要求。在经济全球化背景下，国际贸易规则、国际劳工标准等因素对一个国家的劳动关系调整会不可避免地产生影响。这就要求我国在劳动关系协调工作中，既要做好与国际惯例的衔接，又要注意从具体国情出发，把兼顾劳动者和企业的合法权益摆到重要位置，努力促进实现劳动者体面劳动和企业健康发展。

二、“十二五”时期构建和谐劳动关系的指导思想、基本原则和目标任务

（一）指导思想

在新时期构建和谐劳动关系要高举中国特色社会主义伟大旗帜，以邓小平理论和“三个代表”重要思想为指导，深入贯彻落实科学发展观，按照党中央关于构建社会主义和谐社会的要求，着力解决劳动关系突出问题，加快建立健全与社会主义市场经济体制相适应的劳动关系利益协调、诉求表达、矛盾调止和权益保障长效机制，大力实行制度创新、政策创新、工作创新，建立起规范有序、公正合理、互利共赢、和谐稳定的社会主义新型劳动关系，实现职工得实惠、企业得效益、经济得发展、社会得稳定的和谐劳动关系新局面。

（二）基本原则

一是要坚持以人为本。要把解决广大职工最关心、最直接、最现实的利益问题，切实维护他们的经济权益、政治权益、文化权益、社会权益，作为根本出发点和落脚点。

二是要坚持统筹协调。要将发展和谐劳动关系放在经济发展和社会稳定的大局中去谋划推动，统筹处理好维护职工利益与促进企业发展的关系，维

护职工就业权利与维护职工劳动报酬、休息休假和社会保险等权利的关系，以及维护职工的长远利益与当前利益的关系等，调动劳动者和企业双方的积极性、主动性，实现经济社会全面、协调和可持续发展。

三是要坚持机制创新。要紧密结合宏观经济社会形势的发展变化，针对劳动关系中面临的新情况、新问题，及时总结劳动关系工作中的实践经验，积极创新工作思路、体制机制和政策措施，完善劳动关系法律法规和协调劳动关系的制度机制。

四是要坚持多方参与。健全劳动关系双方自主协调和政府依法调整的体制，充分调动社会各方积极性，进一步形成党委领导、政府负责、社会协同、企业和职工参与的工作格局，共同促进构建和谐劳动关系。

（三）目标任务

未来五年构建和谐劳动关系的主要目标是：各类企业全面实施劳动合同制度，集体协商和集体合同制度普遍建立，企业劳动合同签订率达到 90%，集体合同签订率达到 80%。企业工资正常增长机制和支付保障机制逐步健全，职工工资水平合理较快增长，遏制并逐步缩小不合理的工资差距。中国特色的协调劳动关系三方机制进一步完善。劳动标准体系更加健全。劳动人事争议处理机制更加完善，基层劳动争议调解组织和仲裁院实体化基本建设取得明显进展，劳动人事争议案件得到及时有效处理，劳动人事争议仲裁结案率达到 90%。劳动保障监察执法体系更加完善，以网格化、网络化管理为基础的预防预警机制基本建立，劳动者权益得到有效维护。

三、“十二五”时期构建和谐劳动关系的重要工作

（一）进一步加强劳动法制建设

继续推动完善《劳动合同法》《劳动争议调解仲裁法》等法律的配套法规和政策，逐步健全劳动法律体系，为构建和谐劳动关系提供强有力的法律支

撑。要加快健全劳动标准体系，加强工作时间、休息休假、女工和未成年人特殊保护等劳动标准管理，推进劳动定额标准化工作，促进企业依法改善劳动条件。要加强劳动法律宣传培训，重点加大对各类企业特别是中小企业经营者的培训力度，强化劳动行政管理、指导服务和监察执法，引导、督促企业经营者和职工自觉遵守劳动法律法规。

（二）全面推行劳动合同制度

在巩固大中型企业劳动合同制度实施成果的基础上，继续深入推进小企业劳动合同制度实施专项行动，切实提高小型、微型企业劳动合同签订率和履行质量。积极开展规范劳务派遣用工管理专项行动，加强对企业裁员的规范引导，做好企业改革和结构调整中的劳动关系协调工作。大力开展劳动用工备案全覆盖行动，加快建立全国统一完整的劳动用工信息数据库，加强对企业劳动用工的动态管理，统筹企业用工、就业、社会保险信息资源，实现信息共享。

（三）进一步深化企业工资制度改革

完善并落实最低工资标准调整的时机和力度，使最低工资标准增长幅度适当高于社会平均工资增长幅度，努力实现最低工资标准年均增长13%的目标。加快建立企业职工工资正常增长机制，继续深化推进集体合同制度实施“彩虹计划”，积极扩大工资集体协商覆盖范围，促进企业在经济效益增长的基础上同步增加职工工资，努力使一线职工工资增长幅度适当高于职工平均工资增长幅度，逐步提高劳动报酬在初次分配中的比重。进一步完善工资指导线制度，引导企业合理进行工资分配。加强对部分高收入行业工资总额和工资水平的双重调控，缩小行业收入差距。进一步规范国有企业高级管理人员的薪酬。全面开展根治拖欠工资问题的专项行动，进一步健全工资支付保障机制，加强对欠薪的综合治理，努力实现职工工资特别是农民工工资基本无拖欠。

（四）加强劳动关系协调机制建设

高度重视通过完善协调机制，加强劳动关系矛盾源头治理。要在全面实行劳动合同制度的同时，大力推行集体协商和集体合同制度，不断扩大集体合同覆盖范围。加强以职代会为基本形式的企业民主管理建设，依法保障职工的知情权、参与权、表达权和监督权。进一步完善协调劳动关系三方机制，重点推动建立和完善县级三方机制，创新组织形式，充实工作职能，健全工作制度，充分发挥共同研究解决劳动关系重大问题的重要作用。

（五）加强劳动保障监察工作体系建设

加大对用人单位和人力资源市场的监管力度，全面推进网格化、网络化管理，实现监察执法向主动预防和统筹城乡转变。建立完善劳动保障监察、拖欠工资刑事案件移送等监察法规制度，健全违法行为预防预警和多部门综合治理机制，及时查处违法案件，有效处置劳动保障违法行为引发的群体性事件，切实维护劳动者合法权益和社会稳定。加强基层监察机构队伍建设和监察服务设施建设，实现监察机构标准化、执法规范化、人员专业化。

（六）进一步有效化解劳动关系中的矛盾

坚持“预防为主、基层为主、调解为主”的方针，指导企业普遍建立健全内部劳动争议协商解决机制。建立健全重大集体劳动人事争议应急调处机制。加快基层调解组织建设步伐，加强市、县劳动人事争议仲裁院建设，充实基层调解人员和仲裁办案辅助人员。完善仲裁办案制度，规范办案程序，提高争议处理效能和专业化水平。加大集体劳动争议处理力度，充分发挥工会、企业代表组织等仲裁委员会组成部门在处理集体劳动争议案件中的作用。加强仲裁机构与同级人民法院的工作机制衔接，提高仲裁裁决的执行效率。积极探索完善依托三方机制协调处理集体争议的办法，有效预防和调处集体停工事件。建立健全劳动关系定期分析研判制度，完善劳动关系群体性事件预防和应急联动处置机制，积极预防和妥善处置重大劳动关系群体性事件。

构建和谐劳动关系、促进劳动者权益保护是一个不断发展的过程。“十二五”期间，在党中央和国务院的高度重视下，在社会各方的共同努力下，我国劳动者的合法权益将得到进一步的保障，不断谱写构建和谐劳动关系的壮丽篇章。

参考文献

1.《上海工运志》编纂委员会. 上海工运志［M］. 上海：上海社会科学院出版社，1997.

2. 邹沛，刘真. 中国工人运动史话（一）（三）［M］. 北京：中国工人出版社，1993.

3. 高爱娣. 中国工人运动史［M］. 北京：中国劳动社会保障出版社，2008.

4. 唐玉良. 中国民主革命时期工人运动史略［M］. 北京：中国工人出版社，1985.

5. 中华全国总工会中国工人运动史研究室. 中国工会历史文献（1～5）［M］. 北京：中国工人出版社，1958.

6. 中华全国总工会中国工人运动史研究室. 中国工会历次代表大会文献（第一卷）［M］. 北京：中国工人出版社，1984.

7. 毛泽东选集（第三卷）［M］. 北京：人民出版社，1991.

8. 刘少奇选集（上卷）［M］. 北京：人民出版社，2004.

9. 周恩来选集（上卷）［M］. 北京：人民出版社，1997.

10. 中国共产党历次代表大会会议数据库. 中国共产党新闻网，http://cpc. people. com. cn/GB/64162/64168/64553/index. html.

11. 中华全国总工会. 中共中央关于工人运动文件选编（下）［M］. 北京：中国档案出版社，1986.

12. 陈云文选（第一卷）［M］. 北京：人民出版社，1995.

13. 中央革命根据地史料选编［M］. 南昌：江西人民出版社，1982.

14. 孙西勇. 中央苏区经济动员立法研究［J］. 江西师范大学学报：哲学

社会科学版，2010，43（1）：52-59.

15. 陈胜华. 浅析毛泽东中央苏区经济建设思想［J］. 佳木斯大学社会科学学报，2003，21（3）：13-15.

16. 宋春燕. 哈尔滨解放区劳动法规研究［J］. 黑龙江省政法管理干部学院学报，2010，79（4）：91-94.

17. 薄一波. 若干重大决策与事件回顾（上卷）［M］. 北京：中共中央党校出版社，1991.

18. 陈二祥. 建国以来三次工资制度改革比较［J］. 安庆师范学院学报：社会科学版，1999，18（4）.

19. 陈寒鸣等. "鞍钢宪法"与工人阶级当家作主［D］. 国学网，http://economy. guoxue. com/article. php/21039/3.

20. 甘黎黎，任军利. 建国初期中国共产党处理劳资关系政策述评［J］. 求实，2007（2）.

21. 国家劳动总局政策研究室. 我国劳动工资问题讲稿［M］. 北京：劳动人事出版社，1982.

22. 何光主编. 当代中国的劳动力管理［M］. 北京：中国社会科学出版社，1990.

23. 胡绳. 中国共产党的七十年［M］. 北京：中共党史出版社，1991.

24. 上海市人民政府劳动局. 劳资协商会议选辑［M］. 新华书店华东总分店发行，1950.

25. 李彩华. 中国新民主主义制度下的劳资政策与劳资关系［M］. 北京：中国财政经济出版社，2009.

26. 倪志福主编. 当代中国工人阶级和工会运动［M］. 北京：当代中国出版社，1997.

27. 庞自. 九秩忆往. 2011（原劳动科学研究所所长自传，未公开出版）.

28. 上海地方志. 上海地方志办公室网站，http://www. shtong. gov. cn.

29. 王强. 传承与超越：中国共产党"劳资两利"政策的历史探寻［J］.

求索，2010（5）.

30. 王瑞璞，郭德宏等. 共和国经济大决策［M］. 北京：中国经济出版社，1999.

31. 严忠勤主编. 当代中国的职工工资福利和社会保险［M］. 北京：中国社会科学出版社，1987.

32. 杨占城. 我国工资制度的发展变迁［J］. 福建党史月刊，2002（11）.

33. 袁伦渠. 新中国劳动经济史［M］. 北京：中国劳动社会保障出版社，2008.

34. 张左己主编. 劳动力管理与就业［M］. 北京：中国劳动出版社，1993.

35. 章峥. 中华人民共和国经济发展全记录［M］. 北京：中国社会出版社，2009.

36. 赵映林. 对我党劳动立法的历史回顾与展望［J］. 中国劳动关系学院学报，1996（6）.

37. 朱佳木. 如何看待毛泽东对计划经济的探索及其在社会主义市场经济建设中的意义［J］. 社科党建，2006（12）.

38. 祝晏君. 工资收入分配［M］. 北京：中国劳动社会保障出版社，2001.

39. 国家统计局编. 中国劳动统计年鉴（1986）［M］. 北京：中国统计出版社，1987.

40. 国家统计局编. 中国劳动统计年鉴（2000）［M］. 北京：中国统计出版社，2001.

41. 何光主编. 新中国劳动和社会保障事业［M］. 北京：中国劳动社会保障出版社，2010.

42. 上海地方志办公室主办. 上海劳动. http://www.shtong.gov.cn.

43. 沙健孙. 毛泽东与新中国社会主义基本制度的确立. 人民网—理论频道，2009.

44. 沙健孙. 毛泽东与新中国的创立和发展［J］. 求是，2009（16）.

45. 劳动部政策法规司. 实用劳动法规全书（1949—1995）［M］. 北京：中国劳动出版社，1996.

46. 于光远. 谈谈社会主义公有制和按劳分配问题［M］. 上海：上海人民出版社，1978.

47. 张卓元，黄范章，利广安. 20 年经济改革回顾与展望［M］. 北京：中国计划出版社，1998.

48. 劳动和社会保障部，中共中央文献研究室. 新时期劳动和社会保障重要文献选编［M］. 北京：中国劳动社会保障出版社，中央文献出版社，2002.

49. 邱小平. 工资收入分配［M］. 北京：中国劳动社会保障出版社，2004.

50. 柯玲. 按劳分配理论及其实践中的几个问题［J］. 南方经济，1983（5）.

51. 张问敏，晓亮，练岑. 评建国以来按劳分配理论问题的讨论（一）（二）［J］. 东岳论丛，1981（5，6）.

52. 于光远. 若干经济理论问题讨论的背景回顾［J］. 领导者，2009（1）.

53. 闪淳昌，刘杰三. 企业工资改革实用工作手册［M］. 北京：电子工业出版社，1992.

54. 李唯一. 中国工资制度［M］. 北京：中国劳动出版社，1991.

55. 中国经济体制改革研究会. 中国经济体制的新模式［M］. 北京：人民出版社，1984.

56. 尹建堃，阴建康主编. 劳资干部使用知识手册［M］. 北京：红旗出版社，1993.

57. 国家劳动总局工资司. 改进工资奖励制度经验选编［M］. 北京：中国劳动出版社，1981.

58. 张文魁，袁东明. 中国经济改革 30 年——国有企业卷［M］. 重庆：重庆大学出版社，2008.

59. 龚关. 中华人民共和国经济史［M］. 北京：经济管理出版社，2010.

60. 蒋一韦. 论社会主义的企业模式［M］. 广州：广东经济出版社，1998.

61. 刘哲明. 谈社会主义条件下的劳动力市场［J］. 中央财经大学学报，1984（6）.

62. 孙浩. 劳动力市场和它的调节机制［J］. 中国劳动，1986（1）.

63. 程桂芳. 社会主义制度下的劳动力是商品吗？［J］. 财经研究，1986（12）.

64. 常凯. 中国劳动关系报告——当代中国劳动关系的特点和趋向［M］. 北京：中国劳动社会保障出版社，2009.

65. 李伯勇. 中华人民共和国劳动法讲座［M］. 北京：中国劳动出版社，1994.

66. 劳动部政策法规司. 中华人民共和国劳动法及学习宣传纲要［M］. 北京：中国劳动出版社，1994.

67. 劳动部劳动科学研究所. 中国劳动科学研究报告集［G］. 北京：人民出版社，1995.

68. 张左己. 中国劳动体制改革研究［M］. 北京：中国劳动出版社，1994.

69. 刘贯学. 新中国劳动保障史话（1949—2003）［M］. 北京：中国劳动社会保障出版社，2004.

70. 劳动和社会保障部. 中华人民共和国劳动合同法讲座［M］. 北京：中国劳动社会保障出版社，2007.

71. 劳动和社会保障部. 贯彻实施就业促进法工作手册［M］. 北京：中国劳动社会保障出版社，2007.

72. 劳动和社会保障部. 中华人民共和国劳动争议调解仲裁法讲座［M］.

北京：中国劳动社会保障出版社，2008.

73. 李援. 中华人民共和国社会保险法解读［M］. 北京：中国法制出版社，2010.

74. 杨志明. 面对新形势 站在新起点 开创劳动人事争议调解仲裁工作新局面. 人力资源和社会保障部情况通报第21期，2011-05-27.

75. 杨志明. 努力推进劳动人事争议调解仲裁工作新发展. 人力资源和社会保障部情况通报第3期，2010-02-21.

76. 杨志明. 努力开创劳动人事争议调解仲裁工作新局面. 人力资源和社会保障部情况通报第5期，2009-01-21.

77. 人力资源和社会保障部调解仲裁管理司. 2010年上半年全国劳动人事争议调解工作情况分析. 2010-07.

78. 人力资源和社会保障部调解仲裁管理司. 部分省区市乡镇街道调解组织建设工作座谈会情况报告. 2010-11.

79. 强化劳动人事争议调解——访人社部副部长杨志明. 瞭望新闻周刊，2009（12）.

80. 宋娟. 劳动人事争议调解仲裁工作面临的形势和主要任务. 2009-08-26.

81. 国务院研究室. 中国农民工调查报告［R］. 北京：中国言实出版社，2006.

82. 国务院农民工办课题组. 中国农民工问题前瞻性研究报告［R］. 北京：中国劳动社会保障出版社，2009.

编 后 语

《和谐之基——中国劳动者权益保障之路》是“纪念建党 90 周年人力资源和社会保障书系”之一。本书记录和论述了中国共产党从建党到执政，再到改革开放，直至目前，保障中国劳动者劳动权益的光辉历程。本书由杨志明同志主编，全书内容划分为四篇：第一篇党在民主革命时期对维护劳动者权益的最初探索（1921—1949 年），由丁赛尔、李宗泽、张俊峰编写；第二篇新中国成立初期和计划经济时期的劳动关系（1949—1978 年），由阴漫雪、袁晓辉编写；第三篇改革开放初期的劳动关系（1978—1992 年），由刘学民、杨黎明、常风林、孙玉梅编写；第四篇发展社会主义市场经济中的劳动关系（1992—2011 年），由李新旺、桂桢、刘玉根、柳盛学、苏莹荣、韩启照、徐涵、周国良、刘燕、李小虎、沈水生、尚建华、黄霞、张俊峰、郭晓宪、牟达泉编写。他们在写作过程中查阅了大量史料和文献，并进行了深入的思考和研究，多次讨论修改，保证了本书内容的翔实客观、观点的科学准确。在此，衷心感谢他们的辛勤工作和重要贡献。

邱小平、郑东亮同志对本书全部稿件进行了细致的审阅和修改，从而保证了本书各篇的风格统一和文字精准。在此，衷心感谢他们的努力和贡献。

感谢邱小平、茹英杰同志，为本书思路和框架的形成提供的重要咨询指导。

感谢张梦欣同志，为策划本书及编写出版提出的总体设计，使本书的形式更加生动、更具特色。

还要感谢人力资源和社会保障部劳动关系司、农民工工作司、调解仲裁管理司、劳动监察局、劳动科学研究所、劳动工资研究所、国际劳动保障研究所、出版集团的有关同志，在本书形成过程中所作出的贡献。

编　者

2011 年 7 月